U0521820

国家社会科学基金青年项目"莫斯科语义学派句法语义理论框架下的俄汉语焦点副词语义研究"(项目批准号：15CYY050)成果书稿

俄汉语焦点副词语义辖域研究

郭丽君 ◎ 著

中国社会科学出版社

图书在版编目(CIP)数据

俄汉语焦点副词语义辖域研究 / 郭丽君著 . —北京：中国社会科学出版社，2022.5
ISBN 978-7-5227-0205-6

Ⅰ.①俄… Ⅱ.①郭… Ⅲ.①俄语—副词—对比研究—汉语 Ⅳ.①H354.2②H146.2

中国版本图书馆 CIP 数据核字（2022）第 083029 号

出 版 人	赵剑英
责任编辑	宫京蕾　郭如玥
责任校对	夏慧萍
责任印制	郝美娜

出　　版	中国社会科学出版社
社　　址	北京鼓楼西大街甲 158 号
邮　　编	100720
网　　址	http：//www.csspw.cn
发 行 部	010-84083685
门 市 部	010-84029450
经　　销	新华书店及其他书店

印刷装订	北京君升印刷有限公司
版　　次	2022 年 5 月第 1 版
印　　次	2022 年 5 月第 1 次印刷

开　　本	710×1000　1/16
印　　张	20
插　　页	2
字　　数	316 千字
定　　价	98.00 元

凡购买中国社会科学出版社图书，如有质量问题请与本社营销中心联系调换
电话：010-84083683
版权所有　侵权必究

前　言

　　本书系统阐释莫斯科语义学派重要学者博古斯拉夫斯基·伊戈尔·米哈伊洛维奇（Богуславский Игорь Михайлович）的学术思想，挖掘其语言学理论精髓以及对汉语语言学研究的积极影响和作用，借鉴消极谓词语义机制研究的有益思想和方法，用以描写俄汉语焦点副词逻辑语义，探寻焦点副词的形式化语义解释机制，将其用于指导俄汉语义句法研究和词条编纂，启迪当下汉语句法语义相关研究。

　　博古斯拉夫斯基是莫斯科语义学派句法语义思想的代表人物。博氏不仅擅长将俄罗斯语言学各派思想融会贯通来解决诸多问题，还善于吸收西方语言学思想［Helbig, G.（赫尔比希），König, E.（柯尼希），Partee, B.（帕蒂），Tesnière, L.（泰尼耶尔）］，从而使他的研究成果卓尔不群。他富有创见性地提出了"词汇单位的辖域"分析方法，用以阐释语气词等消极谓词的语义结构，为其提供了行之有效的语义结构分析方式，开辟了题元理论更为广阔的运用领域。博氏秉承新描写主义之精神、遵循形式语义学的研究宗旨，将词汇单位的语法、交际、语用、超音质特征等整合并内化到对词义的描写中。他在对组合原则肯定的基础上，寻找并确认句法语义对应关系规律，揭示出逻辑语气词词义之间的内在联系，将逻辑语气词词义表征形式化的研究推向了一个新的高度。他运用消极题元概念，将逻辑语气词与动词题元结构的研究成功并轨。他摆脱了对表层句法位置的控制，将对句子语义的描写下放到对词汇的题元及语义要素的分析中，增强了句法语义学的解释能力。博氏辖域理论使以往传统的对逻辑语气词语义离散式、片断式的描写得以系统化，为同类语义句法（依存语法、配价语法、格语法等）研究补充新的研究方法。他在句法与语义互动关系领域研究的独到见解，成为俄罗斯语言学研究独树一帜的探索方向。

博古斯拉夫斯基的辖域理论的突出贡献在于从语言本体揭示出词汇语义单位相互作用的总原则，颠覆了消极谓词传统的研究方法，从理论和实证推进了句法语义学的研究，为消极谓词的逻辑语义研究找到了行之有效的解决途径，将消极谓词逻辑语义的系统化推向了全新的高度，其理论能够为我国语言研究、词典学、句法语义研究提供不同的视角和有益的参考。

本书深入解析莫斯科语义学派博古斯拉夫斯基的辖域理论，借鉴其对消极谓词的语义机制研究的有益思想和方法，用以描写俄汉语焦点副词的逻辑语义，探寻焦点副词的形式化语义解释机制，启迪当下汉语句法语义相关研究。

全书包括辖域理论部分和实证部分，总体框架主要由绪论、五章、结束语、参考文献等组成。

绪论部分介绍课题研究的目的和意义、课题的研究方法、课题研究的理论意义和实践意义、课题的创新和现实性以及课题研究材料来源和主要参考工具书等。

第一章：全面介绍博古斯拉夫斯基辖域理论的主要内容和基本观点；剖析博古斯拉夫斯基辖域分析理论建立的指导思想和理论基础。概述博古斯拉夫斯基辖域理论的研究背景，理清辖域理论研究的历史脉络，使我们对这一问题形成纵向的清晰认识；系统介绍博古斯拉夫斯基辖域理论的主要内容，总结辖域理论思想的精髓以及辖域分析方法的难点和掌握要点。

第二章：逻辑语气词是能被当作逻辑算子来进行语义形式化描写的语气词，逻辑语气词对应汉语中的焦点副词，本章通过对逻辑语气词进行全面梳理和分析，明确逻辑语气词的定义和范围、句法辖域特征等，解析逻辑语气词范畴内可以观察到的不同类型句法辖域和语义辖域非同构现象，确定逻辑语气词所具备的区别性特征。

第三章：博古斯拉夫斯基辖域分析模式的实证部分。运用大量实证性研究，探索辖域分析理论在俄语逻辑语气词和汉语焦点副词语义分析中的应用实践。证实辖域理论的可行性与解释力。

第四章：本章通过浮游辖域和固定辖域概念的区分，分析俄、汉语浮游辖域副词的句法语义特征。将俄语分析逻辑语气词的理念用于汉语副词研究，并尝试对汉语浮游辖域和固定辖域副词进行标准化分类，明确两类副词的定义、范畴和个性化特征。

第五章：详细评述莫斯科语义学派理论思想在中国的研究现状；分析莫斯科语义学派句法语义理论对汉语的启示和借鉴价值；分析博古斯拉夫斯基辖域理论在汉语语料中的适配性和借鉴意义。

结束语：全面概括莫斯科语义学派辖域理论特色和学术贡献，梳理博氏辖域研究的基本观点，提炼课题研究对当下汉语语义研究的有益之处，明确今后研究的方向。

语料选择主要以从俄罗斯文学作品、俄罗斯国家语料库以及正式出版的词典中选取的例句作为分析对象，还包括博氏相关研究成果中选取的例句（若不注明出处，则例句来自于 И. М. Богуславский 的专著和学术论文）。

课题汉语语料主要来源：北京大学汉语语言学研究中心现代汉语语料库［CCL 语料库检索系统（网络版）］、《现代汉语词典（第 5 版）》（2005 年）、《现代汉语八百词》、岑玉琴《汉语副词词典（2013）》、侯学超《现代汉语虚词词典》。

写作过程中主要参考了以下词典和工具书：

［1］ Новый объяснительный словарь синонимов русского языка. Первый выпуск. М.：ЯРК, 1997（НОСС）.

［2］ Апресян Ю. Д. 2003. Новый объяснительный словарь синонимов русского языка. М.：Школа《Языки славянской культуры》.

［3］ Апресян Ю. Д., Апресян В. Ю., Богуславская О. Ю., Крылова Т. В., Левонтина И. Б., Урысон Е. В. и др. 2004. Новый объяснительный словарь синонимов русского языка. Москва-Вена：Школа《Языки славянской культуры》：Венский славистический альманах.

［4］ Мельчук И. А. и Жолковский А. К. 1984. Толково-комбинаторный словарь современного русского языка. Опыты семантико-синтаксического описания русской лексики. Вена：Wiener Slawistischer Almanach, Sonderband 14. (ТКС).

[5] З. Е. Александрова. Словарь синонимов русского языка. Издание 2-е, М.：Советская Энциклопедия, 1989.

[6] Словарь синонимов русского языка. Отв. редактор А. П. Евгеньева, Тт. I-II. Л.：Наука, 1970-1971（ССин）

[7] Словарь современного русского литературного языка. Тт. 1 - 17. М., 1948-1965（БАС）

[8] Словарь современного русского литературного языка в четырех томах. Тт. I -IV. М.：Русский язык, 1981-1984（МАС）；

[9] С. И. Ожегов. Словарь русского языка. 17-е изд., под ред. Н. Ю. Шведовой. М.：Русский язык, 1986（СОж）.

[10] Толковый словарь русского языка. Под ред. Д. Н. Ушакова. Тт. I-IV. М.：9. Советская Энциклопедия, 1935 - 1940（Переиздавался в 1947-1948 гг.）；Репринтное издание：М., 1995；М., 2000.（СУш）.

[11] Русская грамматика. -Т. 1-2. -М.：Наука, 1980（РГ）.

[12] Краткий словарь когнитивных терминов. Под общей редакцией Е. С. Кубряковой. М., 1997.

[13] Лингвистический энциклопедический словарь. 1990. М.：Советская Энциклопедия.

[14] 黑龙江大学辞书研究所：《俄汉详解大辞典》，黑龙江人民出版社1998年版。

[15] 中国社会科学院语言研究所词典室：《现代汉语词典》（第5版），商务印书馆2005年版。

[16] 岑玉珍：《汉语副词词典》，北京大学出版社2013年版。

[17] 吕叔湘：《现代汉语八百词》（增订本），商务印书馆1998年版。

[18] 侯学超：《现代汉语虚词词典》，北京大学出版社1998年版。

[19] 王自强：《现代汉语虚词词典》，上海辞书出版社1998年版。

[20] 张斌：《现代汉语虚词词典》，商务印书馆2001年版。

[21] 秦宇华：《汉俄虚词词典》，黑龙江大学出版社2016年版。

目 录

第一章 莫斯科语义学派的辖域理论及研究背景 ……………… (1)
  第一节 博古斯拉夫斯基简介 ………………………………… (1)
  第二节 "词汇单位的辖域"概念阐释 ……………………… (4)
  第三节 莫斯科语义学派支配模式理论下的消极配价观 …… (6)
    一 欧洲配价理论与博氏辖域观 ……………………………… (6)
    二 积极配价和消极配价 ……………………………………… (11)
    三 支配模式与积极配价、消极配价 ………………………… (12)
    四 支配模式与积极题元、消极题元 ………………………… (15)
  第四节 博氏辖域观遵循分析性释义原则 …………………… (23)
  第五节 博氏辖域观遵循"意义的组合原则" ……………… (29)
  第六节 "意思⇔文本"模式理论指导下的辖域分析 ……… (35)
  第七节 莫斯科语义学派辖域理论的特色 …………………… (39)
  本章小结 ………………………………………………………… (45)

第二章 莫斯科语义学派句法语义理论下的逻辑语气词语义研究 ……………………………………………………… (47)
  第一节 逻辑语气词的定义和范围 …………………………… (47)
  第二节 逻辑语气词的预设—焦点二分结构 ………………… (51)
  第三节 逻辑语气词改变句子交际结构 ……………………… (57)
    一 逻辑语气词确立核心成分与预设交替项之间的关系 … (59)
    二 预设交替项 ………………………………………………… (60)
    三 预设交替项类型 …………………………………………… (62)
  第四节 逻辑语气词的"期望"预设 ………………………… (64)
  第五节 逻辑语气词的浮游辖域 ……………………………… (68)

第六节　逻辑语气词的句法语义对应关系研究 ………… (71)
     一　逻辑语气词语义辖域和句法辖域同构关系 ………… (73)
     二　逻辑语气词的零位句法辖域现象 ………………… (76)
     三　逻辑语气词的内部辖域和外部辖域 ……………… (80)
     四　时间副词 завтра 的内部辖域现象 ………………… (89)
     五　重复义副词的内部辖域 …………………………… (94)
     六　语法意义参与语义辖域建构 ……………………… (98)
     七　句法结构参与语义辖域建构 ……………………… (99)
     八　实义切分参与语义辖域建构 ……………………… (100)
   本章小结 ………………………………………………… (103)

第三章　汉俄语焦点副词（逻辑语气词）的实证分析 …… (104)
   第一节　逻辑语气词 только 的语义结构分析 …………… (104)
     一　逻辑语气词 только 的义项确定 …………………… (106)
     二　逻辑语气词 только 的配价分析 …………………… (115)
     三　逻辑语气词 только 释义变体类型一 ……………… (128)
     四　逻辑语气词 только 释义变体类型二 ……………… (131)
     五　逻辑语气词 только 句法辖域 ……………………… (133)
     六　逻辑语气词 только 的语义辖域 …………………… (142)
   第二节　汉语焦点副词"只"的语义和辖域分布 ………… (144)
     一　焦点敏感算子"只"的义项确定 …………………… (144)
     二　俄汉语"只"的焦点关联异同 ……………………… (146)
     三　焦点副词"只"的句法浮动限制 …………………… (148)
     四　焦点副词"只"的语用歧义 ………………………… (151)
     五　焦点副词"只"的句法辖域类型 …………………… (156)
   第三节　逻辑语气词 уже 和 ещё 的语义分析 …………… (164)
   第四节　逻辑语气词 уже 的语义结构 …………………… (171)
   第五节　逻辑语气词 ещё 与 уже 的语义区分 …………… (176)
   第六节　焦点副词"才"的语义阐释 ……………………… (179)
   第七节　表示时间、数量的焦点副词"才"的句法分布 … (184)
   第八节　表达时间意义的"才"与"就" …………………… (188)
   第九节　逻辑语气词 даже 的语义特点 …………………… (193)

一　逻辑语气词 даже 语义中的语用预设 …………………（197）
　　二　逻辑语气词 даже 语义中的级次蕴含 …………………（198）
　　三　逻辑语气词 даже 最简辖域 ……………………………（202）
　　四　逻辑语气词 даже 的非常规辖域类型 …………………（204）
　　五　даже 与 только 语义辖域的异同 ………………………（211）
　　六　逻辑语气词 даже 辖域建构规则 ………………………（214）
　第十节　焦点副词"甚至"的语义结构 ……………………………（215）
　第十一节　"甚至"的反预期标记功能 ……………………………（216）
　第十二节　焦点副词"甚至"的句法辖域 …………………………（221）
　本章小结 ………………………………………………………………（226）

第四章　俄汉语浮游辖域副词句法语义分析 ……………………（227）
　第一节　俄汉语浮游辖域副词的句法功能 ………………………（227）
　第二节　汉语固定辖域副词分析 …………………………………（232）
　第三节　汉语浮游辖域副词分析 …………………………………（238）
　第四节　俄语浮游辖域副词 ………………………………………（247）
　本章小结 ………………………………………………………………（255）

第五章　莫斯科语义学派思想对汉语语义研究的启示 …………（256）
　第一节　莫斯科句法语义理论在中国研究现状 …………………（256）
　第二节　汉语学界对莫斯科语义学派释义理论的关注 …………（263）
　　一　莫斯科语义学派的释义理论 …………………………（263）
　　二　汉语学界对释义理论的借鉴 …………………………（270）
　　三　汉语学界对释义理论普适性的看法 …………………（274）
　第三节　博氏辖域理论对汉语焦点副词研究的参考 ……………（275）
　第四节　新描写主义与莫斯科语义学派辖域观 …………………（278）
　本章小结 ………………………………………………………………（282）

结束语 ………………………………………………………………（284）
　　一　博氏辖域研究的基本观点 ……………………………（284）
　　二　博氏辖域思想的理论特色 ……………………………（288）
　　三　博氏辖域思想的理论贡献 ……………………………（290）

语料来源 ……………………………………………………………（292）
参考文献 ……………………………………………………………（294）

第一章

莫斯科语义学派的辖域理论及研究背景

本章系统介绍博氏辖域理论思想，厘清辖域理论的语义题元、句法题元、语义辖域、句法辖域、断裂辖域几个关键概念的相互关系，利用辖域理论阐释逻辑语气词为代表的消极谓词。

第一节 博古斯拉夫斯基简介

博古斯拉夫斯基（Богуславский Игорь Михайлович，以下简称：博氏），俄罗斯著名语言学家，俄罗斯科学院信息传输问题研究所计算语言学实验室负责人，莫斯科语义学派的重要成员。1972年至今发表俄、英语科研论文150余篇，先后在莫斯科大学、瑞典哥德堡大学、德国康斯坦茨大学、西班牙马德里理工大学、维也纳经济大学等多所高校教授语义学、句法学、计算语言学等课程。研究领域有：语义学、句法学、词典学、逻辑语义学、计算语言学等。博氏的研究成果主要集中在句法语义互动关系和机器翻译两大方向。

在句法语义领域，博氏致力于分析消极配价的句法语义结构，1979年博氏攻读副博士学位期间，撰写了毕业论文《某些限定语气词的句法和语义功能的对应关系》（О соотношении семантических и синтаксических свойств некоторых ограничительных частиц в русском языке）[①]、1983年攻读博士学位期间撰写完毕《词汇单位的辖域》（Сфера действия лек-

---

① Богуславский И. М. 1979. О соотношении семантических и синтаксических свойств некоторых ограничительных частиц в русском языке//Диссертация на соискание ученой степени кандидата филологических наук. М.：Изд-во МГУ.

сических единиц)① 毕业论文。随后，博氏结合前期论文研究成果，于1985年、1996年分别出版两本专著：《句法语义学研究：逻辑词的辖域》（Исследования по синтаксической семантике：сферы действия логических слов）②、《词汇单位的辖域》（Сфера действия лексических единиц）③。专著基于大量的例证支撑分析消极谓词（以下将用"消极谓词"代指拥有消极句法题元的谓词）的语义结构，取得了较有说服力的研究成果，为语气词、前置词、连接词等消极谓词的语义研究提供了较为精准的语义结构阐释模式，打开了消极谓词语义研究的新局面。

博氏是俄罗斯联邦科学院信息传输问题研究所 ЭТАП-3（英译为：ETAP-3）机器翻译系统团队的核心成员，2010 年博氏与莫斯科语义学派奠基人 Ю. Д. Апресян，Л. Л. Иомдин，В. З. Санников 一起，编写了《俄语句法的理论问题研究：语法与词典的相互作用关系》（Теоретические проблемы русского синтаксиса：взаимодействие грамматики и словаря）④ 一书。该书秉承语法与词典一体化的语言描写方式，系统阐释了 ЭТАП-3 机器翻译系统中俄语句法的构建规则。

ЭТАП-3 机译系统的发展成为句子语义研究的实践推动力。ЭТАП-3 的最重要模块是用英—俄、俄—英、俄—韩、俄—法、俄—德的语言对译系统，目前最为成熟的是英—俄双向对译系统。"ЭТАП-3 是典型的转换型机译系统，核心部件是同义转换模块，即实现同义条件下不同语义结构之间的相互转换。该系统包含俄、英两种语言的组配词典各有 50000 词条，组配词典中的每一个词条下均登录句法、语义、搭配、固定词组、构词、次范畴化等方面的信息。此外，ЭТАП-3 还包含一部 100000 词条的俄语词法词典和一部 60000 词条的英语词法词典，

---

① Богуславский И. М. 1993. Сфера действия лексических единиц//Диссертация на соискание ученой степени доктора филологических наук（10. 02. 19 – Теория языкознания）. М.：Языки славянской культуры.

② Богуславский И. М. 1985. Исследования по синтаксической семантике：сферы действия логических слов. М.：Наука.

③ Богуславский И. М. 1996. Сфера действия лексических единиц. М.：Школа 《Языки русской культуры》.

④ Апресян Ю. Д., Богуславский И. М., Иомдин Л. Л., Санников В. З., 2010. Теоретические проблемы русского синтаксиса：Взаимодействие грамматики и словаря. Отв. ред. Ю. - Д. Апресян. М.：Языки славянских культур.

这两部词典不仅登录相近的纯词法信息，而且包括最基本的句法信息和对译信息。ЭТАП-3系统在进行歧义句处理时，能够提供多种翻译方案，并给出较为贴切的句法结构和或然率最高的译文。"（Апресян，1990；Богуславский，1995）[①] 在ЭТАП-3机器翻译系统的所有应用软件中，他们都使用自己独创的三值逻辑系统和经过详细刻画的形式化描述语言FORET[②]。ЭТАП-3机译系统采取规则算法对自然语言进行形式化处理，将词汇信息和语法信息放置在同样重要的位置，在搭配词典中增加了词汇的句法特征和语义特征信息，一个词汇单位可能拥有200多个句法特征选项，语义特征用于检验词汇信息和句子信息的语义一致性。

莫斯科语义学派是服务于ЭТАП-3多语种语言信息处理系统的理论体系，其思想产生于多语种语言信息处理系统ЭТАП-3的编制过程之中，是在大规模的自然语言材料形式化处理基础之上构建的理论语言学体系。莫斯科语义学派为ЭТАП-3建立的系统性词库提供多方面的信息，包含每一个特定词语的元语言释义、词形、语法形式、句法特征、语义特征、词汇的支配模式、句法和语法规则等，在机译转换的源语言和目标语言中，每一个词条都会建立以上信息的对应关系，依据两种语言之间词汇、句法、语义的匹配程度，ЭТАП-3机译系统能够提供多种翻译方案，从而实现源语言和目标语言之间更为准确的转换。

博氏作为莫斯科语义学派句法语义理论的主要成员和代表人物，其理论研究的主攻领域为处理消极谓词的逻辑语义结构，建设消极谓词的系统性词库。他针对消极谓词的逻辑语义解构提出了自己的研究工具和研究理论——"词汇语义单位的辖域"理论。"词汇语义单位的辖域"将以逻辑语气词为代表的消极谓词与以动词为代表的积极谓词都纳入题元和配价的分析领域，将消极谓词语义下放到语义配价层面进行解析，通过配价和题元之间深层次的语义作用关系描写，揭示因配价和题元的组合关系造成的语义歧义，为消极谓词的形式化语义解构提供行之有效

---

① Апресян Ю. Д. 1990. Формальная модель языка и представление лексикографических знаний. Вопросы языкознания，（6）：123 - 140. Богуславский И. М. 1995. Machine translation and related fields：international cooperation. Информационные системы в науке. М.：Фазис，22 - 23.

② 易绵竹：《工程语言学》，上海外语教育出版社2006年版，第207页。

的解决方案。

第二节 "词汇单位的辖域"概念阐释

"词汇单位的辖域"是博氏针对消极谓词句法语义分析提出的一个崭新概念，也是莫斯科语义学派句法语义学理论的核心概念之一。博氏认为，从语义联系的角度来讲，动词的题元和否定词所作用到的句子片段没有实质性的差别。那么，在句法语义学范畴内，需要出现一个新的概念，既可以描写动词等积极谓词的题元，又可以描写虚词等消极谓词的题元。于是，博氏提出一个题元层面的辖域定义："如果一个句法结构片段的组成词、组成结构和语调等手段在意义上填充词汇单位的某个语义配价，我们把它称为这个词汇单位该语义配价的辖域。"①

"词汇单位的辖域"概念是博氏于 1980 年在《科学院学报》发表的题为"关于谓词辖域的概念"（О понятии сферы действия предикатных слов）② 一文中首次提出。之后，博氏在各种论著中对概念做了深入细致的阐释，包括两本专著《句法语义学研究：逻辑词的辖域》（Исследования по синтаксической семантике; сферы действия логических слов, 1985）、《词汇单位的辖域》（Сфера действия лексических единиц, 1996）、英文论文《只有动词拥有配位结构?》（Do Adverbials have Diatheses? 2007）③、《消极配价位和断裂配价位分析》（On the Passive and Discontinuous Valency Slots, 2003）④ 等。

支配模式和配价理论是莫斯科语义学派理论体系建构的基础，对语言的整合性描写理论原则非常重要。博氏认为，支配模式和配价理论存

---

① Богуславский И. М. 1980. О понятии сферы действия предикатных слов. Известия АН СССР, (4): 359-368. 张家骅：《建构详解组合词典的相关语言学概念再阐释》，《外语学刊》2014 年第 6 期。

② Богуславский И. М. 1980. О понятии сферы действия предикатных слов. Известия АН СССР, (4): 359-368.

③ Boguslavsky I., Do adverbials have diatheses. Meaning – Text Theory 2007. Proceedings of the 3rd International Conference on Meaning–Text Theory. Klagenfurt, Austria. Wiener Slawistischer Almanach. Sonderband 69. Munchen–Wien, 2007.

④ Boguslavsky I., On the Passive and Discontinuous Valency Slots. Proceedings of the 1st International Conference on Meaning-Text Theory. Paris, Ecole Normale Supérieure, 2003.

在语义描写盲区，尤其是无法适配消极谓词，有必要将该理论加以调整，扩大理论的适配性，增强理论的解释力。为此，博氏选取具有较强逻辑语义的消极谓词，运用配价理论进行语义解释，找寻消极谓词的情景必要参与者，并描写情景必要参与者之间的语义关系，探寻每一个特定语境中的消极谓词的逻辑语义解释机制。博氏不仅确定消极谓词的配价数量和配价内容，也描写参与配价的每一种表义单位的组合机制。对于一个完整的句子语义，表义单位重要，但组合机制也一样重要，表义单位的研究放置在词典学范畴内进行，组合机制的研究放置在句法语义学范畴内进行。两者都要进行形式化描写，而对后者的形式化描写难度更高。换言之，博氏是把句子作为一个整体结构，词语等表义单位作为成分之一，表义单位之间如何相互作用作为成分之二，博氏所感兴趣的是：在句子意义明确、表义单位意义明确的前提下，描写出因相互作用方式所导致的语义转变及其原因。

从定义中看，博氏配价理论突破了支配关系，是把所有参与表义的言语手段都纳入配价描写的范畴。包括词位、形位、句法结构、交际结构、指称属性等。一个语义配价在句法上的填充内容（包括积极题元、消极题元和断裂题元）被博氏统称为该配价的辖域。积极题元是最普遍也是为数最多的辖域类型。已有题元理论主要针对积极题元，题元理论无法有效解释消极题元，辖域理论既可以解释积极题元，也可以对消极题元结构做有效阐释。博氏借鉴了支配模式的理念，将虚词的语义配价要求放置在句子层面进行研究，研究构成完整句子语义下的配价结构，研究表层句法结构下隐藏的深层语义结构。博氏辖域理论贯穿了题元理论的研究宗旨，沿用了题元理论的分析方法，但转换了研究对象，对虚词加以语义层面的剖析。分析表明，辖域分析法与题元分析法之间没有质的区别，差别在于研究对象的范围不同，辖域分析拓展了题元的适用范围，适用于所有谓词，题元概念仅限于积极谓词。但辖域概念的重点是针对消极题元、断裂题元等非标准题元结构。

博氏辖域观是对莫斯科语义学派传统题元观的更新，扩大了题元理论的适用范围。博氏辖域理论成功地将语气词、前置词等一系列难以形式化语义的虚词纳入题元描写范畴，使以往传统的对语气词、前置词等词类的离散式、片段式的语义描写得以系统化，为虚词语义形式化找到有效的解决途径，通过语义表达式的编写和验证，对语气词等虚词做出有说服力的分析。

第三节　莫斯科语义学派支配模式理论下的消极配价观

博氏辖域观吸纳莫斯科语义学派的支配模式理论和欧洲配价理论，进一步加工出语气词、前置词、连接词等消极谓词的配价和题元分析路径。并在辖域理论框架内，对配价和题元做进一步的划分，将其划分为积极配价和消极配价、积极题元和消极题元。

一　欧洲配价理论与博氏辖域观

配价（Вале′нтность 源于拉丁语 valentia/valens，valentis——意为"能力，有力的"），这一概念最早由著名苏联语言学家 С. Д. Кацнельсон 于 1948 年引入语言学，他在《论语法范畴》（《О грамматической категории》1948）一文中阐述了"词汇与其他元素进入句法关系的能力，称作该词的配价"[1]。1949 年，荷兰语言学家 A. W. De Groot 在《句法结构》（Stucturele Syntaxis）[2] 一书中首次使用了"配价"这一概念并描述了基于配价概念建立的句法体系。"20 世纪 50 年代法国语言学家 L. Tesnière 在《结构句法基础》（Element de Syntaxe Structurale 1959）[3] 中提出了较为系统的配价理论，探讨了动词所具有的支配名词词组或副词词组的性能"[4]。Tesnière 在从属关系语法中提出，"句子是对事件的称名，句子就像一出戏，戏的情节由谓词决定，戏中还应包括人物和情景。而情景由状态元呈现，人物由题元体现"[5]。Tesnière 指出："可以把动词比作一个带钩子的原子……动词所带钩子的数目，也就是动词所能支配的'角色'的数量，就是我们所说的动

---

[1] Лингвистический энциклопедический словарь. 1990. М.：Советская Энциклопедия.
[2] De Groot. A. W., Stucturele syntaxis, Den Haag：Servire, 1965.
[3] Tesnière L., Element de Syntaxe Structurale, Paris, Klincksieck, 1959.
[4] 隋然：《现代俄语语义及语用若干问题研究》，首都师范大学出版社 2002 年版，第 50—51 页。
[5] 胡明扬：《西方语言学名著选读》，中国人民大学出版社 1999 年版，第 221—222 页。

词的'价'。"① 动词主导情节，担任"角色"的都是名词性词语。担任场景语都是副词性词语，表示情节发生的时间、地点、方式等。动词依据配价数量可被定义为零价动词、一价动词、二价动词、三价动词等。"谓词动词中心论"是配价语法系统的基础，即一个句子以谓词动词为中心关联其他成分而构成②。俄罗斯语言学界认为，早在19世纪70—80年代俄罗斯学者А. Дмитриевский就已经提出相似的理念③，А. Дмитриевский认为句子是"思想的戏剧"，其中谓语是句子唯一的主要成分，代表着一幕戏剧，其他的名词性成分（包括主语和补语等）类似戏剧中的出场任务，而状语则描绘戏剧的场景④。А. Дмитриевский的思想形成要比法国语言学家Tesnière早几十年，但是由于种种原因，德米特里耶夫斯基的思想几乎被历史湮没了，而Tesnière的配价理论则对现代句子形式和语义的研究产生了很大的影响。与德米特里耶夫斯基同时代的另一位俄罗斯学者В. Сланский也提出，句子中不仅可以划分出形式上的成分，而且应该划分出内容上的成分并对这些成分之间的关系进行必要的研究。

学界普遍认为，虽然配价的概念不是Tesnière首次提出的，德国、俄国等学者都在他之前对语言分析中应用配价理论有所分析，但Tesnière是配价语法的创立者，这个地位无法撼动⑤。自20世纪60年代至80年代，配价语法蓬勃发展，特别是德国语言学家取得了很多标志性的成果。20世纪60年代初，德国学界引进了Tesnière的依存语法，并形成了自己特色的"配价语法"（Valenzgrammatic）。60年代后期，德国"配价语法"已经发展得比较成熟，出现了两个有影响的配价语法学派，一个是以Gerhard Helbig为代表的莱比锡学派（Mannheimer Richtung），另一个是以曼海姆的德语研究所（Institut für Deutsche Sprache）为代表的曼海姆学派（Mannheimer Richtung）。以Helbig为代表的德国语言学家丰富与拓展了配价理论，德国语言学家不仅编撰动词配价

---

① 胡明扬：《西方语言学名著选读》，中国人民大学出版社1999年版，第222页。
② 胡明扬、方德义：《西方语言学名著选读》，中国人民大学出版社1988年版，第285页。
③ Белошапкова В. А., 1981, Современный русский язык. М.：Высш. школа.
④ 李勤等：《俄汉英句法语义对比研究》，外语教学与研究出版社2016年版，第30页。
⑤ 李洁：《德语配价理论的发展及成就》，《外语教学与研究》1997年第1期。

词典,而且将配价研究领域拓展到包括名词、形容词在内的广义谓词领域。德国语言学家 Helbig 与 W. Schenkel 于 1969 年出版了《德语动词配价词典》之后,K. E. Sommerfeldt 与 H. Schreiber 相继编写了《德语形容词配价词典》(1974)和《德语名词配价词典》(1978)。1982 年,Helbig 发表论著《价—句构成分—语义格—句型》(Valenz-Satzglieder-semantische Kasus-Satzmodelle),对配价语法理论的最新发展情况作了全面而深入的探讨,并且在句法范围内分出必有补足语,可有补足语和自由说明语等[①]。

曼海姆学派集中了一大批著名的语言学家,如 Urich Engel,Helmut Schumacher,Wolfgang Teubert 等。Engel 在《现代德语语法》一书中,建立了完善的德语配价语法体系,他把补足语定义为动词在次范畴化形成一个句子时所特有的被支配成分进行集合。Schumacher 主编了《动词配价分类词典》,Teubert 把"价"的概念拓展到名词,深入地研究了德国名词的价,1979 年出版专著《名词的配价》。

法国计算语言学家 M. Gross 运用配价语法理念对 3000 个法语动词按照 100 多个配价特征进行细分,最后分出 2000 个细类,并得出结论,没有任何两个动词的句法特征是完全一样的。很多动词的语义相近,但句法特征不完全一致。句法特征相同的动词语义却不一定相关。Gross 领导的研究小组不仅研究动词配价,还研究名词、助动词、限定词的句法特征和搭配关系,这种精细化的语义描写模式开启了计算语言学词汇语法形式化描写之路。

1978 年,朱德熙先生发表了《"的"字结构和判断句》一文,文中提出了配价的概念。同时期,冯志伟先生到法国格勒诺布尔理科医科大学自动翻译中心(GETA)学习,接触并了解了从属关系语法,将"价"的概念引入中国的机译系统的开发和研制工作中,提出了基于依存语法的 MMT 机器翻译模型[②]。

在俄罗斯,莫斯科语义学派在配价理论研究领域做出了卓越的贡献。1984 年,И. А. Мельчук 和 А. К. Жолковский 编撰出版《现代俄语详解组合词典》(Толково-комбинаторный словарь современного русс-

---

[①] Helbig, G., *Valenz-Satzglieder-semantische Kasus-Satzmodelle*, Leipzig, 1982.
[②] 孙道功:《词汇—句法语义的衔接研究》,世界图书出版公司 2011 年版。

кого языка)①；1986 年出版《俄语统一词典方案》(Проект интегрального словаря русского языка)②；1984 年、1988 年、1992 年、1999 年出版四卷本《法语详解组合词典》(Dictinnaire explicative et combinatoire du francais conternporain)③；1997 年、2000 年、2003 年出版了三部同名词典——《新型俄语同义词解析词典（НОСС）》。上述词典均采用支配模式来对词汇单位进行释义，支配模式以表格形式体现语义配价、表层句法配价和深层句法配价，同时使用语义元语言，展现词汇语义单位的表层语法特征与深层语义特征之间的配位关系。Ю. Д. Апресян 提出，"因描写目的和方式不同，语义描写模式采用的语义配价系统也不一"。Ю. Д. Апресян（1974）在《词汇语义学》中列举了 25 个配价④：

1. 主体：поезд ← движется
2. 逆主体：покупать → у кого
3. 公众：вина → перед коллективом
4. 客体：гладить → руку.
5. 内容：знать → об отъезде.
6. 信息受体：информировать → президента
7. 事物受体：дарить → людям
8. 中介：передавать → через секретаря
9. 来源：брать → в кассе взаимопомощи
10. 处所：находиться → в лесу
11. 起点：идти → оттуда
12. 终点：идти → туда
13. 路线：идти → по дороге

---

① Мельчук И. А. и Жолковский А. К. 1984. Толково-комбинаторный словарь современного русского языка. Опыты семантико - синтаксического описания русской лексики. Вена：Wiener Slawistischer Almanach, Sonderband 14.

② Апресян Ю. Д. 1986. Проспект активного словаря русского языка. М. ：Языки славянских культур.

③ Mel'cuk et al. , I. A. , Dictionnaire explicatif et combinatoire du français contemporain. Montréal, Canada：Presses de l'Université de Montréal, Vol. I–IV, 1984, 1988, 1992, 1999.

④ Апресян Ю. Д. 1974. Лексическая семантика：синонимические средства языка. М. ：Наука, 368. Ю. Д. Апресян. 1995. Избранные труды. Том 1. Лексическая семантика. Синонимические средства языка（2-е изд. ）. М. ：Восточная литература РАН.

14. 手段：прибивать → гвоздями
15. 工具：резать → ножом
16. 方式：обращаться → плохо
17. 条件：соглашаться → если P
18. 理据：награждать → за храбрость
19. 原因：радоваться → подарку
20. 结果：превращать → в воду
21. 目的：стремиться → к общему благу
22. 方面：больше → в ширину
23. 数量：перевыполнять → на 40%
24. 期限：отпуск → на два месяца
25. 时间：начаться → в полночь

Ю. Д. Апресян 在 1997 年出版的第一部《新型俄语同义词解析词典》[①] 中使用了 16 个语义配价：主体、逆主体、对抗主体、第二主体、客体、内容、主题、信息受体、事物受体、处所、起点、终点、期限、工具、手段、公众。无论是最初的 25 个配价，还是《新型俄语同义词解析词典》中的 16 个配价，都是针对动词语义分析的配价系统。"配价"概念提出的初衷是动词支配能力的表示。俄罗斯学者 В. В. Богданово、И. И. Распопов 等提出：俄语中拥有支配能力的词类不仅有动词，还有名词和形容词等。配价理论中的"动词中心论"不应局限于动词，应发展为"述体中心论"，这一思想得到了俄众多学者的支持和推崇。1974 年 Ю. Д. Апресян 在其代表作《词汇语义学：语言的同义手段》中提出应将配价语法的应用范围拓宽至广义谓词领域。Ю. Д. Апресян 认为配价理论之基础是与此词汇相关的情景语义分析，句子中任何一个情景必须参与者都可以拥有配价地位。语义配价是一个针对"谓词"（предикат）语义单位而言的概念，任何一个"谓词"都具有配价。谓词语义单位以情景作为描写对象，其语义必然反映"语境的必须参与者"（обязательные участники ситуации）的属性、相互关系以及

---

① 该词典在国内被不同学者分别翻译为：《新型俄语同义词解析词典》（彭玉海）、《新编俄语同义词解释词典》（杜桂枝）、《俄语同义词新型解释词典》（陈曦、王红厂）、《最新俄语同义词词典》（陈秀利）等。本书采用彭玉海的译名《新型俄语同义词解析词典》。

与之相关的事件等。如果任何一个词语表示一个情境，该情境中拥有参与者变项，其变项意义会被系统地表述在句子中，这样就没有理由否认该词语为配价词语。配价分析关键在于词语是否能够表达一个情境，能够表达情景便是谓词，而不在于是否为动词，动词是最好分析配价结构的词类。

二 积极配价和消极配价

秉承 Ю. Д. Апресян 的广义谓词配价理念，博氏依据支配关系将配价分为积极配价和消极配价两种类型，积极配价针对分析动词和一部分名词，消极配价针对分析形容词、副词、前置词、连接词、语气词等。动词拥有支配关系，其所有配价都为积极配价，其他词类中既存在积极配价，也存在消极配价。消极配价与配价词语之间的关系不是支配与被支配关系，而是被支配与支配关系。消极配价拥有支配关系，配价词语反而处于被支配地位[①]。积极配价在句法表层体现为积极题元，消极配价在句法表层体现为消极题元。如，Лекцию отменили из-за болезни профессора.（因教授生病，讲座/课程取消了）对表示原因关系的前置词 из-за 进行题元分析时，结果题元（讲座/课程取消）为消极题元，原因题元（教授生病）为积极题元。再如，Надя не пришла. 否定语气词 не 的题元为 Надя пришла，为消极题元。性质形容词与名词之间的关系，名词作为形容词的语义配价不从属于形容词，而是支配形容词，是消极题元。拥有消极配价的副词、形容词、前置词、连接词、语气词等，无论是传统的解释性词典还是搭配词典都没有对该类谓词的支配能力进行详解，消极配价没有被词典学重视。随着 Ю. Д. Апресян 和博氏对消极配价研究成果的不断发表，莫斯科语义学派诸多学者开始投入精力研究拥有消极配价谓词的语义结构（Баранов，Плунгян，Рудницкая 1993[②]；Филипе-

---

[①] Богуславский И. М. 1985. Исследования по синтаксической семантике：сферы действия логических слов. М. ：Наука.

[②] Баранов А. Н. ，Плунгян В. А. ，Рахилина Е. В. 1993. Путеводитель по дискурсивным словам русского языка. М. ：Помовский и партнёры.

нко 1994，1998①；Г. Е. Крейдлин 1975②；Богуславский，Иомдин 1999③；Григорьева 1999④）。

在区分消极配价的基础上，博氏进一步发现积极配价理论的研究方法应用到消极配价有其局限性，多数情况下分析消极配价不适配。于是提出"词汇单位的辖域"用以描写谓词的所有配价类型。"词汇单位的辖域"是配价理论的另一个升华。动词配价结构分析可以从语义层面来解释句法搭配，找到句法搭配的深层语义联系，而辖域分析可以在各种非常规句法语义对应关系中，找到深层次的语义解释机制。所以，博氏推出辖域这一分析工具的重点研究对象是拥有消极配价的谓词。消极配价又分常规消极配价和非常规消极配价，非常规消极配价是博氏辖域分析的难点和重点。非常规消极配价分析模式的尝试与探索是博氏辖域理论的精华，博氏基于现实语言材料多样性和人类语言复杂性，尝试通过辖域分析法挖掘出复杂的、非规律的语言现象背后的规律性、简单性和常态性。

三　支配模式与积极配价、消极配价

"支配模式"是莫斯科语义学派详解组合词典中的重要概念，是"意思⇔文本"模式中谓词释义分析的重要工具。"支配模式"的概念最早是由 А. К. Жолковский、И. А. Мельчук 于 1967 年提出，1984 年在详解组合词典中（ТКС）以表格形式系统展现了每个词汇单位的支配模式。支配模式下的释义结构中配价数量和配价内容占据最重要的位置。

---

① Филипенко М. В. 1994. Логико - семантическое представление наречий образа действия//Диссертация на соискание ученой степени кандидата филологических наук. Режим доступа：https：//rusneb. ru/catalog/000199_000009_000172101/Филипенко М. В. 1998. Прилагательные с точки зрения наречий（к вопросу о противопоставлении качественных и относительных прилагательных）//Труды Международного семинара ДИАЛОГ' 98 по компьютерной лингвистике и ее приложениям，т. 1. Казань，125-138.

② Крейдлин Г. Е. 1975. Лексема *даже*. Семиотика и информатика. М. ：ВИНИТИ（6）：102-105.

③ Богуславский，Иомдин. 1999. Семантика быстроты. Вопросы языкознания，（6）：13-30.

④ Григорьева С. А. 1999. Механизмы установления семантической сферы действия лексемы//Дисс. на соискание ученой степени кандидата филологических наук. Режим доступа：https：//www. dissercat. com/content/mekhanizmy-ustanovleniya-semanticheskoi-sfery-deistviya-leksemy

俄语动词从一价动词到五价动词，对每一种价量都给出了相应的动词例证，例如：

一价动词：расти /生长（что растёт）主体配价

二价动词：влиять/影响（кто влияет；на кого влияет）主体配价、客体配价

三价动词：сообщить（кто，кому，что）主体配价、客体配价、信息受体配价

四价动词：покупать/买、продавать/卖、занимать/借（кто, у кого, что, чем）主体配价、逆主体、客体配价和工具配价。ехать, лететь, плыть 乘行/飞行/航行（кто, на чём, откуда, куда）主体配价、工具配价、起点和终点配价。

五价动词：арендовать/租赁（кто, что, у кого, за что, на сколько）主体配价、第一客体配价、逆主体配价、第二客体配价和期限配价。

以五价动词"租赁"为例，租赁应包含五个配价：主体配价（谁租）、第一客体配价（租什么）、逆主体配价（租给谁）、第二客体配价（租多钱）和期限配价（租多久）。五个配价都是情境配价参与者，少了任何一个词汇语义都发生实质变化，如：少了期限配价"租赁"变成"买卖"、少了第二客体配价，"租赁"变成了"借用"、第二主体配价和期限配价都去掉则变成了"赠与"①。

"支配模式"以表格形式描写词典词条的全部配价信息，表格有多少个纵列表示就有多少个语义配价，横列表示句法题元以及相互之间的句法关系。"租赁"的支配模式为：

1 = A-Sub	2 = C- Obj¹	3 = B-Contrag	4 = D-Obj²	5 = T-Period
$S_{им}$	$S_{вин}$ обязат.	$yS_{род}$	$заS_{вин}$	1. $наS_{вин}$ 2. сроком на$S_{вин}$

支配模式的提出是以"动词中心论（вербоцентризм）"为原则

---

① Апресян Ю. Д. 1995а. Избранные Труды. Том I. Лексическая семантика. М.：Языки русской культуры.

的。俄语动词拥有支配关系，动词自身丰富的形态表达可以清晰显示出动词与句中其他成分之间的语法关系。"动词是句子述谓性特征的主要载体和表现形式，同时拥有谓语的词汇意义和语法意义——时、式、人称，把句子命题内容与话语表达的现实语境联系在一起。在双成分句中，谓语作为与主语相对应的主要成分，其本身包含着普遍的特征性意义（主要描述行为、状态、关系等），同时具有'过程性'等深层结构语义特征。"[1] 支配模式提供动词在句法、语义、词形等层面的支配关系。动词依据支配模式将深层语义结构转换到表层句法结构。支配模式不仅需要展示每个动词的词形信息、配价数量、配价内容，也要清晰展现句法题元和语义配价在具体语言事实中的对应关系类型、在哪些条件下两者同构，哪些条件下两者无法同构。在支配模式下，填充动词配价的词汇单位，一方面要满足动词自足性对语义配价要求，另一方面要满足词法和句法结构要求。Ю. Д. Апресян 认为，动词的语义特征包含两个方面，一是由动词本身内涵语义形成的内涵特征，二是动词与其他词之间相互作用关系形成的关系语义特征，而对于虚词来讲第二个特征在其语义中发挥更为重要的作用。换言之，虚词的语义着重于表现词语之间的作用关系，是在关系中产生并固定的语义，其本身内涵义的价值要低于其句法关系中的语义。博氏认为，虽然支配模式针对的是动词的积极配价分析，但不排除该理论移植到非动词词类范畴的可能性。"从语义联系的角度来看，动词的配价和否定语气词所作用的句子内容之间没有质的区别[2]。"莫斯科语义学派其他成员逐渐接受了这个观点，并尝试运用支配模式来解析非动词类词语的配价结构。博氏同时指出，部分名词和形容词、副词也拥有支配能力，他们是积极配价类型词语，如：авторитет（кого，среди кого，в чём），соглашение（кого，с кем，о чём），инструкция（кого，для кого，о чём），автономия（кого，от кого，в чём），налог（чей，на кого，сколько на что），равный чему，тождественный чему，подобный чему，свободный от чего，независи-

---

[1] 杜桂枝：《再论动词语义配价、支配模式与句子题元结构》，《中国俄语教学》2018年第3期。

[2] Богуславский И. М. 1996. Сфера действия лексических единиц. М.：Школа《Языки русской культуры》.

мый от чего, соизмеримый с чем по чему, сходный с чем по чему, больше/меньше кого по чему на сколько; выгодный для покупателя, интересный детям, отличный от других, похожий чем-то на брата; поставить специально для гостей, располагаться направо<налево> от здания парламента.

支配模式是面向积极配价的分析理论，支配模式主要分析动词和部分拥有支配关系的名词、形容词和副词的语义结构。博氏仔细研究并论证后提出，支配模式虽然是基于"动词中心论"创建的理论模式，是可以用于描写所有谓词的，包括部分逻辑结构较强的消极谓词。但存在一个非常重要的问题，支配模式下的配价结构就是基于支配关系来定义的。如果我们抛开支配关系谈配价，配价理论就失去了意义。于是博氏提出新的研究工具——"词汇语义单位的辖域"。与此同时，博氏针对消极谓词要做部分理论术语上的调整，首先需要做调整的是配价和题元的术语体系，在积极谓词领域是确定语义配价的基础上来研究语义配价和语义题元之间的关系。在对语气词等消极谓词语义进行研究时，句法语义重于词汇语义，脱离句法环境的语气词的词汇语义偏弱，而结合语用环境的句法语义解析更为关键。那么，在消极谓词领域，更多是通过研究表层语义题元来探讨深层语义配价。博氏在进行消极谓词语义分析时，更多使用题元、语义题元、句法题元、积极题元、消极题元、断裂题元、语义辖域、句法辖域等一系列概念结合语境来进行消极谓词的句法语义分析。

四 支配模式与积极题元、消极题元

题元是"意思⇔文本"转换模式理论的核心概念之一，表示"由直接依附于动词的名词体现的句法角色——主语、直接补语和间接补语"（Иорданская、Мельчук，2007：4[1]；译文引自张红，2016：106[2]）。如：动词 показать（把……给……看）为三价动词：[1] Директор показал гостям из Польши школьный музей Коперника. /校长带

---

[1] Иорданская Л. Н., Мельчук И. А. 2007. Смысл и сочетаемость в словаре. Москва: Языки славянской культуры.

[2] 张红：《俄汉心理动词语义—句法对比描写》，科学出版社 2016 年版，第 106 页。

波兰客人参观了学校的哥白尼博物馆。该句中，主语"директор（校长）"填充主体配价，直接补语词群"школьный музей Коперника（学校哥白尼博物馆）"填充直接客体配价，间接补语词群"гостям из Польши（波兰客人）"填充间接客体配价。三个句法题元分别为：主体题元、直接客体题元、间接客体题元。可以看出，该例证中语义配价和句法题元之间是一一对应的同构关系。

国内学者普遍接受生成语法的题元理论，生成语法的题元理论源于 Fillmore（1968）的格理论（case theory）和配价语法，但对于题元的概念和内涵，学界尚未达成统一。徐烈炯（1998）认为："一方面，'题元'不可能是纯语法的成分性概念，而是在句法概念中加进语义内容。事实上至今也没有人认为题元就是纯语法的概念。引入题元的目的主要在于要说明那些靠原有的某种句法概念，如主语、宾语之类，所不能说明的事实。另一方面反过来说'题元'也不应是纯语义的分析性概念，而可以看作是把语义概念推向语法化。"① Chomsky（1981）在 GB 理论中阐释的题元准则为："谓词的每一个论元被分派一个且仅一个题元角色，每个题元角色被分派给一个且仅一个论元。"论元是题元角色的载体。然而语言事实中存在大量无法一一对应的情形，要使得题元角色得到逐一分派在很多情况下都比较复杂②。

博氏进一步提出配价填充分两个层面：一是深层语义结构的配价填充，二是句法结构层面的配价填充；二者的"区别在于描写层面的不同，在句的语义结构层面上用来填充谓词语义配价的语义片段称之为语义题元；在句子的形式结构层面上用来填充谓词语义配价的语义片段称之为句法题元"③。"意思⇔文本"转换模式理论中，一方面按照层次区分为语义题元、深层句法题元和表层句法题元三种类型；另一方面，按照语言和言语的两个不同层面又可以区分为题元位和题元本身④。题元位指《组合详解词典》谓词的对象语语义元语言释文或支配模式中给

---

① 徐烈炯、沈阳：《题元理论与汉语配价问题》，《当代语言学》1998 年第 3 期。
② Chomsky, Noam., Lectures on Government and Binding. Dordrecht: Foris Publications, 1981.
③ 张家骅：《俄罗斯当代语义学》，商务印书馆 2005 年版，第 28 页。
④ 张家骅：《"意思⇔文本"语言学的相关概念阐释》，《俄罗斯语言文学与文化研究》2013 年第 2 期。

予题元的待填充空位。张家骅以"语义配价"表示"语义题元位"。句法题元位与语义题元位（语义配价）既相互联系，又彼此区别①。博氏做了一个形象的比喻，题元位仿佛是钓竿上的鱼钩，题元则是钓上来的鱼②。一方面，特定类型的语义配价通常体现为特定类型的句法题元；另一方面，语义配价和句法题元之间没有必然的一一对应关系。原则上讲，所有的语义配价进入句法表层都应该体现为句法题元，然而受到语义、句法及语用因素的限制，有些配价不能或不必在表层体现为题元。例如：[2] Они пришли на завод. 动词的语义配价包括主体、起点、终点，而起点语义配价并没有体现在表层句法结构中。Ю. Д. Апресян 在《语义题元和句法题元的关系类型研究》③ 一文中示例证明语义配价和句法题元之间的非同构关系，并归结出 8 种类型，语义配价分裂、语义配价合并、语义配价的移位、零位句法题元、句法题元隐藏、增加新的语义配价、句法题元无法与任何语义配价对应、句法题元以参数的类指意义显示等。

高明乐（2004）④ 指出，与题元含义相同或相近的术语有：语义角色（semantic role）、格/语义格（case）、论元（argument）、价（valence）等。这些不同的术语提出的时间先后不同，在学术背景和某些细节上也不尽相同。然而从实质上看，其含义都是表示基于谓词（predicate）的语义特征而需要补充的成分。

积极配价在句法层面体现为积极题元，消极配价在句法层面体现为消极题元。积极题元是主语以及与谓词发生关系的各种形态的补语。积极题元是处于被支配地位的语义要素，消极题元是主宰支配关系、处于支配地位的语义要素。积极题元和消极题元是根据支配地位来进行区分的。例如：[3] Мальчик спит./小男孩儿在睡觉。Мальчик 为动词 спит 的主语题元，受动词支配，为积极题元。动词 предшествовать

---

① Жолковский А. К. 1964. Предисловие. М.：Машинный перевод и прикладная лингвистика，(8)。

② Богуславский И. 1985. М. Исследования по синтаксической семантике：сферы действия логических слов. М.：Наука.

③ Апресян. Ю. Д. 2006. Типы соответствия семантических и синтаксических актантов. СПб.：Проблемы типологии и общей лингвистики，15-27.

④ 高明乐：《题元角色的句法实现》，中国社会科学出版社 2004 年版。

（发生在……之前）拥有两个配价，前件事件与后件事件，如：［4］Круглый стол предшествовал конференции. / 在代表大会之前举行了圆桌会议。前件事件为"圆桌会议"，后件事件为"代表大会"，动词предшествовать的语义表达出两个事件的时间先后顺次。该句所表达的语义用前置词同义置换，前置词 до（在……之前）也可以传递前件事件与后件事件的时间先后关系：［4］Круглый стол предшествовал конференции ＝ Круглый стол состоялся до конференции。前置词和动词表达了相同的语义，都具有两个题元，只是题元类型有所区别。动词предшествовать的两个题元分别为主语和直接补语，均为积极题元。填充前置词 до 的一个句法题元（конференция 代表大会）为积极句法题元，受前置词 до 的支配；另一个句法题元是主宰前置词的动词性词组（Круглый стол состоялся 举行圆桌会议），为消极句法题元。

支配模式下的积极题元需要满足的四个条件：

1. 句法题元受配价词语的支配（是受支配，不是支配）；

2. 句法题元与配价词语直接相关（而不是通过其他词语间接相关）；

3. 句法题元为句法主导成分的全部词群，不仅包括与配价词语直接相关的句法主导成分，还包括受主导成分直接或间接支配的其余成分；

4. 句法题元之间无重合内容，一个词语仅参与一个题元（Богуславский，1980[①]：360-361；1996[②]：34）。

动词一般都满足以上条件，如：［5］Директор показал гостям из Польши школьный музей Коперника. /校长带波兰客人参观了学校的哥白尼博物馆，三个题元均满足以上条件。直接客体题元——学校哥白尼博物馆（школьный музей Коперника），句法上受动词 показать 的支配；名词 музей 与动词 показать 直接相关联，是直接客体；为句法主导成分的全部词群（школьный музей Коперника），不只包括与动词直接相关的句法主导成分"музей"，还包括修饰"музей"的所有成分：一

[①] Богуславский И. М. 1980. О понятии сферы действия предикатных слов. Известия АН СССР，（4）：359-368.

[②] Богуславский И. М. 1996. Сфера действия лексических единиц. М.：Школа《Языки русской культуры》.

致定语 школьный 及非一致定语 Коперника；三个题元的内容之间没有重合部分，每个词语仅参与一个题元。

积极题元对应句法成分，消极题元不对应任何一个句法成分，分析起来更复杂，因为填充内容不仅限于词，还涉及语调、重音、言语交际结构、指称属性等各种因素。如：《新型俄语同义词解析词典》中对副词 тщетно 的释义结构为 X тщетно делает P = 'делая P, X не достигает цели' （白做 P = 'X 做 P, X 没有达到目的'。）[①] = (3) тщетно（X, P, Q）= 'предпринимая действия P, X пытается сделать так, чтобы имело Q, но Q не начинает иметь место'. （'X 采取某一行动 P, X 努力使得结果 Q 发生，Q 没有发生'。）副词拥有三个句法题元，从支配关系来判断，三个均为消极题元，句法关系上都不直接从属于副词。

在消极谓词领域，题元和谓词之间可以不存在直接的句法联系，通过另一个词汇单位产生语义关联。如：

мой знакомый художник（'художник, с которым я знаком'）= знакомый мне художник（断裂—积极）

твой любимый писатель（'писатель, который ты любишь'）= любимый тобой писатель（断裂—积极）

знакомый 的语义配价为二价，填充配价的两个句法题元，一个为拥有支配关系的名词（消极配价），另一个为物主代词，物主代词填充形容词的配价，两者之间没有支配或被支配的句法关系。博氏将该种类型的题元称之为断裂题元，指句法上该题元与词语之间不发生直接句法联系，语义上却不可或缺。

博氏还举出一个较为少见的例证，其中既包含消极句法题元又包含断裂句法题元：Все（L）дети（A1）капризничают（A2）对于全称量词 все 来讲，A1 为消极句法题元，A2 为断裂句法题元。

消极题元和断裂题元显然是题元理论中的非常规题元，积极题元是常规题元。但满足所有题元均为积极题元的谓词数量是少部分，即使在动词的范畴内，这种情形只是发生在动词为人称形式的情形中。如 Ma-

---

[①] Левонтина И. Б. 2003. Словарная статья напрасно1//Новый объяснительный словарь синонимов русского языка. М. ：Школа《Языки славянской культуры》, 603.

льчик（A）спит（L）为积极题元填充动词配价；但是在非人称形式的情形下，例如 спящий（L）мальчик（A）、Мальчик（A）хотел спать（L）分别为消极题元填充动词配价、断裂题元填充动词配价。

上文提到的积极题元的四个必备条件，在消极配价领域一般都无法满足。博氏采用逐条举证的方式展示支配模式和消极配价之间不适配的现状。例如，推翻条件 1 的例证：很多消极谓词在句法上都是出于被支配的地位，例如：副词、前置词、连接词、语气词、形容词、形动词、副动词。填充这些谓词的题元是句法上处于支配地位的词语。也就是说，在句法上，消极谓词的形式要受其题元支配，根据题元的要求发生变化。如：спелый персик（成熟了的桃子），形容词"спелый（成熟了的）"作为谓词（быть спелым），相当于 персик, который спел（桃子，它是成熟的）。名词 персик（桃子）填充了谓词的主体配价，主体配价不受谓词的支配，反而支配谓词，这为消极句法题元[1]。同样地，странный человек（古怪的人），这里的 странный（古怪的）是谓词，человек（人）填充谓词"быть странным（是古怪的）"的主体配价，但是句法上却支配形容词 странный。

推翻条件 2 的例证为：在消极谓词领域，句法题元与配价词语未必直接相关。例如：[6] Я остался дома только из-за Маши. / 我只是因为玛莎才留在家的。句法关系方面，только（只）直接关联的是前置词 из-за（由于、因为），但语义上却没有丝毫联系。только（只）的唯一性赋予的是玛莎，而不是"из-за"表达出的语义——因为。因此，только（只）的析出题元指向的是"Маша"，而不是"из-за Маши"。唯一让我留在家的理由，是"玛莎"，而非其他，焦点激发选项集合是潜在理由的集合，包括"因为玛莎""因为下雨""因为天气""因为爸妈"等等。而不是在"因为玛莎""多亏玛莎""为了玛莎"等必须和玛莎相关的潜在理由集合中选择出"因为玛莎"的唯一选项，而是在与情景"我留在家"的原因相关的所有理由集合中，选中玛莎作为唯一性。所以，语义上的唯一性和"из-за"没有直接关系，而句法上两者却发生着直接关联。

---

[1] Богуславский И. М. 1996. Сфера действия лексических единиц. М.：Школа《Языки русской культуры》.

汉语的语义指向也分析类似的例证：张三和李四都只吃了一片面包。句中的"只"语法上指向"吃了"，语义上一方面指向句内内容，跨过动词谓语后指"一片面包"①。

推翻条件 3 的例证为：关于句法题元为句法主导成分的全部词群，在消极谓词领域，有可能发生的情况是：受句法主导成分支配的部分词群，不作为句法题元。例如：［7］Он не остался ужинать, чтобы вернуться домой засветло./他没有留下来吃晚饭，为了赶在天黑前回家。该句中，语气词 чтобы（...为的是...）和否定语气词 не 的语义关系可以表示为：｛не［он остался ужинать］｝чтобы｛вернуться домой засветло｝。显然，语气词 не 的语义题元，是被它所否定的语句"он остался ужинать（他留下来吃完饭）"，чтобы 引导的从句句法上从属于主句中的题元 остался（留下来），但并没有纳入到否定语气词 не 的语义题元结构之内。

再如：［8］Я первый тебя спросил。该句可以有两种阐释方式：

第一，Тебе задало вопрос несколько человек, и среди них я был первым；我是第一个问你的。（向你发问的人不止一个，而我是第一个。）

第二，Мы с тобой спросили друг друга, причём я спросил тебя раньше, чем ты меня. 我先来问你。（我们彼此互相提问，我先发问。）

两者的辖域不同，第一种情况下 первый 的辖域是 спросить тебя，'я спросл тебя；в последовательности действий 《спросить тебя》 первым было действие, выполненное мной'。作为"提问你"行为的发出者，第一个是我。

第二种情况下为 спросить。'Я спросил тебя；в последовательности действий 《спросить》 первым было действие, выполненное мной'。作为"提问"行为的发出者，第一个是我。

在第二种阐释模式下，受动词 спросить 支配的成分 'тебя' 并不参与 первый 的辖域，первый 的句法题元只是句法主导成分，而非其全

---

① 陆俭明：《关于语义指向分析》，载《中国语言学论丛》，北京语言文化大学出版社 1997 年总第一辑。

部词群①。

博氏还举出了同时推翻条件 1—3 的例证：[9] Единственный город, в котором Коля хотел бы жить, -это Ленинград /柯利亚唯一想定居的城市，是列宁格勒。形容词 единственный 有三个配价，剖析例 [9] 的题元结构，其语义为：在配价 R（城市集合）内只析出一个成员—配价 Q（列宁格勒）是符合配价 P（科利亚想定居）的条件。其中，配价 P—"Коля хотел бы жить（科利亚想在那儿定居）"是从句，（1）不受形容词 единственный 的支配；（2）不直接与 единственный 相关，而是通过 город 间接相关；（3）不是句法词群的主导成分，前三个条件都无法得到满足。

推翻条件 4 的例证为：[10] Иван знает только рýсский язык/伊万只通晓俄语。该句语义可以同义转换为：[11] Единственный язык, который Иван знает, -это русский язык/唯一的语言，是伊万通晓的，是俄语。例 [11] 清晰展示出形容词 единственный（唯一的）的配价结构：三个配价分别为 язык（语言集合）、Иван знает（析出特征）、русский язык（析出对象）。同理，语气词 только（只）的题元结构可以依照该结构进行分析，也为三个题元：язык（语言集合）、Иван знает（析出特征）、русский язык（析出对象）。语气词 только 的语义为：在题元 R（语言集合）中根据题元 P（伊万懂得、知晓）分离出题元 Q（俄语），其中，表达语言集合的题元是 язык，表达"析出对象"的题元是 русский язык，词语 язык 参与了两个题元，这在积极题元理论中是不允许发生的。

博氏基于大量的例证证明支配关系不是谓词题元的必备要素，题元可以是任何一个填充谓词配价的句法片段。这个理念的提出必然遭到质疑，脱离支配关系来分析谓词的方式未有人做过相应的尝试和论证。博氏坚定认为，题元理论无法有效解释很多非动词词类的谓词结构，要使得莫斯科语义学派支配模式理论完全覆盖消极题元分析，需要对支配模式理论做较大调整，而原有的理论体系已经较为完整，完全建立一套新的术语体系必然会打破原有体系的完整性。那么，提出一个新的术语和

---

① 张家骅等：《俄罗斯当代语义学》，商务印书馆 2005 年版。

研究方法，并将其纳入到原有支配模式理论体系之内，这是最为明智的做法。于是，"词汇单位的辖域（сфера действия лексических единиц）"概念应运而生。博氏提出的消极题元、断裂题元和"词汇单位的辖域"理论是继 Ю. Д. Апресян 将配价研究突破动词领域之后，莫斯科语义学派在题元领域的又一个重要理论突破。

第四节 博氏辖域观遵循分析性释义原则

博氏（1985，1996）提到，辖域理论遵循莫斯科语义学派 И. А. Мельчук "意义⇔文本"转化模式理论建构原则（Мельчук，1974[①]；Мельчук，1995[②]）和 Ю. Д. Апресян 的语言整合性描写原则（Апресян，1974[③]；Апресян，1980[④]；Апресян，1995[⑤]）中的分析性释义法。

分析性释义是莫斯科语义学派理论的一大特色。分析性释义的原则是：每个词汇语义单位要被分解为两个或两个以上语义要素诠释，语义要素要具备不可分解性，足够简单，避免循环论证，以排除多义性和同音性。分析性释义对词汇单位进行注释应达到以下目的：通过对注释的比较展示出词典中不同词汇单位间的所有语义联系，同时展示在话语中各词汇单位彼此之间以及与其他语言单位之间语义相互作用的规则。莫斯科语义学派的语义研究不是对单一的句法语义或词汇语义进行描写，而是将每一个词汇单位看作是句法和语义相互作用的结果。Ю. Д. Апресян 认为，语义性能决定句法表现，句法表现反映语义特征，因此提出了"语义决定句法，通过句法描写语义"的思想。这一思想贯穿莫斯科语义学派的整合性语言描写原则，也成为博氏辖域研究的指导思想之一。

莫斯科语义学派的分析性释义是对词汇单位意义多层面的整合性描

---

① Мельчук И. А. 1974. Опыт теории лингвистических моделей《Смысл⇔Текст》. М.：Наука.

② Мельчук И. А. 1995. Русский язык в модели《Смысл⇔Текст》. М.，Вена：《Языки русской культуры》.

③ Апресян Ю. Д. 1974. Лексическая семантика. М. Наука.

④ Апресян Ю. Д. 1980. Типы информации для поверхностно-семантического компонента модели《Смысл Текст》. Wien：Wiener Slawistischer Almanach.

⑤ Апресян Ю. Д. 1995. Избранные труды. Том 2. Интегральное описание языка и системная лексикография. М.：Школа《Языки русской культуры》.

写、语义层面、语法层面、语用层面等（Апресян，1986①；1995②；2004③）。博氏运用语义注释和语用注释的方法对具有不同配价的消极谓词结构、对语境参与语义配价构成、语境内容涉及说话人与现实之间的关系、对说话人与所言内容的态度、说话人对听话人的态度等方面进行系统的研究。

莫斯科语义学派释义描写的基本观点为：

1. 自然语言的词汇意义大多数都呈现可被分类描写的体系性构建机制。

2. 词汇语义的分类体系是语义类别和语义次类别相互交叉的层级结构。

3. 词汇语义分类原则和词汇间相互作用原则，都基于相同的体系性意义构建原则。

4. 语言中的所有层面的表义单位，应纳入同一种语义元语言描写范畴。

5. 基于语义元语言的分析性注释是多层次结构体，分为陈说、预设、情态框架、观察框架和动因五个层次。

6. 最为理想的情况下，一个完整的词汇单位的语义描写模式应该展现词汇本身全部语义要素，另外，要揭示语用环境中词汇单位之间，词汇单位与其他语言单位之间相互作用的规律。

遵循整合性描写原则，博氏辖域分析所涉及的是一个词语的单独义项，博氏将其称之为"词汇单位"。词汇单位（лексическая единица④）指的是从内容与形式统一的词中分离出来的词汇语义单位，而不是内容与形式统一的、常常包含若干义项的词本身。在一般情况下，一个词都会有几个义项，当词进入句子语境中，词汇单位与该句中的其他词汇单

---

① Апресян Ю. Д. 1986. Интегральное описание языка и толковый словарь. Вопросы языкознания, (2): 57-69.

② Апресян Ю. Д. 1995а. Избранные труды. Том 1. Интегральное описание языка и системная лексикография. М.: Школа《Языки русской культуры》.

③ Ю. Д. Апресян, В. Ю. Апресян, О. Ю. Богуславская, Т. В. Крылова, И. Б. Левонтина, Е. В. Урысон и др. 2004. Новый объяснительный словарь синонимов русского языка. М.: Школа《Языки славянской культуры》.

④ "词汇单位"概念取自 И. А. Мельчук 和 А. Л. Жуковский 的著作《Толково-комбинаторный словарь современного русского языка》(1984).

位发生相互作用后，会获得唯一义项。博氏认为，语境下的唯一义项是该词语在句中的精确语义，他称之为"词汇语义单位"。只有确定了"词汇语义单位"这个前提，辖域分析才有意义。每一个逻辑词的辖域分析都是在同一个义项范畴内，进行不同句式题元结构的分析。例如：对语气词 только 进行语义结构剖析，博氏会首先指出所研究义项为其基本义项——"只有，仅有"，并列出作为辖域研究的义项例句和非义项例句。同时，博氏辖域分析不是推翻现有释义描写模式，而是基于莫斯科语义学派已有释义描写方式对题元结构描写模式进行微调和优化。博氏表示："必须透过题元概念，才能够正确理解辖域的定义。"① 博氏建立其辖域观的初衷，就是发现了许多题元理论所无法涵盖的谓词语义现象，他试图将这些谓词纳入到题元理论内进行精确描写和有效解释。博氏运用语义注释和语用注释的方法对具有不同配价的虚词结构、对语境参与语义配价构成、语境内容涉及说话人与现实之间的关系、对说话人与所言内容的态度、说话人对听话人的态度等方面进行系统的研究，充分遵循了"莫斯科语义学派的分析性注释"的研究方法。

Ю. Д. Апресян② 认为，词汇单位的语义结构具有多维的性质。总体而言，它们的元语言释文由五种成分构成：陈说、预设、情态框架、观察框架和动因，但这些成分都不是必需的。词汇单位的语义结构包括词汇指称意义、语法意义、逻辑意义等语言内部的抽象意义之外，还包含预设、蕴含、情态意义和附加意义等。其中，陈说是谓词释义的核心部分。词汇单位的语义结构包括词汇指称意义、语法意义、逻辑意义等语言内部的抽象意义之外，还包含预设、蕴含、情态意义和附加意义等。词汇单位的释义应该涵盖言语生成所需的各种信息，是全部规则的总和，除词法和句法规则外，还包括搭配、语用、交际、超音质特征等。"元语言释义的一个重要任务，是为新型词典编撰服务，直观、系统地显示词汇语义单位在同义、反义、近义、转换、组配等方面的聚合关系

---

① Богуславский И. М. 1980. О понятии сферы действия предикатных слов. Известия АН СССР, (4)：359-368.
② Ю. Д. Апресян, В. Ю. Апресян, О. Ю. Богуславская, Т. В. Крылова, И. Б. Левонтина, Е. В. Урысон и др. 2004. Новый объяснительный словарь синонимов русского языка. М.：Школа 《Языки славянской культуры》.

与组合关系。"① 情态框架和观察者框架都是隐含信息，前者指向说话人的评价，后者指出说话人的位置。动因是某词汇单位中隐含的说话人的意图。情态框架、观察者框架和动因都与说话人密切关联，这体现了莫斯科语义学派释义理论的重要特征：释义中充分考虑"人"的存在。Л. Н. Иорданская 在谈到《新型俄语同义词解析词典》时说，"《新型俄语同义词解析词典》就是一部关于'人'的词典。"② 在莫斯科语义学派编撰的积极型系列词典中都成功运用了分析性释义。分析性释义充分体现谓词全部语义配价，配价结构中应充分描写参与语义配价构成的全部表义要素。Ю. Д. Апресян 提出，"用简化的、标准化的自然语言对谓词所指称的情境进行穷尽描写，这是谓词释义的核心。"③ 莫斯科语义学派的释义结构，高度要求结构简洁和透明、避免重复和繁冗，是运用语义单子或语义元素单位（семантический примитив）来组合诠释其他语言单位，而语义单子和语义元素单位都是不能被进一步解读的词汇语言单位。同时，不同词汇单位的共同语义因素保持同一释义，不仅仅揭示语言单位的词汇语义，而且揭示词汇和语法等单位的聚合关系和组合关系。在莫斯科语义学派的释义结构中，义素是被置于一定的句法框架内进行分析，不是义素的简单罗列，义素之间具有特定的句法结构关系，义素都不是孤立存在的，是在特定题元框架结构中的词汇单位的义素分析。

莫斯科语义学派的释义结构分为预设和陈说两部分（类似的释义结构见 Wierzbicka1969④；Fillmore，1969⑤；Апресян，1995⑥；Падучева，

---

① 张家骅等：《俄罗斯当代语义学》，商务印书馆2005年版。

② Иорданская Л. Н., Мельчук И. А. 2007. Смысл и сочетаемость в словаре. Москва：Языки славянской культуры.

③ Апресян Ю. Д., Богуславский И. М., Иомдин Л. Л., Санников В. З. 2010. Теоретические проблемы русского синтаксиса：Взаимодействие грамматики и словаря. М. : Языки славянских культур.

④ Anna Wierzbicka. , 1969, *Dociekania Semantyczne*, Zakld Narodowy Im. Ossoli Nskich.

⑤ Fillmore Ch. J, "Verbs of judging: an exercise in semantic decription". *Anguage and Social Interaction*, No. 3, 1969, pp. 91-117.

⑥ Ю. Д. Апресян. 1995. Избранные труды. Том 1. Лексическая семантика. Синонимические средства языка（2-е изд.）. М. : Восточная литература РАН.

2004①）。Апресян 指出，在一些情况下，两个看似同义的词语，释义结构中陈说和预设内容会呈现实质性差异，而严格意义上的同义词应该体现释义结构层面的高度一致。如果在陈说和预设内容之间有实质差别，就没理由称之为同义词。例如：表达"走运"的无人称动词 повезти 和 посчастливиться。在《新时代俄汉大词典》中，释义都为"有幸地、运气好，走运"，在《большой толковый словарь русского языка》中释义为：повезти：посчастливиться，удаться②。换言之，两者为同义词，可以相互替换。Ю. Д. Апресян 提出，两词语释义结构不完全相同，陈说部分有实质差别，不符合同义词的标准。

两者释义结构为：повезти（走运）：X-у повезло с Y-ом（X 在 Y 上走运）= 在 X 身上发生了某事件 Y（预设）；说话人认为，Y 不是因 X 的行为所致，而是机缘巧合（预设）；说话人认为，Y 是好事（陈说）。

X-у посчастливилось，（что）Y（X 有幸地 Y）= 说话人认为，Y 不是因 X 行为所致，而是外部力量干预的结果（预设）；说话人认为，像 Y 这样的事件很少发生（预设）；说话人认为，Y 是好事（预设）；在 X 身上发生了事件 Y（陈说）。

两个词汇单位语义结构中最大的区别在于陈说不同。

试比较：[1] Ему повезло иметь такого учителя как Станиславский（遇到斯坦尼斯拉夫斯基这样的好老师，是他运气好）；语句交际焦点在于"Y 是好事"。

[2] Ему посчастливилось иметь такого учителя как Станиславский. （遇到斯坦尼斯拉夫斯基这样的好老师，这样的好运气发生在他身上了）。语句交际焦点在于"在 X 身上发生了事件 Y"。

两个句子中的陈说部分存在质的区别，那么，在很多语境下，两者不能进行同义替换。

在 повезти（走运）和 посчастливиться（有幸）中，事件 P 是好

---

① Падучева Е. В. 2004. Динамические модели в семантике лексики. Москва：Языки славянских культур.

② Кузнецов С. А. 2008. Большой толковый словарь русского языка. Санкт‑Петербург：НОРИНТ，851.

的，且不是 X 的行为产生的。

莫斯科语义学派的释义是对词汇单位意义多层面的整合性描写，语用层面的释义描写也是莫斯科语义学派的理论特色之一。博氏在对逻辑语气词进行分析性释义时，将语用意义作为重要内容纳入了释义结构。例如：даже 的释义为：даже（Q，R，P）=

（1）'во множестве R существует объект（или объекты）Q′, отличный от Q, такой, что он обладает свойством P или мог бы им обладать'/在 даже 所区分出的对象集合 R 中，Q′有别于 Q，它（它们）具有或者可能具有属性 P；

（2）'можно было с большим основанием ожидать，что Q′ будет обладать свойством P，чем того，что им будет обладать Q′〔EXPECT（P_Q′）>EXPECT（P_Q）〕/有充分理由预测，Q′比 Q 拥有该属性的可能更大〔EXPECT（PQ′）>EXPECT（PQ）〕（Богуславский 1996：311）。

说话人的预测性评价在释义结构中占据了很重要的地位，语用意义纳入了语义描写之中。语义结构释文中不仅存在说话人的主观预测，还将主观预测按照量级衍推序列进行排序〔EXPECT（PQ′）>EXPECT（PQ）〕。博氏提出，对语气词等消极谓词，语用意义的诠释更为重要，语用意义往往很难进行精确的形式化描写，但分析性释义中应该尽可能展现语用意义作用句子的方式，语用意义在消极谓词的语义描写中占据很重要的位置，尤其不能忽视。博氏提出，要不断探索语用意义参与词汇语义的构建方式，探索语用意义的描写方法，不断逼近语言事实，这是形式语义研究者的使命。

莫斯科语义学派从语义特征入手，运用一套形式化的"语义语言"描写特定词语的元语言释义、语法形式、句法结构、词汇语义搭配、找寻语义单位相互之间的系统关联，揭示同义词所属的不同词典释义类别，对词汇单位进行全方位、多维度、颗粒化的立体描写。语法层面上呈现词汇单位的搭配关系和常用句型结构等；语义层面上标注词汇单位的概念意义、语义配价和所指意义等；语用层面上考察词汇语义中的语用因素等。力求解释词汇单位与其他各层次语言单位之间的语义关系，从而达到构拟世界整体语言图景的最终目的。

莫斯科语义学派释义理论方法是把结构主义理论、语言世界图景理论、语用学理论、认知语言学理论共同应用于词汇语义分析的理论。这种释义模式无疑具有很大的发展潜力，会引领语言学界编撰新型释义词典的潮流，也为其他语种语义研究提供参考和启迪。

第五节 博氏辖域观遵循"意义的组合原则"[①]

20 世纪 70 年代生成语义学与解释语义学大行其道，数理逻辑学家 R. H. Montague 开宗明义地提出将形式语言和自然语言截然分离的论点。认为"在自然语言和逻辑学家的人工语言之间没有重要的理论上的差别，有可能把两种语言的语形和语义综合到一个单一自然的和数学上精确的理论之中"[②]。Montague 认为，人工语言语义的形式化可以用于自然语言语义分析。因开创了全面系统运用现代逻辑工具研究自然语言，Montague 被视为自然语言逻辑的创始人。Montague 语法被看作是自然语言诞生的标志。1976 年帕蒂（B. H. Partee）提出了"蒙塔鸠语法"（Montague Grammar）[③] 这一术语，作为蒙塔鸠形式语义学理论的名称。

意义的组合原则（Principle of compositionality of meaning）是逻辑学的一条基本原则，也是蒙塔鸠形式语义学研究的重要方法论原则，"蒙塔鸠语法是最强调意义组合原则的形式语义理论，Montague 则坚定地认为句法和语义必须同时建构，即每一条句法规则的存在，都有一条相应的语义规则，语义规则的作用是阐释各个部分意义组成结构整体意义的作用机制。在其构造的三个英语部分语句系统中，句法和语义严格对应"[④]。以 PTQ 系统为例，17 条句法规则对应 17 条语义翻译规则，每条翻译规则体现出：复合表达式的翻译是其部分表达式翻译的函项

[①] 关于组合原则详见 Janssen T. 1997；Partee B. H. 1997。

[②] Montague R，*Formal Philosophy*，New Haven：Yale University Press，1974，p. 222.

[③] Montague grammar 的汉语译名有 "蒙塔鸠语法" "蒙塔鸠语法" "蒙太格语法" 等，本书根据《中国大百科全书·语言文学卷》推荐的译名，译为 "蒙塔鸠语法"。"蒙塔鸠语法" 是一个术语，指的是建立在蒙塔鸠发表的三篇论文基础之上对自然语言的句法和语义进行研究的理论。三篇论文为："英语作为形式语言（English as a Formal Language，简称 EFL）" "普遍语法（Universal Grammar，简称 UG）" "论英语中的量化词（The Proper Treatment of Quantification in English，简称 PTQ）"。

[④] 邹崇理：《组合原则》，《逻辑学研究》2008 年第 1 期。

(Montague，1974：247-270[①]；邹崇理，2017：6[②])。T. Janssen 和 B. H. Partee 在《组合性（Compositionality）》一文中给出了组合原则的一个数学模型[③]。该文详细讨论了组合性的代数结构，给出了组合性语法的代数定义，还讨论了组合性项代数和同态映射等问题。《组合性》一文中将组合原则简单表述为："如果表达式 E 依据某个句法规则由部分 E_1 和 E_2 所构成，则 E 的意义 M（E）是依据某个语义规则把 E_1 的意义 M（E_1）和 E_2 的意义 M（E_2）合并起来而获得的。"[④]。换言之，语言表达式的意义（值）来自它部分的意义（值）和合并这些部分的句法运算的意义形成的函项（Janssen，1997：419）[⑤]。该定义遵循了组合原则的数学定义：令 A=<A，F>和 B=<B，G>都是代数，映射 h：A→B 是同态的，当且仅当，存在一个映射 h′：F→G 使得对所有 f∈F 和所有 a_1, ..., a_n∈A 都有：$h(f(a_1,...,a_n))=h'(f)(h(a_1),...,h(a_n))$[⑥]。该定义表明组合原则不是一个抽象描述，它有严格的定义和精确的数学模型。

遵循组合原则的定义，自然语言的词汇单位都是表达式中的函项，语句的意思是函项部分语义和组合规则语义作用后的结果。如："большой камень 是由形容词（大的）的语义限制名词（石头）得出。表达式'戴眼镜的中年人'是由定语从句（X 戴着眼镜）的语义和名词（中年人）语义组合而成。假定'大的''戴眼镜的'作为一个具备该属性的个体集合，'石头''中年人'是另外一个个体集合，通过诉诸组合性原则下的规则，两个表达式合并为一个名词性短语，那么一定存在一个相应的规则决定这个合并后的短语意义。因此，在给定条件下，组合原则除了要求确定组成复合表达式语义的部分语义及最基本的语义

[①] Montague R, *Formal Philosophy*. New Haven：Yale University Press, 1974, pp. 247-270.
[②] 邹崇理：《组合原则和自然语言虚化成分》，《四川师范大学学报》2017 年第 1 期。
[③] Janssen, T, *Compositionality. Handbook of logic and language.* Amsterdam：Elsevier Science, 1997, p. 426.
[④] Janssen, T, *Compositionality. Handbook of logic and language.* Amsterdam：Elsevier Science, 1997, p. 426.
[⑤] Janssen, T, *Compositionality. Handbook of logic and language.* Amsterdam：Elsevier Science, 1997, p. 426.
[⑥] Janssen, T, *Compositionality. Handbook of logic and language.* Amsterdam：Elsevier Science, 1997, p. 426.

单位，还要求从句法角度确认这些部分语义合并成复合表达式的组合机制"（Barbara，1976：281-311①；邹崇理，2008：78②）。

博氏在著作《词汇单位的辖域》中提到组合原则也被称为弗雷格原则，原因是有学者认为组合原则为 Frege 首次阐述，但学界至今并没有找到确切的依据来证明 Frege 的组合原则思想。学界相对达成共识的是 Frege 在 1884 年之前并没有接受组合原则，人们只是在 Frege 的后期著作中发现了与组合思想紧密相关的表述。同时在他已出版的著作中，人们也没有发现组合原则的表述，因此泛泛地谈论 Frege 的组合原则是不准确的。组合原则并非出自 Frege，但可以称之为弗雷格式的，因为这是他后期著作的基本精神③。也有作者指出组合原则的起源最早可追溯至古代印度哲学和古希腊哲学（见维基百科：组合原则词条 www.wikipedia.org）；也有学者指出组合性是古老智慧的一种重新表述，最早可见于马其顿的菲利普的 divide et impera（divide and conquer）④。

关于组合原则的局限性。

博氏在著作《词汇单位的辖域》中开篇提到，对语句进行语义分析时组合原则应被放置在首要位置，句子语义不仅要求确定单个词汇语义，还要求确定词汇语义间作用机制，两者缺一不可。词汇语义间组合机制的研究是句法语义分析的灵魂，这个部分的重要性毋庸置疑。

组合原则在业界饱受争议，尚未得到语言学界的普遍认可。究其原因，是组合原则忽视了言语的创造性，把基于语言的言语看作是一个精密的、有固定规则的、可以被程序化描写的对象。组合原则是一个纯理论的数学概念，要求语言具有数学般的严格精确性，而言语交际中充满了含糊性、多义性与歧义性，不适合进行精密的形式逻辑分析。换言之，组合原则只能解释少部分规律的、句法与语义严格一一对应的语言现象，有限的

---

① Barbara H., Partee (ed.), *Montague grammar*, New York & London: Academic Press, 1976, pp. 281-311.

② 邹崇理:《组合原则》,《逻辑学研究》2008 年第 1 期。

③ 朱建平:《论意义组合原则中的若干问题》,《东南大学学报》（哲学社会科学版）2011 年第 1 期。

④ Partee, Barbara H., *Genitives – A case study. Appendix to Theo M. V. Janssen, Compositionality. In J. F. A. K. van Benthem & A. ter Meulen (eds.). Handbook of Logic and Linguistics*. Amsterdam: Elsevier Science Publishers, 1997, p. 420.

解释力是组合规则的硬伤。然而，语义学者仍对组合原则的研究热情不减，究其原因，是组合原则所提出的理念行之有效地解决了句子语义形式化的难点。句子语义的形式化之路一直是句法语义研究的瓶颈，如何解决，如何在机译中输入句子的正确代码，如何让机器能够像人脑一样编辑句子语义，这是句法语义学界一直想要突破的难点。毋庸置疑的是，组合原则部分解决了这个难题，但其解释力不足，无法覆盖言语中各种各样不规则的语言现象，但不能因此决绝地否定组合原则的合理性。组合原则能够解决自然语言形式化的部分问题，其针对部分语言现象的合理性毋庸置疑，其应用空间有待学者们进一步的研究和拓展。

博氏提倡的就是改进组合原则来适用于更多的语言现象的描写。博氏认为，要重视组合原则的合理性、改进组合原则描写的局限性、提高组合原则的适用性。对不规则的语言现象进行深层次微观分析，会发现语义链接的规律性，这也使得不规则语言现象具有高度能产性和严谨的特征。将不规则语言现象纳入规则的语言解释之中，是语义学家要不断努力解决的问题。而且组合原则在提出之时未考虑语境的影响，是组合原则的失误，语境是影响词语间组合方式的一个重要因素，语境中也有可被描写的语义参数，这部分的研究是应纳入组合原则的理论范畴。组合原则不应该被机械地加以阐释，应当在肯定组合原则合理性的基础上，找到组合原则服务自然语言句法语义的正确方式。表义单位组合成为一个句子，一定存在组合机制和规律，各种意义单位作用后形成一个完整的句子语义，这是一个复杂的作用过程，涉及词位、形位、句法结构、交际结构、指称属性等各种意义单位及其组合规则。组合规则的洞察往往没有那么简单，人们可以轻松感知组合规则变化造成的句子语义变化，而无法轻松解决语言现象背后的规律性运行机制。

语义学者的重要研究任务就在于剖析语言背后的运行方式，一方面解释词项静态语义，另一方面揭示词汇语义在组合结构中的变化规则。一个静态词项进入动态组合结构，必然会受到前后组合单位的影响和制约。因此，语义学者不仅要研究单个词语的意义，更要研究在句子中相互作用后的组成部分语义对于句子语义的精确贡献，界定词汇语义之间相互作用后辐射句子语义的界限。将组合链接方式作为句子语义的有机构成部分，对语义单位之间的链接方式加以形式化的描写和阐释，是句法语义学者努力实现的目标。然而这个目标在自然语言中能够多大程度实现，是现阶段句法语义学者仍在努力的方向。蒙塔鸠语法试图证明自然语言和形式语言之间不存在根本性差别，无可辩驳的是，蒙塔鸠语法运用逻辑方法成功地构造出英语的部分语句系统，已经加工出的算式能够真实还原语义组合过程，Montague 给出了句法语义形式化的范本。经典命题逻辑显然满足了组合性要求。简单函数的意义是它的真值，复合函数的意义是它的部分真值的函项。组合原则是一条方法上的指导性原则，它是一条指导句法、语义系统建构的方法论原则。

博氏支持蒙塔鸠语法中的方法论，辖域论也贯彻了组合原则的精髓，博氏试图从题元层面揭示研究语义单位合并成为句子的语义组合机制，研究词项跟其他性质的语义单位之间的意义联系。博氏通过大量消极谓词的辖域分析，力求对组合原则加以证实：一个语句的语义是由组成部分及其组成部分之间句法链接规则的语义作用后的结果。一方面，其组成部分的语义发生改变，句子语义改变；另一方面，组成部分不变的前提下，句法链接规则发生转变，句子语义也会随之改变。组合原则表述为：句法成分与语义成分之间是同态映射关系。也就是说，句法规则重新组合一次，相应的语义规则也重新组合一次①。博氏辖域论表述为："词汇语义单位 L 辖域的包含两个方面，填充词位 L 语义辖域的语义要素<a1a2…an>和填充词位 L 句法辖域的语义要素<b1b2…bm>，常规情形下，<a1a2…an>和<b1b2…bm>保持同构关系。非常规情形下，两者无法同构，这时，<a1a2…an>中只有部分要素进入到<b1b2…bm>之中。"② 两者非同构也是有规律可循的，探寻非常规语义句法对应关系的规律性是博氏辖域论的主要研究目的。博氏认为，不适用组合原则的语言现象（即：组合原则的反例）主要由自然语言的语用因素和句法语义结构不对应所致。应将反例放在标准公式的范畴内进行调整，这种调整本身就是寻找规律的有效方法，不应就此否定其内部存在规律性的可能，由此轻视自然语言句法语义的对应关系。基于组合原则的认

---

① 高芸：《形式语义学研究》，中国社会科学出版社第 2013 年版，第 19 页。
② Григорьева, С. А. Нетривиальная семантическая сфера действия лексемы: случайность или закономерность. Электронный ресурс：http：//www.dialog‐21.ru/archivearticle.asp? param=6258&y= 2000&vol=6077.

同，寻找并确认句法语义对应关系的规律是博氏辖域理论研究的目的。博氏研究大量非常规辖域类型，将其导入常规类型的框架内进行修正、变异、补充，找到非常规辖域类型的规律，消除组合原则的局限，在虚词领域验证组合原则的适用性，从题元层面揭示语词的意义相互作用规则。博氏明确表示："组合原则是明智的、正确的，除非语言材料本身表现出很强的阻力，否则不能去否定该原则的正确性。"[①] 他提出："当下最为重要的不是接受或否定，而是为组合原则找到合适的定位。"[②]。博氏同时提出，蒙塔鸠语法中的组合原则对句子语义的分析是静态的，对语境的考虑不够充分和细致，这样的理论不适用于动态的语义现象。博氏在其辖域理论中重复考虑语境对语义的贡献，把语境中的语义因素加入到语义要素之列，进行语境下的句子语义层分析。形式语义学家探索组合原则服务于自然语言描写的方法，与博氏所倡导的部分吸纳原则是一致的，在对组合原则不做全盘否定前提下，探索其服务于自然语言的价值。迄今为止，针对很多语言现象，组合原则的分析结果已经被证明是准确的，运用组合原则解决了很多语言单位内部因组合搭配机制不同造成的歧义问题。

博氏 2011 年在《波兰语言学研究》（Studies in Polish Linguistics）发表题为"论组合原则（Remarks on compositionality）"一文，文中对于如何正确看待组合原则的局限性，合理运用组合原则解决部分语言结构的形式化等问题都给出了相应的方法。文中提到，组合性原则的最明显的反例是习语（idioms）或习语性表达，因为各个词语之间的意义并非组合性地构成句子的整体意义。博氏提供了一系列方法来处理部分偏离意义的组成部分，也反驳了一些学者在文献中提及的反例。博氏提出，无论业界对于组合原则有多么大的质疑，在对自然语言进行形式化语义分析时，组合原则都是极其重要的方法论原则（methodological principle），具有重要的指导意义，Janssen（1997）与 Jacobson（2014）都是这一原则的拥护者。组合原则不仅是现代逻辑的基础性原则，也是自

[①] Богуславский И. М. 1996. Сфера действия лексических единиц. М.：Школа《Языки русской культуры》.

[②] Богуславский И. М. 1996. Сфера действия лексических единиц. М.：Школа《Языки русской культуры》.

然语言的逻辑语义分析的指导性原则，组合原则是意义合成的重要依据，是单句真值推到合成句真值的基础。组合原则在语言分析中的盲点不应该成为放弃组合原则的理由，作为数学概念的组合原则是如何体现在自然语言中，是形式语义学和句法语义学亟待解决的研究任务之一。语言学家和逻辑学家需要不断验证和修正组合原则，原则性地运用到自然语言的分析处理，充分挖掘逻辑学、数学对于自然语言研究的价值。组合性只是一个理想性的原则，并不是所有语言现象都要满足它。组合原则的价值在于给出句法语义形式化分析的指导原则，这个原则是带有启发性的，已证明的组合性处理对非组合性处理的解决是有启发性的，非组合性的处理如何转换为组合性处理，从而增强组合原则理论的说服力，是组合原则不断发展的生命力。

相对于动词等实词来讲，组合原则对语气词等虚词的句法语义研究更为重要，语气词是一类较为特殊的词类，虚词在现实世界中不具有客观指称意义和概念意义，其意义体现在语言系统中的结果或语法功能方面。语气词在句中语义的认定，不仅要依靠词典释义，更重要的是对它与其他词语之间联系机制的探索。在组合原则指导下，博氏将语气词置于词语组合成的句子中，研究句子语义、词汇语义、词汇单位组合机制三者相互作用下的语气词语义，揭示相互作用下的语气词的语义结构。

第六节 "意思⇔文本"模式理论指导下的辖域分析

博古斯拉夫斯基辖域理论建立的理论基础是莫斯科语义学派 И. А. - Мельчук "意思⇔文本" 转换模式理论及 Ю. Д. Апресян 的语言整合性描写原则。博古斯拉夫斯基理论是对莫斯科语义学派思想的继承和发展，秉承"语义决定句法，通过句法研究语义"的基本原则，把词义研究同词典学紧密结合，对消极谓词的句法语义进行整合性描写。

当代俄罗斯语言学的核心思想"意思⇔文本"模式理论起始于20世纪60年代，是继美国转换生成语法、法国依存关系语法之后又一种至今在世界范围内仍具有重要影响的理论体系。"意思⇔文本"模式中的词汇函数和语义元语言思想被广泛运用于计算语言学的科学研究，有学者认为,"意思⇔文本"理论学说使俄语理论语言学进入世界理论语言学的主流行列①。"意思⇔文本"模式以服务于机译为目的,模拟人的语言能力的两个重要方面:从"文本"到"意思"的分析能力和从"意思"到"文本"的综合能力②。在"意思⇔文本"模式理论中,是把语句表述和感知的语言信息所要表达的思想定义为"意思";把承载信息的物理信号理解为表达思想的形式手段,并定义为"文本";把信号和信息之间相对应的编码体系称作语法,并定义为"意思"与"文本"之间的对应关系,该对应关系用符号⇔表示"意思"与"文本"的转换规则③。莫斯科语义学派运用一整套"语义语言"形式化系统描写词汇语义和句法语义之间的各种聚合和组合关系。

"意思⇔文本"理论模式属于计算语言学的"理性主义"阵营。N. Chomsky 是理性主义学派的典型代表人物,理性主义学派认为人的语言生成能力是一系列规则系统作用后的产物,自然语言的符号系统能够通过语义元语言、一套规则和推理系统来建立。理性主义学派坚信,如果让机器像人脑一样处理语言,就必须让机器具有和人脑一样的句法、语义、语用等方面的知识和逻辑推理能力。莫斯科语义学派认为,在一个典型的自然语言处理系统中,自然语言语法通过一套语义转换规则把输入句分析为句法结构,分"意思"到"文本"输入和"文本"到"意思"输出两次转换模式对自然语言的结构和意义规律进行挖掘,提炼出便于形式化和算法化的句法、语义规则。由于自然语言处理系统中的规则集是先验的,而非后天设计,语言学家所努力的方向是破解自然语言处理系统中的规则集,而非创造语言规则,这是一种典型的理性主义研究方法。莫斯科语义学派致力于对语言中的各项特征做精细化的描写和整理,是一项庞大而复杂的语言特征描写工程。

"意思⇔文本"模式理论吸收了 N. Chomsky 的"深层结构"思想和 L. Tesniere 依存关系语法的"配价"思想。配价理论基础是动词中心论:"意思⇔文本"模式的基础也是动词中心论。"意思⇔文本"模式依据动词词义结构的构成要素确定动词的配价,某一义项中的词汇单

---

① 薛恩奎:《〈意思⇔文本〉语言学研究》,黑龙江人民出版社 2006 年版,第 23 页。
② 张家骅等:《俄罗斯当代语义学》,商务印书馆 2005 年版,第 114 页。
③ 周民权:《20 世纪俄语语义学研究》,《浙江外国语学院学报》2012 年第 1 期。

位，配价的数量和属性是恒定的。若配价的数量和属性变化，词义随之变化，句子结构也会发生变化，词汇单位的意义结构是确定价的数量及其属性的决定性因素。无论是 Н. Д. Арутюнова 语言逻辑分析学派，还是心理语言学派、转换生成语法学派，尽管他们构拟的"意思＝文本"转换模式不尽相同，但是在一个共识下进行研究，即句子的意义核心是客观情境的命题。Tesnière 的配价语法、Ch. Fillmore 的"格语法"、R. Jackendoff 的价语法、Ю. Д. Апресян 的动词中心论、И. А. Мельчук 的、Падучева 的都是分析句子作为客观情境的命题或语义结构。

И. А. Мельчук 的"意思⇔文本"转换模式理论将动词的词义结构看作是一个网络，体现动词的语义配价及配价的相互关系，以动词（V）为起点。通过构拟的一套元语言对动词的词义结构展开描写，确定动词的语义配价及其相互关系。动词的语义配价及相互关系映射到深层句法结构可能会产生不同的支配模式（题元结构）；由于填充题元结构的名项的语义属性不同，映射到表层句法结构可能会产生不同的句子模式。支配模式提供动词在句法、语义、词形等层面的支配关系。动词依据支配模式将深层语义结构转换到表层句法结构。"意思⇔文本"模式理论以动词为中心，以动词词义结构为描写基础，对语言单位语义进行多层次的语义描写。在"意思⇔文本"模型中，语言分为4个基本层面（уровень）：语义层面（семантический）、句法层面（синтаксический）、词法层面和语音层面（морфологический и фонетический）。除语义层面外，每个层面又进一步分为深层和表层，除了"表层、深层"句法结构以外，还有"语义结构层"。意思⇔文本之间相互转换，是某种语义表征（意思）通过层层语义转换形成相应文本，或者某种文本或语音信息经过层层转换获得相应语义表征（意思）的过程。

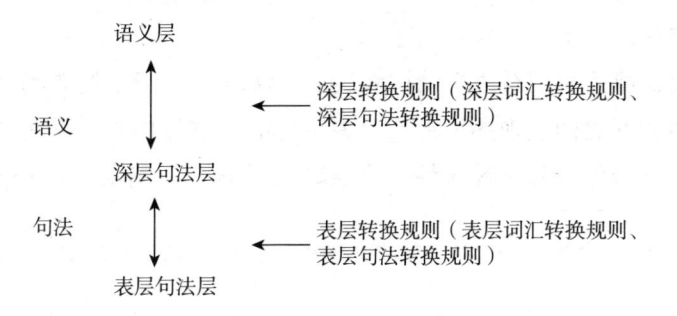

```
              语义层
               ↕         ←—— 深层转换规则（深层词汇转换规则、
       语义                    深层句法转换规则）
             深层句法层
               ↕
       句法            ←—— 表层转换规则（表层词汇转换规则、
                              表层句法转换规则）
             表层句法层
```

博氏提出，博氏辖域理论研究的是表层句法题元（поверхностно-синтаксические актанты）。"表层句法题元与中心动词的联系方式是：题元在句法上直接依附于动词，语义结构层的描写对象是动词的词义结构。在表层句子中，谓词释文里的必需情景参与者变项、支配模式中深层句法和表层句法题元位都需用特定类型的语义单位或词汇单位填充，这些具体语义单位或词汇单位就是相应的表层句法题元。必需情景参与者的表层体现手段，在俄语中主要是格的综合形式和前置词短语（前置词+格形式）的分析形式。"[①] "意义⇔文本"转换模式理论建构原则句法结构划分为表层和深层句法结构，对语言单位语义进行多层次的语义描写，其句法题元也相应分为深层句法题元（глубинно-синтаксический актант）和表层句法题元（поверхностно-синтаксический актант）。但博氏特别指出，博氏辖域理论虽追随了"意义⇔文本"转换模式理论建构原则，但在句法语义研究中没有分出深层句法结构，博氏认为，是否区分出深层句法结构来进行分析和描写，关键在于研究对象是否有必要从深层句法结构内进行语言事实的描写，关键在于区分了深层和表层结构之后，是否会增强所要描写的语言事实的解释力，是否有助于简化问题，探究深层句法结构和表层语义结构关系的复杂性是否会增加研究难度等。

消极谓词词汇单位表层句法结构和深层语义结构之间的对应关系，是博氏解决的问题。他是在 И. А. Мельчук 与 Ю. Д. Апресян 的支配模式理论框架内，分析消极谓词的深层语义和表层句法结构之间的关系、词汇单位释义结构和语义角色之间的关系。题元理论的基础是"动词中心论"，"动词中心论"一般适用于深层句法结构，而不适用表层句法结构。交际语用因素在深层句法结构中也被忽视，而在表层句法结构中发挥作用。博氏认为，表层句法结构中的语用因素也必然反映在深层语义结构之中。

为此，博氏特别对语义结构和表层句法结构进行了概念阐释，语义结构是由相互之间呈现述谓—论元关系的语义单位构成，语义结构提供文本交际结构信息和指称属性。表层句法结构，是指 Ю. Д. Апресян 研

[①] 张家骅：《"意思⇔文本"语言学的相关概念阐释》，《俄罗斯语言文学与文化研究》2013 年第 2 期。

究法俄、英俄语言对译系统中所使用的表层句法树结构（Апресян и др. 1989①；Апресян и др. 1992②）。博氏举出几类最为简单的表层句法关系：主谓关系、补足关系、疏状关系、限定关系。句法结构和语义结构一样，提供句子交际组织结构信息和它的指称属性。

"意义⇔文本"转换模式理论研究表层语义配价在深层句法结构中的体现，并将两者关系称之为"диатеза（配位结构）"。配位结构理论在 И. А. Мельчук 的主要著作中都有阐述。详见专著《"意思⇔文本"语言学模式理论的经验》（Опыт теории лингвистических моделей "Смысл⇔Текст"）、专著《词典中的意思和搭配》（Смысл и сочетаемость в словаре）、论文《关于句法零位》（О синтаксическом нуле）、论文《态范畴的定义和态的演算》（Определение категории залога и исчисление возможных залогов：30лет спустя）等。

第七节　莫斯科语义学派辖域理论的特色

博氏辖域与逻辑语义学辖域定义均源自现代逻辑学，现代逻辑学中的辖域（scope）是指各种逻辑算子（operator），包括命题连接词、量词、模态词等的作用范围。在逻辑学中，每一个命题公式只有一个推导形式，公式中的逻辑词总是具有明确和固定的辖域。命题逻辑和谓词逻辑都被看作是一种有自己的词汇、句法规则和语义的形式语言。例如："所有人都会犯错误"，用谓词逻辑则分析为："（∀x）（Px→Mx）"，"（Px→Mx）"这个复合命题函项就是全称量词（∀x）的辖域。再如：天正下着雪或天正下着雨则气候会潮湿并且寒冷。如果以相应的连接词和变元来表示上述命题的形式，则可写为：P∨g →r∧s。这就产生了"∨"、"→"、"∧"这三个算子到底是在哪些变元上进行运算的问题，或者说，这三个真值函子是以哪些变元为其主目的问题。对这个问题，

---

①　Апресян Ю. Д. 1989. Тавтологические и контрадикторные аномалии// Логический анализ языка. Проблемы интенсиональных и прагматических контекстов. М. : Наука.

②　Апресян Ю. Д. Богуславский И. М. , Иомдин Д. Л. , Лазурский А. В. , Митюшин Л. Г. , Санников В. З. , Цинман Л. Л. 1992. Лингвистический процессор для сложных информационных систем. М. : Наука.

如果我们以不同的括号来分别规定各个连接词的辖域,则可以发生五种辖域可能性：(1)〔(p∨g)→(r∧s)〕；(2){p∨〔g→(r∧s)〕}；(3){p∨〔(g→r)∧s〕}；(4){〔p∨(g→r)〕∧s}；(5){〔(p∨g)→r〕∧s}[①]。由于连接词的辖域不同,尽管以上5个公式的构成成分完全相同,但是,它们却是5个逻辑性质不同的公式[②]。在谓词逻辑中,否定词～、连接词(包括合取连接词∧、析取连接词∨、蕴含连接词→)和逻辑量词∀、∃都属于逻辑算子。在形式语义中,算子的存在代表一个运算过程,在算子的作用下,语义表达式发生变化,改变为另一个表达式。比如：否定算子将肯定表达式变为否定表达式,合取算子将两个或两个以上简单句变为一个复合句表达式。而辖域是指逻辑算子的作用范围,指出哪些变元以何种公式纳入逻辑运算。在符号逻辑语言中,括号清晰表明算子的辖域组合方式,如量词的辖域是指紧接在量词后面的谓词公式,即量词的作用范围。当量词之后有括号,则括号内的公式为该量词的辖域；若量词后无括号,则与量词相邻接的公式为该量词的辖域。在全称量词(∀x)或存在量词(∃x)的辖域内,所有变元x都被该量词约束。变元的一次出现至多被一个量词约束。比如：∀x(P(x)∨∃xQ(x)),公式中P(x)的x被∀x约束,Q(x)的x已经被∃x约束,故不受∀x约束。

逻辑语义学采用现代逻辑的方法研究语义问题,把语言当作一种逻辑推演的形成系统,把对逻辑表达式及其意义之间关系的研究,看成是对形式系统中符号表达式及其意义之间关系的研究。逻辑语义学的目标是设计出一套理想化的形式语言,形式语言包括词汇、语义和句法三部分。词汇部分是一个符号系统,句法是符号系统的组合规则,语义部分是对真值条件进行推导和判断。逻辑语义学辖域分析是移植逻辑学分析算子的方法,分析自然语言中相当于算子的词汇单位,其分析对象物是在自然语言中拥有辖域的词汇单位,这部分词汇单位在句子的逻辑结构中发挥的作用可以类比为逻辑演算的过程。

现代语言学从现代逻辑中获得了灵感,也趋向于把语言描述成一套

---

① 圆括号()用以组合基本符号,方括号〔〕用以组合包括圆括号的表达式,大括号{}用以组合包含方括号的表达式。

② 袁正校、何向东：《试论逻辑词的辖域》,《西南民族学院学报》1991年第6期。

抽象的形式化系统。布龙菲尔德是在语言学中使用公理演绎方法的早期倡导者，1926 年布龙菲尔德就提出将数理逻辑领域的思想应用在语言学中，形式逻辑系统句法与自然语言的句法本质上是相同的。"每一个数学命题都能转换成一个公式，公式中有一连串精确定义的符号，从而使整个数学可以被简单视为'一个公式的存储库'①。'转换生成语法'使用了与数学一样的公理演绎系统，致力于将语言系统像数学系统一样，每个句法通过公理的方式来研究。如：陈述句'x love y'可以用命题函数'f (x, y)'来表示。乔姆斯基的形式语言理论，不仅适用于人工语言，也适用于自然语言，用数理逻辑对自然语言进行形式描写，是行得通的"。正如美国著名的逻辑学家 R. H. Montague 在《英语作为一种形式语言》中所说的："在自然语言和逻辑学家的人工语言之间没有重要的理论上的差别，有可能把两种语言的语形和语义综合到一个单一自然的和数学上精确的理论之中。"② 但自然语言要比形式语言复杂得多，因为自然语言"经历了历史漫长的，因服务于协助沟通为实际目的的历史演变"③。自然语言中充满了含糊性、多义性与歧义性，自然语言中结构和语义之间的关系错综复杂，大多数情况下更无法满足人工语言中的同构关系。

　　辖域这一概念引入自然语言研究，使得自然语言研究超越语言个体分析的限制，探索普遍语法对于具体自然语言语法系统的制约，同时探寻自然语言在体现普遍语法原则时个体语言之间的差异和共性。

　　从本质上来讲，博氏辖域与逻辑语义学辖域概念均沿用了逻辑学辖域定义，逻辑学辖域强调算子所辐射的逻辑结构片段的范围，博氏辖域和逻辑语义学辖域强调词汇单位语义的作用范围。有所不同的是，博氏的分析对象是词汇语义单位更微观的层面，博氏辖域论是将词汇单位语义从配价层面做拆分，研究每一个语义配价分别辐射的语义范围，以及综合到一起如何与其他词语的语义配价发生作用的过程。从配价层面可

---

① Hilbert. D., "Die Grundlagen der Mathematik", Abhandlungen aus dem mathematischen Seminar der Hamburgische Universisität, 6, 1967. (repinted in English translation in van Heijenoort: 464-479).

② Richard Montague, *Universal Grammar*. Formal Philosophy, 1974, p. 222.

③ Church. A., *Introduction to Mathematical Logic*: Volume 1, Princeton: Princeton University Press, 1956, p. 3.

以观察到更多的词汇语义单位之间的活动方式，活动方式的变化造成语义的改变，表层语义的变化要从深层语义单位间的活动方式入手去研究，找出句子语义中由较小语言单位组合成为较大语言单位的规律，解决由辖域不明确造成的辖域歧义。

分析对象上的差异。自然语言化为谓词逻辑公式时，首先分解出谓词，进而使用量词、函数、联结词来构成谓词公式。语言系统中表现出辖域特征的词汇包括量词（全称量词、存在量词）、特殊疑问词（WH-词语）、否定意义的极性词（negative polarity items）等。因此，逻辑学辖域概念运用到自然语言分析的首要对象，是与逻辑算子表现相对应的词语，包括否定词、全称量词（все，каждый）、存在量词等。

博氏辖域适用对象超越了自然语言中的逻辑算子这个范畴，博氏借用了逻辑学辖域的概念，将这种语义辐射范围的分析拓展到所有谓词（积极谓词和消极谓词），从配价结构中所辐射到的语义要素层面来分析谓词的语义作用范围。博氏指出，自然语言的辖域分析要比逻辑辖域分析困难得多，逻辑辖域分析不仅需要考虑辖域的边界，还需确定变元的数量和种类。同时如何把语境描写出并纳入语义辖域的逻辑式中，将言语的灵活性写入精密的逻辑式是语言学家要面临的难题。语义、语法和语用层的各种变元都要纳入辖域的描写范围。博氏在其1996年的著作中分析了各种变元类型，包括完整词汇语义、部分词汇语义、词汇语法意义、句法结构意义、交际单位意义、指称属性意义、言语行为意义。

逻辑语义学辖域分析是移植逻辑学分析算子的方法，分析自然语言中相当于算子的词汇单位，其分析对象物是在自然语言中拥有辖域的词汇单位，这部分词汇单位在句子的逻辑结构中发挥的作用可以类比为逻辑演算的过程。逻辑语义学辖域分析与述谓—论元结构无关，只与句子的逻辑结构有关，是采用现代逻辑方法研究逻辑表达式及其意义之间关系。逻辑语义学辖域分析对象物只是自然语言中一部分词语，而博氏辖域论的分析对象物是自然语言中的所有谓词，剖析谓词的句法语义结构，前者是在逻辑语义学范畴内进行研究，后者是在句法语义学范畴内进行研究。

两种辖域论的建立基础不同。欧美辖域论的理论基础是形式语义学

（formal semantics），形式语义学又称为逻辑语义学（logical semantics）、真值条件语义学（truth-conditional semantics）或真值论语义学（truth-theoretic semantics）①，其主要特点是采取数学模型、现代逻辑等手段对自然语言的句法构造和真值条件语义进行研究②。逻辑语义学采用现代逻辑的方法研究语义问题，把语言当作一种逻辑推演的形成系统，把对逻辑表达式及其意义之间关系的研究，看成是对形式系统中符号表达式及其意义之间关系的研究。

博氏辖域论的理论基础是 Tesnière 的题元理论，更确切地讲，是莫斯科语义学派的谓词题元分析理论。博氏辖域理论建立的基础是莫斯科语义学派的语言整合性描写原则，是采用题元分析法分析谓词的情景必需参与者。遵循莫斯科语义学派语言整合性描写原则，博氏分析语义针对的不是孤立的词项，而是将其置于特定配位结构中，对每个词汇语义单位进行辖域解析。博氏辖域分析的根本出发点是词汇单位的表层语法特征能够从其深层语义特征中得到解释。

两者根本区别在于研究层面。博氏辖域分析不仅涉及完整的词位、句法位，而且更深入到体现词汇单位语义的题元。若辖域分析停留在词的层面，将词作为最小单位，则无法精准定位语义辖域。"线性语法结构中，句子语义组成要素之间发生语义关系，其语义辖域常常不是后者的语义结构整体，而是这一结构中的某个或某几个题元"③。博氏辖域分析注重深层语义结构剖析，对句子语序的依赖性较弱。逻辑语义学辖域理论通过句子语序和语法结构来确定逻辑词辖域，对表层句法结构的依赖性较强。博氏辖域观抛开了表层句法位置的依赖，也抛开了将辖域约束在表层最小语义单位——词的范畴，而是深入到词汇语义的内部构成——题元，将词汇单位做进一步的解剖。欧美学者停留在词的层面去分析辖域的现状，主要是受到逻辑学中辖域内公式不能再进行分解的影响，将辖域禁锢在了句法表层。如果将句子中的词进行再分解，下放到题元、语义要素层面进行其辖域分析，会解决很多深层次的问题。从数

---

① 蒋严、潘海华：《形式语义学引论》，中国社会科学出版社 1998 年版，第 11 页。
② 李福印：《语义学概论》，北京大学出版社 2006 年版，第 263 页。
③ 张家骅：《语法和语义互动关系研究的俄罗斯语义学视角〈俄罗斯语义学——理论与研究〉论点举要》，《外语学刊》2012 年第 3 期。

学的角度来讲，如果辖域内是一个尚可进行内部运算的公式，那首先是将该公式进行计算，然后再进行辖域的确定。所以，这是博氏辖域理念的精髓，也是莫斯科语义学派义素分析语言的根本。

辖域这个逻辑学概念运用到语言分析之上，就是分析词汇语义单位在句子中的所辖区域，而所辖区域的确定是从句子表层结构还是深层语义结构，在很多情况下，分析结果会呈现很大的差异，深层语义结构中的辖域分析准确度显然高于表层辖域分析的结果。深入到深层语义结构之中，更微观一定程度上代表更精确，如果深入到词汇语义要素层面来观察，很多歧义问题就迎刃而解。

从研究方法来讲，一方面，博氏遵循了逻辑语义学者的研究方法，先精确刻画自然语言的一个有限片段，集中精力处理几个特定的语义疑难问题。就长远目标来看，可以改进或补充系统中的技术手段，逐渐扩展这一片段，不断去接近自然语言的全貌。① 另一方面，博氏遵循了莫斯科语义学派自然语言整合性描写的指导原则，将词法、句法、交际结构、语序、语调、指称属性等各方面的特征放置在一个平面进行集成性描写和分析。

从终极目标来看，两者应该是一致的，都是运用逻辑式对语义进行精确解析，消解计算机语言信息处理中的歧义问题，实现计算机的语义识别，都是为自然语言转换为计算机可处理的信息数据而进行深层语义探索。

博氏辖域论的终极研究目的是消解因词汇单位相互作用机制不同造成的歧义现象。自然语言中的歧义识别和消解问题是中文信息处理的一大障碍。歧义现象本身蕴藏着说话人派生语义的能力，它远不是从词汇库中提取现成语义成品的能力。博氏等语言学家指出，当今世界上没有哪个自然语言处理系统可以模仿人类借助百科知识和对交际环境的判断从而对有歧义的语言单位做出准确的解读。歧义现象是机器翻译中最难以解决的问题。而理想状态下的语义理论应该要具备这种阐释能力②。

---

① 邹崇理：《逻辑语言和信息》，人民出版社 2002 年版，第 25 页。
② Богуславский И. М., Иомдин Л. Л., Сизов В. Г., Чардин И. С. 2003. Использование размеченного корпуса текстов при автоматическом синтаксическом анализе//Труды Международной конференции 《Когнитивное моделирование в лингвистике》. Варна：Институт проблем передачи информации РАН, 39-48.

以 Ю. Д. Апресян、И. М. Богуславский、Л. Л. Иомдин 为代表的俄罗斯科学院信息传输问题研究所（Институт проблем передачи информации РАН）计算语言学实验室（Лаборатория компьютерной лингвистики）研究组，在自己的自然语言处理系统"ЭТАП"中借鉴美国语言学界关于歧义问题的理论来研究俄语的歧义现象。

同时，博氏指出，解决歧义问题必须考虑句法和语义之间的相互作用关系，语义辖域和句法辖域的非同构是辖域分析的难点，在消极谓词领域，非同构现象比较普遍，要对两者非同构关系进行规律性研究，找到非同构的规则，纳入消极谓词辖域研究的规则体系之中。形式化自然语言处理面临最大的难题是歧义和特例，与积极谓词相比，消极谓词领域歧义和特例远远大于积极谓词，对特例现象进行形式化描写，将特例转换为普遍规则，基于特例进行规则研究，是丰富多彩的自然语言与形式化语言处理对接的一个路径。

博氏辖域研究所要解决的问题，一是给出消极谓词配价结构的解析途径，证明消极配价谓词语义也是可以运用传统题元理论进行描写。二是解决从"文本"向"意思"的自动分析过程中遇到的一些同音异义现象的语义分析，排除歧义以保留合适的"意思"。博氏强调，只有做到确定一句一义，计算机才能够对歧义进行筛选和处理。因此，博氏所提供的逻辑解构方案，在信息处理和加工时便会给出 N 个从语境中推断的潜在集合，帮助计算机精确阐释语句可能提供的语义版本，避免误译。同时博氏运用辖域分析方法找出同形异义句背后的运行机制，以此让计算机识别不同的辖域类型，帮助计算机有效避免机器翻译中因辖域造成的歧义现象。

本章小结

博氏辖域观是在充分尊重和肯定积极题元理论的基础上，进行突破和创新。博氏辖域观不是抛弃题元理论，也不是替换题元理论，而是对题元理论的有效补充。可以说是对原有题元理论系统的进一步升级，在进行积极题元的分析时，题元理论仍然占据着无可替代的位置。博氏辖域观从全新的视角阐释了虚词等消极谓词语义结构和消极谓词间相互作用规律，试图利用形式化的方法来展现题元结构变化同句义变化之间的关系。这种研究方法在对俄语语气词、前置词、连接词、名词、形容词、副词的实证分析中，取得了积极的效果。当然其研究成果和所加工的词义模式有其无法辐射到的领域，博氏也在积极寻求处理这些难题的方式、方法。博氏辖域分析论是一个探求性质的分析方法，他所进行的实证研究只涉及为数不多的语气词、前置词和连接词，这种探求性的研究会造成缺乏说服力的印象，博氏本人表示，在语气词等虚词环境下研究句法语义的形式化途径，每一个语气词的语言表现都需要大篇幅的文字进行分析，所以，对某些具有典型性辖域特征的语气词进行深度语义描写，才能探出一条道路，给其他语气词以有效参考。

　　值得肯定的是，博氏在面向数据库建设的虚词词义研究中探索出了一条新路，带给我们诸多启发和思考，其理论本身也有待于大量语言事实的检验而不断地完善。

第二章

莫斯科语义学派句法语义理论下的逻辑语气词语义研究

自然语言的逻辑语义分析从20世纪初语言的哲学转向开始，语义学者就在孜孜不倦地进行词语的形式语义解构。从90年代开始逻辑语气词作为焦点敏感算子被形式语义学关注，形式语义学关注句子意义的真值条件，并认为焦点敏感算子能够影响句子的语义真值。关于逻辑语气词，形式语义学领域已经取得了一定的成果，逻辑语气词也能如全称量词、并列连接词等进行形式化语义解构，通过全面的语义分析和精确的语义描写，写出准确的语义逻辑公式。

第一节 逻辑语气词的定义和范围

为了验证辖域理论的合理性及探索辖域理论的适用范围，博氏选取了逻辑语气词作为入手点，较之其他语气词，逻辑语气词的题元辖域界限最为分明。逻辑语气词这个概念不是博氏首创的概念，1959年，俄罗斯语言学家 Е. Е. Михелевич 在分析德语语气词时，已经使用了逻辑—意义语气词（логико-смысловые частицы）这一概念。并且把这一类词语从德语语气词中单独划分出来，划分依据和博氏划分依据基本相同：不带重音，作为实词成分（核心成分）的辅助因数而存在，它所附着的实词性成分是句子的述位，并表明句子的陈说概念与预设中的关联概念之间的内在关系。此后，德语逻辑语气词一直作为一类特殊语气词被单独研究，并逐渐得到了德国和俄国语言学界的认同。

之后，А. Т. Кривоносов 根据 Е. Е. Михелевич 提出的特征，在德语

中列出了39个逻辑语气词。其中11个为纯逻辑语气词，28个为非单一逻辑语气词，在实际运用中出现两种或更多词类的功能（9个可以发挥两种词类的功能，8个为三种词类，8个为四种词类，2个为五种词类，1个为六种词类，参见下表）①。此后，Н. А. Торопова加入了4个全新的语气词，总结出德语共有43个逻辑语气词②③，其中13个只作为逻辑语气词而发挥作用，其他30个逻辑语气词还可做情态语气词（12个）、副词（16个）、连接词（3—4个）。托罗波娃总结的逻辑语气词得到了德语、俄语语言学家的认可。迄今为止，该列表没有再增加或修改。之后，Н. А. Торопова将逻辑语气词的概念进一步运用到俄语中，关于俄语中逻辑语气词的数量和内容，Н. А. Торопова没有给出具体列表，根据以上两点要素，结合Н. А. Торопова所发表文献内提到过的词语。俄语逻辑语气词应该包括带有"только""лишь""ещё""даже""именно""просто""особенно""тоже"等意义的语气词，如：тоже, даже, только, уже, ещё, единственно, лишь, исключительно, именно, как раз, просто, особенно等。

可做词类	具体词类	词语	词语数量
1类	▶逻辑语气词	▶Selber, just, ausgerechnet, lediglich, sogar, nochmals, bereits, ebenfalls, gleichfalls, nucht, einmal, ebenso	11

---

① Кривоносов А. Т. 1975. Система 《взаимопроницаемости》 неизменяемых классов слов. Вопросы языкознания, (5): 97-100.

② Allein（только），ausgerechnet（именно），ausschließlich（только），bereits（уже），besonders（особенно），bloβ（только），einzig（единственно），eben（как раз），ebenfalls（также），erst（лишь），gar（даже），genau（точно），gerade（именно），gleichfalls（тоже），insbesondere（особенно），lediglich（только），（nicht）einmal（даже не），noch（ни），nur（лишь），schon（уже），selbst（сам），sogar（даже），wenigstens（по крайней мере），aber（вновь），abermals（опять），auch（также），ebenso（так же），eher（раньше），einfach（просто），genauso（точно так же），geradezu（почти），gewöhnlich（как обычно），hauptsächlich（прежде всего），ja（да），jedenfalls（по меньшей мере），keineswegs（ничуть），lauter（только），nämlich, nochmals（а именно），selber（даже），zwar（а именно）.

③ Торопова Н. А. 1986. Логические частицы и смежные классы слов в немецкцм языке. Иваново: ИвГУ.

续表

可做词类	具体词类	词语	词语数量
2类	▶逻辑语气词，形容词 ▶逻辑语气词，加强词 ▶逻辑语气词，逻辑词 ▶逻辑语气词，情态语气词	▶Lauter，nämluch ▶Insbesondere ▶Zwar ▶nicht，auch，noch，schon，nur	9
3类	▶逻辑语气词，形容词，数量副词 ▶逻辑语气词，数量副词，不变化代词 ▶逻辑语气词，形容词，前置词 ▶逻辑语气词，状语副词，情态词 ▶逻辑语气词，形容词，情态语气词 ▶逻辑语气词，加强词，情态词	▶einzig，gewöhnlich，hauptsächlich ▶sebst ▶ausschliesslich ▶jedenfalls ▶bloss ▶wenigstens	8
4类	▶逻辑语气词，加强词，引导词，数量副词 ▶逻辑语气词，情态语气词，肯定-否定词，插入词 ▶逻辑语气词，状语副词，形容词，情态语气词 ▶逻辑语气词，数量副词，形容词，情态语气词	▶Besonders，geradeze，gar ▶Ja ▶eben，erst ▶einfach，gerade	8
5类	▶逻辑语气词，数量副词，并列连接词，动词前缀词，逻辑词 ▶逻辑语气词，数量副词，肯定-否定词，形容词，加强词	▶Allein ▶genau	2
6类	▶逻辑语气词，并列连接词，情态语气词，逻辑词，状语副词，引导词	▶aber	1

　　逻辑语气词的语义分析是俄罗斯句法语义学的一个重要研究领域，博氏在其著作《句法语义研究：逻辑词的辖域》前言中提出："句法语义学领域易见成效的一类研究对象是被称之为'逻辑词'的词语。"①逻辑词的语义不能单纯依靠词典进行辨别，逻辑词与句子的句法结构、语义结构、句子重音、交际组织结构、实义切分、名词和谓词的指称属性等都发生着紧密的联系。确认逻辑词的语义必须要结合句子的多个层

---

① Богуславский И. 1985. М. Исследования по синтаксической семантике：сферы действия логических слов. М.：Наука.

次，包括句子的命题意义、实义切分意义、情态意义、指称意义和交际意义等。研究逻辑词的语义，就是研究逻辑词的句法语义，针对逻辑语气词的语义进行形式化描写，是俄罗斯语义学家最为关注的一个领域（Падучева，1977[①]；Богуславский，Крейдлин 1975[②]），特别是针对тоже、также、ещё、уже、только、даже等语义，俄语义学家投入大量的精力进行其语义结构的形式化描写，且已取得了较多成果。俄语义学家对于逻辑语气词的定义、特征及部分逻辑语气词的逻辑语义结构已达成以下共识：(1) 逻辑语气词是语句述位的词汇标记手段；(2) 逻辑语气词实质性改变句子语义，其语义实质在于确定语句内预设和陈说中概念之间的关系。(3) 预设作为逻辑语气词语义的有机组成部分，只有将预设写入逻辑语义式内，其语义才能被精确描写。

  А. Т. Кривоносов 提出逻辑语气词的同时，也提出了情态语气词（модальные частицы）的概念。情态语气词与逻辑语气词相对立，情态语气词并不改变句子语义，只是反映说话人对话语内容的态度或评价，情态语气词的语义是主观情感色彩，很难通过形式化手段进行描写。逻辑语气词的语义是可以通过形式化手段进行描写，例如，逻辑语气词 тоже（也）的释义结构为：X тоже P = P также и X = ′(1) Существует Y, отличный от X-а, такой, что R (Y)（存在Y，不同于X，也具有属性R）；(2) P (X)；(3) Говорящий считает, что между R (Y) и P (X) есть сходство（说话人认为，R (Y) 和 P (X) 之间有相同之处）[③]。其中，(1) 为预设。(2) 为陈说，(3) 是逻辑语气词表达的逻辑关系。该结构清晰表明，句子核心成分（X）与预设中的对照概念（Y）之间建立起一种关系，逻辑语气词 тоже（也）的语义表达关系为——两对象在某一属性上的一致性或相似性。

  [①] Падучева Е. В. 1977. Понятие презумпции в лингвистической семантике. Семиотика и информатика，(8)：91-124.
  [②] Богуславский И. М，Крейдлин Г. Е. 1975. Лексема даже. Семиотика и информатика，(6)：102-115.
  [③] Апресян Ю. Д. 1980. Типы информации для поверхностно - семантического компонента модели《Смысл Текст》. Wien：Wiener Slawistischer Almanach.

第二节 逻辑语气词的预设—焦点二分结构

逻辑语气词通过引入特定预设来改变句子的主述位交际结构。Krifka[①]明确地指出，焦点化算子（focusing operators）除了会给句子中的某些句法成分赋予焦点身份，通常还会引入特定的预设。句子的语义是建立在——命题结构和交际结构——这两个相互作用的结构之上[②]。

预设概念源于逻辑分析哲学，逻辑语义学奠基人弗雷格很早就注意到，如果要肯定什么的话，总是要首先设定前提：我们所使用的专有名称或有定摹状词通常都有所指。乔姆斯基（1971）在讨论深层结构和表层结构与句子语义解释的关系时认为，句子的语义表达应该分为预设与焦点两个部分，"焦点是包含语调中心的词组，预设则是用变量替换焦点之后的表达，每个句子都与一组变量<F, P>相关，其中 F 是焦点，P 是预设，从而对应句子可能的语义解释。"[③]

Ю. Д. Апресян 为《新型俄语同义词解析词典》编写的《词典语言学术语体系》一文中，将预设定义为：预设是词位（或其他语言单位）中不受否定作用的意义要素。博氏进一步指出，语词中哪些义素作为陈说可被否定，哪些义素作为预设不可否定不是固定不变的，语词在言语组合中常常改变义素预设/陈说的组配方式。如：К моему удивлению, я увидел перед собой не холостяка, а совсем юную девушку. /令我惊讶的是，在我眼前出现的不是单身汉，而是一位十分年轻的姑娘。在对比否定句中，被否定的是"单身汉"中的预设"男性""成年"，而非陈说部分"未婚"。这时，可以改变观察角度，将"未婚"作为"单身汉"在该语境下的言语预设，将"男性"和"成年"特征作为言语陈说。

在乔姆斯基提出焦点与预设定义基础之上，1972 年杰肯多福提出

---

① Krifka, "Focus and presupposition in dynamic interpretation" *Journal of Semantics* (10), 1993, pp. 269–270.

② Mel'čuk I. A., *Communicative Organization in Natural Language*, *The Semantic-Communicative Structure of Sentences*, Amsterdam; Philadelphia: John Benjamins, 2001.

③ Chomsky Noam, *Selected Reading*, Edited by J. P. B. Allen and Paul Van Buren, London: Oxford University Press, 1971.

了预设—焦点二分结构，使得语言信息结构走上了形式化分析之道路。

预设是句子有真值意义的语义条件，如果预设都为真，那么该语句就是有意义（有真假）的，反之，就是无意义的（无所谓真假）；同时，如果该语句有意义（有真假），那么其预设就是真的，反之，至少有一个预设是假的。

命题是一个非真即假（不可兼）的陈述句。首先，命题必须是一个陈述句，而命令句、疑问句和感叹句都不是命题。其次，这个陈述句所表达的内容可决定是真还是假，而且不是真的就是假的，不能不真又不假，也不能又真又假。凡与事实相符的陈述句为真语句，而与事实不符的陈述句为假语句。这就是说，一个命题具有两种可能的取值（又称真值）为真或为假，又只能取其一。

句子主体是逻辑概念，属于思维范围，Н. Д. Арутюнова 认为，要搞清楚这一概念，就不能不谈及语句的语法和交际结构。当人们谈论词汇意义类型受词在判断中的所处位置制约时，当人们强调只是报道客体和表示报道内容这两种严格对立的功能对词汇意义具有决定作用时，通常没有考虑下述事实：同这两种功能对应的有三对概念：

主体与谓词

主位与述位

主语与谓语

第一对概念属于人的思维范围，它们记录逻辑判断的结构。第二对概念属于句子实际切分领域（源于布拉格学派创始人之一马泰修斯于提出的实际切分理论），记录语句的结构，也就是说，它们属于纯粹交际方面。第三对概念属于语法领域，它们记录句子的典型结构。第一对概念中的主体属于逻辑，第二对概念中的主位是以事件为基础的交际的"柱石"，而第三对概念中的主语则属于语法。

在一般情况下，所有上述三个方面可以彼此兼容，共现共存：主位与判断的主体一致，在形式上体现为句子的主语；述位与判断的谓词一致，在形式上体现为句子的谓语。

词汇单位的释义多被看成是谓词结构语义要素的总和[①]，在句法方

---

① Wierzbicka A., *Lingua Mentalis*. Sydney etc.：Acad. Press, 1980.

面这些语义要素互不从属,在交际层面它们的地位却有高下之分。谈到语句的交际结构时,一般认为是被语调和词序(线性语调结构)表达出的一种对立关系。述位焦点是位于确认信息上、并同已知信息相对立的信息,这种区别在陈说—预设的对立中能够得到合理的解释和广泛的使用。预设相当于主位,是词语称名的出发点;陈说相当于述位,是概念意义的称名焦点①。Ю. Д. Апресян② 为《新型俄语同义词解析词典》编写的《词典语言学术语体系》中,给预设的定义是:预设是词汇单位(或其他语言单位)中不受否定作用的意义要素。陈说—预设的对立可以用来区分不同的词。例如,бояться(害怕)和 надеяться(希望)的意义都包含语义要素——(1)对事件来临的预测;(2)对事件的评价。бояться(害怕)表负面,而 надеяться(希望)表正面评价③。

[1] Боюсь X = "думаю, что X вероятно'[我害怕 X = "我认为 X 是有可能发生的] ′(预设);"считаю наступление X нежелательным"[我认为 X 的行为是不好的](陈说)。

[2] Надеюсь на X = "думаю, что X вероятно"[我希望 X = "我认为 X 是有可能发生的"](陈说);"считаю наступление X желательным"[我认为 X 的行为是好的](预设)。

剔除两词语中主观评价语义,两词语中相同的部分"我认为 X 是有可能发生的"分别为预设和陈说,并不占据同样的位置。这也造成了词义的本质差别。Fillmore④ 研究分析了词汇单位语义中的述位凸显,对 accuse(指控)和 criticize(谴责)的释义中,两者含有相同的语义要

---

① 张家骅等:《俄罗斯当代语义学》,商务印书馆 2005 年版。
② Ю. Д. Апресян, В. Ю. Апресян, О. Ю. Богуславская, Т. В. Крылова, И. Б. Левонтина, Е. В. Урысон и др. 2004. Новый объяснительный словарь синонимов русского языка. М.: Школа 《Языки славянской культуры》.
③ Зализняк А. А. 1983. Семантика глагола 《бояться》 в русском языке. Изв. АН СССР, (1): 59-66.
④ Fillmore Ch. J., "Verbs of judging: an exercise in semantic decription" *Paper in Linguistics*, Vol. 1, No. 1, 1969, pp. 91-117.

素"有过错",但前者以它为陈说,指控当事人已做了错事;后者以它为预设,陈说部分是以言辞表示说话人对此的态度①。

再如动词 обвинять 和 осуждать 之间的差别也可以从预设和陈说的角度加以区分,对于搭配 А обвиняет В в С 来讲,其预设为:А 认为 С 是不好的。而陈说为:А 认为,В 完成了 С。而对于 А осуждает В за С. 其中,В 完成了 С 事项是预设,而 А 认为 С 是不好的,是陈说。例如:

[3] Профорг обвиняет/не обвиняет Ивана в поверхностном отношении к людям. /工会小组长责备/没责备伊万对人态度敷衍。

肯定句和否定句里均包含'Профорг считает, что поверхностное отношение к людям дурно'(工会小组长认为对人态度敷衍是不好的)。不同的只是,在工会小组长看来,伊万有没有实施该预设行为。

[4] Профорг осуждает/не осуждает Ивана за поверхностное отношение. /工会小组长谴责/没谴责伊万对人态度敷衍。

其中,成分'Иван поверхностно относится к людям/伊万对人态度敷衍'在肯定句中被认为是不好的,在否定句中不预设"对人态度敷衍是不好的"。

语句预设对逻辑语气词发挥至关重要的作用,预设作为逻辑语气词语义的有机组成部分。例如:

[5] ребёнок уже уснул. /孩子已经睡着了。

该句所传递出的意思可以拆分为:(1)孩子应该睡着了;(2)他睡着了。显然,(1)点是说话人所预设的语义成分,在说话人看来,孩子这个时间是应该睡着的,该预设语义通过逻辑语气词 уже 得到实现。

---

① Булыгина Т. В., Шмелев А. Д. 1997. Языковая концептуализация мира (на материале русской грамматики). М.: Шк. 《Яз. рус. Культуры》.

如果对该句进行否定，不仅需要增加 не，还需要将 уже 更改为 ещё，Неверно，что［5］（≠ребёнок уже не уснул）= ребёнок ещё не уснул/孩子还没睡着呢。=（1）ребёнок должен был уснуть：（2）Он не уснул. ещё 和 уже 在这个句子中，拥有同样的预设。

［6］Даже первоклассники меня поняли/连一年级学生都理解我的话。

该句意思可以分解为：（1）Первоклассники меня поняли/一年级学生理解我的话；（2）Кто-то другой меня понял/有其他人也懂我的话；（3）От первоклассников этого труднее всего ожидать/一年级。其中，第二点和第三点是 даже 语义中隐含的预设。没有相对应的词语，来对应 даже 的否定语义。

对于逻辑语气词 тоже 来讲，近似的反义词为 в отличие от：如：

［7］Первоклассники тоже меня поняли 中，分解后的语义成分为：（1）Первоклассники меня поняли/一年级学生理解我的话；（2）кто-то другой меня понял/有其他人也懂我的话。

对该句进行否定后 = Первоклассники，в отличие от кого-то другого，меня не поняли：否定仅针对（2）的陈说，而不否定预设。再如，

［8］Он опять поехал в Париж/他又去了巴黎。分析 опять 的预设，分解后的语义为：（1）Раньше ездил в Париж/之前去过巴黎；（2）Он поехал в Париж в настоящий момент/他此刻去了巴黎。

以上两层语义分解不足以全面描写例［8］，同时，例［9］Он не впервые поехал в Париж（他不是第一次去巴黎）也适用同样的语义分解，但两者语义截然不同。两句否定后语义也完全不一致：

［9］Он впервые поехал в Париж（他不是第一次去巴黎）。

而例［8］被否定，因为找不到预设相同，陈说相反的表达，对前一句的语义成分进行否定，应该得出这样的语义：（1）Он раньше ездил в Париж/之前去过巴黎（预设）；（2）В настоящий момент он не поехал/现在没去巴黎（陈说）。

在 только 的语义的分析中，要区分义项。在一定的义项下，预设不参与语义。例如：

［10］В джазе только девушки./爵士乐队里全是女孩儿 = 'В джазе девушки, больше никого нет'/爵士乐队里是女孩儿，其他性别没有。

当被否定的时候，语义结构中的以第一部分保持不变，仅否定第二部分。但是，保持不变的部分并不是预设。在另外的义项条件下，только 满足预设不变，陈说被否定的规则。例如：

［11］Он весит только 50 кг./他只有50公斤。= 'Он весит 50 кг, и это мало'。

其否定句

［12］≠ * Он весит не только 50 кг.

其对应否定句中要将 только 置换为 даже，从而得出：неверно что ［12］≅Он не весит даже 50 кг = 'Он не весит 50 кг, это мало'.'И это мало'的预设语义也作为词语 меньше 的语义组成要素，其反义为'И это много'作为词语 больше 的语义组成要素。例如：

［13］a. Я ждал больше двух часов./我等了两个多小时了。

= 'Я ждал около двух часов, и это много';

b. Я ждал меньше двух часов = 'Я ждал около двух часов и это мало'

对以上两句进行否定后，得出：

[14] Я ждал не больше двух часов. / 我等了不到两个小时。
= 'Я ждал около двух часов, и это мало'

预设部分没有保留，而是被否定。

第三节　逻辑语气词改变句子交际结构

句子的交际结构切分叫作句子的实际切分（актуальное членение предложения）。作为交际结构单位的语句，实际切分为主位和述位两个部分。主位（тема）通常是已给（данное）的信息部分，述位一般是新给（новое）的信息部分。在这个层面上，逻辑语气词亦是述位标记词。一个意义相对完整的语言表达式，可以在三个不同的层面上加以分析：作为判断，在逻辑层面上可以切分为主词/述词；作为句子，在语法层面上可以切分为主语/谓语；作为语句，在交际层面上可以切分为主位/述位。这三个层面的原型关系是相互重合的关系：交际主位与逻辑主词重合，语法上用主语表示；交际述位与逻辑述词相重合，语法上用谓语表示[①]。

通常上述三个方面可以彼此兼容，共现共存：主位与判断的主体一致，在形式上体现为句子的主语；述位与判断的谓词一致，在形式上体现为句子的谓语。例如：

[1] Эта девушка прекрасна. /这个姑娘很美；Петя спит/ 别佳在睡觉。

[①] 张家骅等：《俄罗斯当代语义学》，商务印书馆 2005 年版。

然而，上述重合关系并非必然，其原因是：一方面，稳定的语法形式和传统语法模式因循守旧，而且"缺乏灵活性"，因此语言不得不发展出更加灵活易变、具有伸缩性的机制，以便弥补语法本身的僵化性；另一方面，在逻辑范畴与交际范畴之间存在着内容上的不同。如：

［2］Мне нужна именно эта книга/我需要的正是这本书。

主体与主位、主语不相一致：主体是 мне，主位是 мне нужна именно，主语是 книга.

在语句的实义切分中，要依据词序、重音、词汇手段等方式分离主位和述位①，Ю. Д. Апресян 认为词汇手段是最强势的标记手段。词汇手段所标记的述位不会因句子重音和词序而发生变化②。例如：

［3］Даже взрослые смеялись = Смеялись даже взрослые/连大人们都笑了，即使该句重音落在 даже 之上，也不影响 взрослые 为述位。

因此，逻辑语气词是句子述位的强标记手段，为语句交际结构中预设和陈说的划分轴，逻辑语气词所附着的实词表达的概念就是句子的陈说。譬如：

［4］Меня понял только отец. /只有父亲懂我 = Единственный, кто меня понял, это отец/唯一的，懂我的人，是父亲。

только 所附着的实词为"отец（父亲）"，"отец（父亲）"为句子的述位。在预设中存在一个与述位同类且相关联的成分（简称为预设交替项，俄文为 противочлен，коррелят）。例如：

---

① Торопова Н. А. 1980. Семантика и функции логических частиц (на материале немецком языке). Саратов：Изд-во Сарат. ун-та.
② Апресян Ю. Д. 1980. Типы информации для поверхностно - семантического компонента модели 《Смысл Текст》. Wien：Wiener Slawistischer Almanach.

[5] В нашей библиотеке имеются только книги по искусству, все остальные жанры полностью отсутствуют/我们图书馆只有艺术书籍，其他方面的书完全没有。

其中，все остальные жанры книг（其他方面的书籍）就是预设交替项。逻辑语气词 только 的语义是确立核心成分（книги по искусству 艺术书籍）与预设交替项（все остальные жанры книг 其他类型的书籍）之间的逻辑关系。

一 逻辑语气词确立核心成分与预设交替项之间的关系

句子中只要存在逻辑语气词，就存在与陈说概念相对应的预设概念，预设交替项是逻辑语气词语义中不可或缺的必要因素。不同语言学家运用不同的术语表达逻辑语气词 даже 的关联选项/关联成员（本书是按照 противочлен 进行的直译，不同的语言学家给出了不同的术语进行表达：预设交替项（alternative）[1]、存在蕴含[2]。预设参与逻辑语气词语义构成，该观点得到了 Jacobs、König、Степанова、Helbig 等著名语言学家的一致认同（Jacobs，1983：110[3]；König，1991：68[4]；Степанова、Helbig，1978：158，160[5]）。逻辑语气词的语义就是通过陈说概念和预设交替项概念之间的对比而建立的。例如：

[6] The warden told the guard to let even JONES through the gate/狱长告诉警卫，连琼斯也可以越过这扇门。

那么，"琼斯是最危险的囚犯"是发话方和受话人达到的共识，并

---

[1] 袁毓林：《句子的焦点结构及其对语义解释的影响》，《当代语言学》2003 年第 4 期。
[2] Kartunnen. L., and Peters. S, "Conbentional Implicature", *Syntax and Semantics 11*: *Pres-uppositon*, New York: Academic Press, 1979.
[3] Jacobs J., *Fokus und Skalen. Zur Syntax und Semantik der Gradpartikeln im Deutschen*, Tuöbingen: Niemeyer, 1983.
[4] König. E., *The Meaning of Focus Particles*: *A Comparative Perspective*, London and New York: Routledge, 1991.
[5] Степанова Н. Д., Хельбиг Г. 1978. Части речи и проблема валентности в современном немецком языке. М.: Высш. шк.

通过 even 传递出的新语义。没有 even 的语句，句子真值不变——"狱长告诉警卫，琼斯可以通过这扇大门"，但与说话人想要传递的信息，已相去甚远。逻辑语气词 even 的加入，是将核心成分（琼斯）与预设交替项（其他囚犯）进行了对比，突出"Jones（琼斯）"处于说话人和受话人意识中危险层级的最高级。

二　预设交替项

预设中的交替项为焦点成分的言语背景，逻辑语气词主宰着预设交替项与焦点成分的对立关系。预设交替项被包含在情景之内，则二者为肯定的关系。在否定的关系中，预设交替项被排除在情景之外。

基于预设交替项存在的必要性，Н. А. Торопова 指出梅里丘克所写出的только的二价语义结构的问题。Horn 也将 only 视为二元谓词，一个论元为焦点，另一个为句子的其余部分。Horn 也将 only 的语义分为预设和断言两个部分：

only（x=a, F（x））

a. Presuppositon：F（x）

b. Assertion：~（∃y）（y≠x&F（y））

Н. А. Торопова 认为，梅里丘克的语义逻辑式是从脱离语境的孤立句子中进行同义转换而得出的，该语义结构忽视了预设参与语义的可能性，忽视预设交替项的逻辑式为：P только Q = ′P_Q & ¬（∃x）[x≠Q & Px]①。将语义结构中的逻辑符号用自然语言表述为：

[7] Мальчик съел только персик. /小男孩儿只吃掉了桃子 = кроме персика, не существует ничего, который мальчик съел/除了桃子，不存在其他，是被小男孩吃掉了的 = мальчик съел персик, и не существует объекта х, отличного от（этого）персика, такого, что（этот）мальчик его съел/小男孩儿吃掉了桃子，不存在食物 X，有别于这个桃子，且这个小男孩儿吃掉了它。

---

① Мельчук И. А. 1999. Опыт теории лингвистический моделей 《Смысл ⇔ Текст》. М.：Языки русской культуры.

该语义阐释清晰反映了核心成分（桃子）和预设交替项（桃子以外的其他相关食物）之间的否定语义联系。только 在肯定了核心成分的同时，否定了预设交替项，从而表达出核心成分的唯一性。很多语气词表现出这样的否定语义联系，如：единственно, лишь, исключительно, именно, как раз 等。二价语义逻辑式的问题在于，逻辑式中模糊了预设交替项，这种模糊会在很多情况下造成歧义现象。例如：

[8] Фёдору понравился только итальянский фильм/费奥多尔只喜欢意大利电影。

该句可以有两种阐释模式：（1）единственный, фильм, который понравился Фёдору, -это итальянский/费奥多尔唯一喜欢的电影，是意大利电影；（2）единственное, что понравилось Фёдору, -это итальянский фильм/费奥多尔唯一喜欢的事物，是意大利电影。如果运用二价逻辑式对该句进行描述，只有一种阐释模式：Фёдору понравился только итальянский фильм = кроме итальянского фильма, не существует ничего, который понравился Фёдору/除了意大利电影，不存在其他，是费奥多尔喜欢的。因重读而造成的语义差异，无法在该逻辑式中得以显现。要想精确传递语义差异，就要必须加入预设交替项（电影或事物）为第三个题元。

二元谓词逻辑式存在盲点，基于二元谓词逻辑式存在盲点，博氏写出更为直观和清晰的三价逻辑式：только (Q, R, P,) = '¬ (∃ x ∈ {R}) [x ≠ Q&Px]'①。语义结构阐释为：только (P, Q, R) = 'среди элементов множества R ни один, отличный от Q, не обладает свойством P'（在集合 R 的成分中，没有一个成分，有别于 Q，具备属性 P）②。三个配价分别为属性 P，析出成分 Q 和集合 R。其中集合 R 为预设交替项。针对上述例句，三价语义结构能够精确描写出因重读而产

---

① Богуславский И. 1985. М. Исследования по синтаксической семантике: сферы действия логических слов. М.：Наука.

② Богуславский И. М. 1996. Сфера действия лексических единиц. М.：Школа《Языки русской культуры》.

生的语义差别：重读在"итальянский"时：（1）= ' ¬ （∃x）∈ {фильмы} [x ≠ итальянский & Фёдору понравился x] '；重读在"итальянский фильм"时：（2）= ' ¬ （∃x）∈ {U①} [x ≠ итальянский фильм & Фёдору понравился x] '。两个逻辑式预设交替项内容完全不同，（1）是从电影中析出符合"费奥多尔喜欢"条件的唯一事物——意大利电影。（2）是从说话语境中可以涉及的任何事物析出符合"费奥多尔喜欢"条件的唯一事物——意大利电影。两者语义差别的根本原因在于预设交替项的不同。

三 预设交替项类型

一般情况下，预设交替项并不呈现在句子中，却能够从句子上文或句子本身语义推导出预设交替项，通常预设交替项可以归为五种类型：

1. 句内词汇单位表达出预设交替项。例如：

[9] Я барабанил, Враг тоже барабанил/我敲鼓，敌人也敲鼓。逻辑语气词 тоже 的预设交替项为前一个句子中的 Я（我）。

[10] Теперь смеялись все, даже Джон/这下所有人都笑了，连约翰都笑了起来。

逻辑语气词 даже 的预设交替项为 все（所有人）。

[11] Среди его друзей мне нравится только Коля/他的朋友里我只喜欢科利亚。

逻辑语气词 только 的预设交替项为 его друзья（他的朋友们）。

2. 预设交替项为与核心成分发生聚合关系的词语。例如：

[12] Даже больные должны были работать/连病人都得工作。

---

① 符号 U 表示没有特定的集合名称，指听说双方可以从语境中推导出的一个集合。集合是形式语义学的概念，指的是一类元素的全体。某元素或属于某集合，或者不属于某集合。分别记为 a∈B 或者 a∉B（小写字母表示单个元素，大写字母表示集合）。

与核心成分"病人"发生聚合关系的"身体健康的人"作为预设交替项而存在,并建立了"病人"和"身体健康的人"之间的级次关系。再如:

[13] Даже ото всех своих дорогих сари она отказалась без сожаления/她就连自己全部的贵重纱丽都不要了,也不觉得可惜。

语气词将"纱丽"与其他服饰、装饰品等贵重物品做比较,突出主人公最为贵重的纱丽都可以放弃,其他物品就更轻易放弃。而预设交替项是能够与"纱丽"发生聚合关系的其他贵重服饰、首饰等。预设交替项在句子中没被提及,是通过与核心成分"纱丽"能够发生聚合关系的事物主观推导得出。

3. 通过逻辑预设进行判断,逻辑预设为人所共识的事实。例如:

[14] На ней было только лёгкое платье/她只穿着一件单衣。由于逻辑语气词 только 的存在,表达出主人公穿得这么少是违背常态的,在这种气温下,人们不会穿这么少。

逻辑语气词 только 使得"她穿得少"与"气温低时人们都会穿得多"这种人所共识的感受形成了鲜明对比。

4. 逻辑推理得出预设交替项。Н. А. Торопова 指出,逻辑语气词语义分析往往依赖于亚里士多德逻辑三段论推理,三段论包括大前提、小前提和结论三个部分的论证。典型例子为:凡人都会死(大前提);苏格拉底是人(小前提);所以,苏格拉底会死(结论)。逻辑语气词的语义依赖于逻辑推理,脱离三段论推理,很多情况下无法确认其语义[1]。例如:

[15] "Да",—Всхлипывает Адам и чистит ещё быстрее. Может быть уведной работой можно опять поправить дело. Но брат

---

[1] Торопова Н. А. 2000. Ракурсы исследования частиц (на материале немецкого языка). Вестник Ивановского государственного университета, (1):86-96.

Исидор совсем не смотрит на него，Адам для него-пустое дело/"好"，亚当哽咽着应允，以更快的速度清理起来。

也许全力以赴工作可以再次纠正事态挽回局面，但是伊西多尔兄弟完全没看他。亚当对于他来说，无足轻重。通过推理，在人们的意识中，全力以赴工作是可以挽回局面的（大前提），亚当加快了清理速度（小前提），亚当应该可以挽回局面而得到伊西多尔的关注（结论），这里的否定语气词是传递出事实（没关注到他）与推理结果正好相反。

5. 语境推导得出预设交替项。这种情况在否定祈使句中最为典型，如：Не бить！Не плачь！否定祈使句在命令对方停止某行为的同时，也传递出对方就在眼前，而且正在或将要进行该行为的事实背景。通过否定的预设，就找到了其预设交替项为立即会发生的行为——"打""哭"。

预设对比选项和述位在信息结构中表现为，当语义焦点落在不同的成分上时，就激发出不同的选项集合，选项集合内包含与焦点成分相对比的成分，选项集合成员和数量是由特定的语用惯性来限定的。

第四节 逻辑语气词的"期望"预设

除交替项预设外，某些逻辑语气词能够表达期望和现实状况的差距。在这些逻辑语气词的预设中，蕴含说话人对事件的期望，并且该期望与现实情况相悖。例如：Альфред ещё не пришел/阿尔弗雷德还没有来，该句一方面描述出"阿尔弗雷德没来"的事实，另一方面，逻辑语气词 ещё 传递了说话人期待阿尔弗雷德尽快到来。再如：在两个同义句中添加 уже，却可以表达完全相反的期待方向。

[1] Он пришёл УЖЕ в десять часов./来的时间比期望要早；

[2] Когда он пришёл, было УЖЕ десять часов./来的时间比期望要晚。

第二章 莫斯科语义学派句法语义理论下的逻辑语气词语义研究

逻辑语气词中的期望值预设研究是俄罗斯句法语义研究的一个关注焦点（Апресян 1980：513[①]；Апресян，1986[②]；Гойдина 1979[③]；Машевская 1976[④]；Моисеев 1978[⑤]；Мустайоки 1988[⑥]）。Н. А. Торопова 指出，"期望"预设存在于所有表达限定意义的逻辑语气词中，而不会发生在 тоже，также 等证同逻辑语气词语义内[⑦]。那么，"期望"预设必然参与逻辑语气词的语义结构，没有该预设，语义描写不完整。博氏解析 уже、ещё、только、даже 的语义结构，将其纳入逻辑式之中。如：

［3］Ребёнок уже уснул./小孩儿已经睡着了＝小孩儿该睡着了＋小孩儿睡着了。

其中的"小孩儿该睡着了"对应 уже 的词义成分，为预设成分；试与"Ребёнок ещё не уснул./小孩儿还没睡着对比"，被否定的只是"小孩儿睡着了"，"小孩儿该睡着了"仍然作为肯定成分保留下来[⑧]。

最为典型的"期望"预设发生在语气词 даже，例如：

［4］Все покачали головами. Даже у моего отца были сомнения/所有人都摇头，连我父亲都表示怀疑。

说话人预设的期望为：我父亲肯定不会怀疑。逻辑语气词 даже 表

---

① Апресян Ю. Д. 1980. Типы информации для поверхностно-семантического компонента модели《Смысл Текст》. Wien：Wiener Slawistischer Almanach.

② Апресян Ю. Д. 1986. Интегральное описание языка и толковый словарь. Вопросы языкознания，（2）：57-69.

③ Гойдина В. В. 1979. Частицы еще，уже，только（и только）в составе обстоятельства времени. Лингво-стилистические исследования научной речи，110-122.

④ Машевская А. Н. 1976. Опыт описания значения наречий УЖЕ и ЕЩЁ. Тезисы VI межвузовской студенческой научной конференции по структурной и прикладной лингвистике，22-23.

⑤ Моисеев А. 1978. Частицы УЖЕ и ЕЩЁ в современном русском языке. Slavia Orientalis，（3）：357-360.

⑥ Мустайоки А. 1988. О семантике русского темпорального《ЕЩЁ》//Доклады финской делегации на X Съезде славистов. Studia Slavica Finlandensia，（5）：99-141.

⑦ Торопова Н. А. 1978. К исследованию логических частиц. Вопросы языкознания，（5）：82-93.

⑧ 张家骅等：《俄罗斯当代语义学》，商务印书馆 2005 年版，第 81 页。

达出"我父亲怀疑"的肯定事实，同时表达对于说话人预设的否定。同时，该句中还存在预设关联选项——"所有人"，核心成分（我的父亲）和预设交替项（所有人）之间是肯定的关系，даже 表达出肯定—接续的意义。这样看来，逻辑语气词 даже 一方面否定"期望"预设，另一方面肯定关联选项预设。博氏将 даже 的语义解构为：

даже（Q，R，P）=

（1）'во множестве R существует объект（или объекты）Q'，отличный от Q，такой，что он обладает свойством P или мог бы им обладать'/在 даже 所区分出的对象集合 R 中，Q'有别于 Q，它（它们）具有或者可能具有属性 P；

（2）'можно было с большим основанием ожидать，что Q' будет обладать свойством P，чем того，что им будет обладать Q'［EXPECT（P$_{Q'}$）>EXPECT（P$_Q$）］/有充分理由期待，Q'比 Q 拥有该属性的可能更大［EXPECT（PQ'）>EXPECT（PQ）］①。

简言之，даже 表达出的语义为某一个对象 Q 所具有的属性会或者可能会延伸到另外一个对象 Q'，同时 Q 和 Q'会呈现在某一个期望指数排序之中。由此看来，交替项预设和"期望"预设在 даже 语义中发挥至关重要的作用。逻辑语气词 даже 所要表达的语义全蕴含在这两个预设之中。

［5］Над прошедшим даже боги не властны./连上帝都无法主宰过去。

①'боги（Q）не властны над прошедшим'/上帝不能主宰过去；

②'некоторые существа Q'，отличные от богов，не властны над прошедшим'/其他一种存在为 Q'，区别于上帝，也不能主宰过去；

③'можно было с большим основанием ожидать того，что Q' будут не властны над прошедшим，чем того，что над прошед-

---

① Богуславский И. М. 1996. Сфера действия лексических единиц. М.：Школа《Языки русской культуры》.

шим будут не властны боги'/有充分理由期待，在无法主宰过去这个能力的排序上，Q′是高于上帝的；

④'можно было ожидать, что боги будут властны над прошедшим.'/可以期待，上帝能够主宰过去①。

在这个阐释结构中，даже 传递出对于"上帝主宰过去"的主观期待，或者更为准确地讲，传递出说话人对核心成分和关联选项在期待程度上的排序。在"不能够主宰过去"的能力排序上，说话人的主观期望值排序为：EXPECT（$P_Q′$）>EXPECT（P_Q）。在语境中准确无误地判断两个期待预设内容，是 даже 语义分析的难点。尤其在通常情况下，两者都不显性表达在句子之中，而需通过语境进行有效提取。

莫斯科语义学派的预设观的一个典型的特征，就是将预设纳入了词汇语义单位的具体词典释义当中②。博氏将这一理念贯穿到句法语义领域，将预设作为词汇单位语义的有机组成部分，纳入到词汇单位的句法释义结构描写中，将预设作为语义题元写入逻辑式，精确阐释逻辑语气词的语义。

"好的描写就是得到好的分类，好的解释往往也基于好的分类。人类研究的成果常常体现在得到一个新的类或对原有的认识进行新的分类。没有新的发现、新的认识就没有新的分类。"③ 逻辑语气词的分类就是俄语言学家通过描写和解释在语料中不断进行验证的结果。后面章节会呈现的固定辖域副词和浮游辖域副词也是俄语言学家通过长期的描写、解释、论证在副词中进行再分类的成果之一，对语言进行再分类，通过深度刻画、颗粒化描写和细致解释一直都是俄语义学家研究的专长和特色。

---

① Богуславский И. М. 1996. Сфера действия лексических единиц. М.：Школа《Языки русской культуры》.
② 张家骅等：《俄罗斯当代语义学》，商务印书馆 2005 年版，第 81 页。
③ 施春宏：《语言学描写和解释的内涵、原则与路径》，《语言研究集刊》2017 年第 2 辑，第 40 页。

第五节　逻辑语气词的浮游辖域

　　博氏发现，逻辑语气词存在与否直接影响句子交际结构，进而影响句子语义。所以，逻辑语气词主要语义贡献在于语句的交际结构发挥实质性影响，换言之，逻辑语气词的辖域作用于语句的实义切分，而作用于句子实义切分的辖域被 М. В. Филипенко 称之为浮游型辖域。

　　М. В. Филипенко 提出，可以充当状语的词语（adverbial）在俄语中按照义素分为两类，固定型辖域和浮游型辖域。当副词性词语拥有固定型辖域时，副词性词语固定与谓词的某词汇语义要素发生语义关联，当副词性词语拥有浮游辖域时，副词性词语是与句子的主位-述位交际信息结构发生关联来达到实质性影响句子语义的目的。浮游型辖域不是与词汇语义某一要素直接发生关联，而是与谓词各种语义要素之间的联系方式发生关联。浮游型辖域类副词的语义影响作用于句子交际信息结构，固定型辖域的语义影响作用于谓词的某一固定语义要素。拥有固定语义辖域的副词应该属于副词中比较普遍的现象，大多数的副词是与谓语动词的固定义素发生一致，有着自身特定的语义搭配要求。例如：副词 быстро/медленно、тихо/громко、ночью/днём，其语义中包含"скорость/速度、звук/响度、время/时间"要素，在搭配词语时，动词语义中要有能够与这些副词/形容词语义要素相配合。比如，可以说 быстро сесть，但不能说 быстро сидеть。副词和动词之间的义素相配，是固定辖域副词修饰动词的先决条件，而浮游辖域副词与动词进行搭配，不受动词配价的语义限制。可以说，浮游辖域副词可以跟任何语义的动词进行搭配，较浮游辖域副词，固定辖域的副词对语义搭配的要求更高。例如：副词 тихо 的主要义项与声响义素密切相关，因此只能搭配产生声音的动作或事件，以此来形容该动作或该事件发生的声音较低 тихо напевает（ходить по комнате 房间踱步，двигает мебель 挪动家具）。理应无法搭配没有声音的活动（如 молчать 沉默，спать 睡觉）或心理活动如：тихо знает（помнит，жестикулирует）。与此同理，медленно 仅能搭配拥有速率的动词，медленно шёл（читал，соображал），但表示静态的、不移动的动词则无法搭配，如：медленно спал（видел， стоял）。浮游辖域副词与句子谓词发生的作用可以称之为"外部作用"，固定辖域副词为"内部作用"。外部内部的意思是指，固定辖域副词与谓词的内部语义结构发生关联，浮游辖域副词是与句子交际结构发生关联，而决定交际结构的因素，是句子的语境，是谓词的外部条件，而非内部语义要素。

在 только 等副词性词语的辖域内，参与其语义辖域构成的不是谓词某一个语义参数，而是具体参数之间意义关系。因此对于使用带有浮游辖域的副词的语义限制首先不是与谓词的语义联系，而是实现该情景的上下文。

例如：浮游辖域副词 легкомысленно 可以同时跟语义上完全相反的词语搭配，这也从另一个侧面印证了浮游辖域副词不受固定语义限制：例如：

［1］ На ней было легкомысленно короткое/ легкомысленно длинное платье. / 她穿着一件轻薄的短裙/轻薄的长裙。

［2］ Иван легкомысленно промолчал / легкомысленно вмешался в разговор. / 伊万心不在焉，默不作声/轻率地插话。

既可以不加以思考地插话，也可以不假思索地沉默，插话和沉默之间没有共同的词汇义素，两者均可以正常搭配，代表浮游辖域副词与词汇内部义素的关系不大，只限制某种外部的义素之间的作用方式。легкомысленно 在这些语境中的作用是述谓标记词。裙子的长度超越了说话人礼节约束的范围，而被视作过长或过短。沉默下来不作声和突然插话进来都可当作轻率的行为。

固定辖域副词与谓词之间的关系，如题元和谓词之间的关系。例如：在谓词 стрелять 语义中"工具"是情境必须参与者，表达工具的状语（前置+名词短语）из ружья/из пистолета, из тушки 可以与之相搭配。然而，在 молчать 动词语义中，没有工具配价，因而不能使用工具格与之搭配，比如 * молчать ртом。

具有浮游辖域副词性词语的典型特征之一是述题标记词。浮游辖域副词是与句子的外部交际结构义素发生关联，而不是词汇单位内部的义素发生关联。随着交际结构主述位的改变，其语义相互作用要素也发生改变。这是两类副词最重要的差异。浮游辖域副词既不作为语句谓词的题元成分，也不作为副题元成分。在不同的语句中，浮游辖域副词可以指向句子中不同成分，情景中的不同题元。可以描述语句中的不同对象。例如：否定语气词 не 的辖域可以是句子的任意成分——主语（машину водил не Федор.）、直接补语（Федор водил не машину.）、间接补语（Я не вам почту отсылал.）等。再如，语气词 даже 的辖域也可以是句子的语义成分，如：

［3］Даже мать с трудом узнала вернувшегося из армии сына/就连母亲也难以认出从军队回来的儿子。［主语］

［4］Он даже слышать не хотел о своей дочери/他就连听都不想听自己女儿的事儿。［谓语］

［5］Неожиданно для всех он оказался человеком спокойным и даже добродушным；/出乎大家的意料，他居然是一个冷静甚至善良的人。［补语］

［6］Это был хороший, даже слишком хороший подарок；/这是一件很好甚至可以说是太好的礼物。［定语］

［7］Но куклы, даже в эти годы, Татьяна в руки не брала и т. д./但哪怕是这些年，塔吉亚娜也没碰过洋娃娃。［状语］

由此看来，浮游辖域副词所对应的形容词只能为性质形容词，不能为关系形容词。原因很简单，因为他们可以描述各种不同类型的外在特征，是脱离了动词语义限制的，而关系形容词必然要与名词语义有严格的限定关系，例如 "состоящий из, содержащийся из" 等。多数情况下，性质形容词为浮游辖域，也存在固定辖域的情况。例如：ранний，包含固定的时间前后关系，далекий 包含固定的位置关系。

有效区别副词的辖域类型为副词语义解析扫除一部分盲区，若为固定辖域副词，则计算机自动搭配相同义素的动词，若仅有浮游辖域类型的副词，计算机则认定为述题标记词，能够较为轻松找到句子的焦点。

需要指出的是，从俄罗斯学者发表的文献和西方焦点语气词研究文献来对比分析，俄罗斯学者定义的逻辑语气词和焦点语气词在俄语中应该是同一类语气词，数量和内容都重合。不同之处在于，逻辑语气词偏向词语对语句逻辑结构语义的影响研究，而焦点语气词更关注语气词与焦点之间的语义作用以及焦点位置和焦点语气词之间的关系研究。

第六节　逻辑语气词的句法语义对应关系研究

从 20 世纪中后期开始，人们对语言语义的共时研究及语义句法的一体化描写产生了浓厚的兴趣，语言学家们致力于在语法语义信息系统高度形式化基础上建立一套具有可操作性的语言内涵逻辑。与此相适应，语义学的发展具有以下趋势：通过一定的原则对语言材料进行合理的分类和统计，以建构自然语言信息自动处理的语言学范式和词汇数据库。这就要求将语言规则尽量下放到词汇语义单位中去处理，因为句子句法类型在多大程度上语义化意味着词汇语义单位在多大程度上句法化。"语义—句法同构现象是由语言之所以为语言的本质特征所决定的"①。

乔姆斯基的转换生成句法理论，泰尼耶尔、费尔默的语义配价理论，梅里丘克的语义—句法集成（"意思⇔文本"），这三大理论体系都涉及语言的核心问题：句法语义的互动关系，"语义—句法同构"思想在其中都有所反映。

句法—语义同构思想最集中反映在蒙塔鸠语法理论系统之中，蒙塔鸠语法是最强调句法和语义同构的理论思想，在蒙塔鸠的一系列著作中进行了较为充分的论证和分析。蒙塔鸠语法运用数理逻辑分析语言表达式的结构关系，蒙塔鸠认为，每一条句法规则的存在，都应有一条相应的语义规则。

"语义决定句法，通过句法来描写语义"的指导原则

博氏支持蒙塔鸠语法中的方法论，其辖域论也贯彻了组合原则的精

---

① Арутюнова Н. Д. К проблеме функциональных типов лексического значения [J]. // Аспекты семантических исследований. М., 1980.

髓，即试图从题元层面揭示研究语义单位合并成为句子的语义组合机制，研究词项跟其他性质的语义单位之间的意义联系。博氏通过大量消极谓词的辖域分析，力求对组合原则加以证实：一个语句的语义是由组成部分及其组成部分之间句法链接规则的语义作用后的结果。一方面，其组成部分的语义发生改变，句子语义改变；另一方面，组成部分不变的前提下，句法链接规则发生转变，句子语义也会随之改变。组合原则表述为：句法成分与语义成分之间是同态映射关系。也就是说，句法规则重新组合一次，相应的语义规则也重新组合一次①。博氏辖域论表述为："词汇语义单位L辖域的包含两个方面，填充词位L语义辖域的语义要素<a1a2…an>和填充词位L句法辖域的语义要素<b1b2…bm>，常规情形下，<a1a2…an>和<b1b2…bm>保持同构关系。非常规情形下，两者无法同构，这时，<a1a2…an>中只有部分要素进入到<b1b2…bm>之中。"②

"语义决定句法，通过句法来描写语义"是莫斯科语义学派特殊的语义描写原则。莫斯科语义学派的整合性描写主张"词汇和语法之间没有截然的分野，词汇意义和形态——句法行为相互制约，词汇要语法化、语法也需要词汇化"③。因为"语法规则与词汇意义是相互制约的。一方面，词汇单位的许多概括语义特征决定着它们在语法方面的类型意义和在交际结构中的角色、词序、支配关系等；另一方面，词汇义项的体现也常常取决于词汇单位的语法类型意义、词法形式、句法结构、交际角色等"（Апресян，2005④，2006⑤，2009⑥；张家骅，2000⑦；

---

① 高芸：《形式语义学研究》，中国社会科学出版社2013年版，第19页。

② Григорьева С. А. 1999. Механизмы установления семантической сферы действия лексемы// Дисс. на соискание ученой степени кандидата филологических наук. Режим доступа：https：//www.dissercat.com/content/mekhanizmy-ustanovleniya-semanticheskoi-sfery-deistviya-leksemy.

③ Апресян Ю. Д. 1995b. Избранные труды. Том 1. Интегральное описание языка и системная лексикография. М.：Школа《Языки русской культуры》.

④ Апресян Ю. Д. 2005. О Московской семантической школе. Вопросы языкознания，（1）：3-30.

⑤ Апресян. Ю. Д. 2006. Типы соответствия семантических и синтаксических актантов. СПб.：Проблемы типологии и общей лингвистики，15-27.

⑥ Апресян Ю. Д. 2009. Исследования по семантике и лексикографии. Том1 Паратигматика. Москва：Языки славянских культур.

⑦ 张家骅：《俄汉动词语义类别对比述要》，《外语学刊》2000年第2期。

47；于鑫，2006①：30；彭玉海，苏祖梅② 2010：39；彭玉海，2018③：40）。

博氏提出对词汇单位进行辖域分析，可以有效解释词汇在句法语境影响下词义发生的变化。辖域分析完全意义上遵循了透过句法来描写语义的原则，例如：только 在词汇语义不变化的前提下，出现在同样的句式中会表达出近乎完全相反的句子意义。如：

①Он удовлетворится только обещаниями（никаких гарантий не потребуется）/仅给出口头承诺，他就满意。（任何保证不需要）

②Он удовлетворится только надежными гарантиями（никакие обещания не помогут）/只有提供可靠的保证，他才会满意。（任何承诺都无济于事）

前者的意义是指"бо́льшего не требуется（不需要更多）"，后者恰好相反，表示"ме́льшего не достаточно（再少则不够）"。

需要注意的是，博氏辖域理论所面向的是表层句法结构，是指 Ю. Д. Апресян 研究法俄、英俄语言对译系统中所使用的表层句法树结构④。博氏特别对语义结构和表层句法结构进行了概念阐释，语义结构是由相互之间呈现述谓—论元关系的语义单位构成，语义结构提供文本交际结构信息和指称属性。对于表层句法结构，博氏举出几类最为简单的表层句法关系：主谓关系、补足关系、疏状关系、限定关系。句法结构和语义结构一样，提供句子交际组织结构信息和它的指称属性。

一　逻辑语气词语义辖域和句法辖域同构关系

在进行句法辖域和语义辖域关系的论述中，博氏对应分出句法辖域

---

① 于鑫：《Ю. Д. Апресян 及其语义理论》，《解放军外国语学院学报》2006 年第 2 期。
② 彭玉海、苏祖梅：《试论语义辖域——基于莫斯科语义学派的意义相互作用原则》，《外语研究》2010 年第 6 期。
③ 彭玉海：《论语义辖域的转移——基于莫斯科语义学派的意义相互作用原则》，《西安外国语大学学报》2018 年第 1 期。
④ Апресян Ю. Д., Богуславский И. М., Иомдин Л. Л., Лазурский А. В., Митюшин Л. Г., Санников В. З., Цинман Л. Л., 1992. Лингвистический процессор для сложных информационных систем. М.：Наука,

和语义辖域两个概念，词汇单位某个配价的语义辖域是指句子中占据该配价的语义结构片段。词汇单位某个配价的句法辖域是指句子中占据该配价句法结构的片段。正如语义配价和句法题元之间的关系，语义辖域和句法辖域之间也存在同构和非同构的情形，但非同构关系的复杂远超越 Ю. Д. Апресян 总结的若干类型。

博氏分析语义辖域和句法辖域的关系，是沿用 Ю. Д. Апресян 语义题元和句法题元关系分析的路径。题元在"意思⇔文本"转换模式理论中，一方面按照层次区分为语义题元、深层句法题元和表层句法题元三种类型；另一方面，按照语言和言语的两个不同层面又可以区分为题元位和题元本身。题元位指《组合详解词典》谓词的对象语语义元语言释文或支配模式中给予题元的待填充空位。张家骅以"语义配价"表示"语义题元位"。句法题元位与语义题元位（语义配价）既相互联系，又彼此区别①。二者的"区别在于句子描写的层面，在句的语义结构层面上用来填充谓词语义配价的语义片段称之为语义题元；在句子的形式结构层面上用来填充谓词语义配价的语义片段称之为句法题元"②。一方面，特定类型的语义配价通常体现为特定类型的句法题元；另一方面，语义配价和句法题元之间没有必然的一一对应关系。原则上讲，所有的语义配价进入句法表层都应该体现为句法题元，然而受到语义、句法及语用因素的限制，有些配价不能或不必在表层体现为题元。例如：

[1] Они пришли на завод. /他来到了工厂。

动词的语义配价包括主体、起点、终点，而起点语义配价并没有体现在表层句法结构中。Ю. Д. Апресян 在《语义题元和句法题元的关系类型研究》一文中举出很多示例证明语义配价和句法题元之间的非同构关系，并归结出 8 种类型，语义配价分裂、语义配价合并、语义配价的移位、零位句法题元、句法题元隐藏、增加新的语义配价、

---

① Жолковский А. К. 1964. Предисловие. М.：Машинный перевод и прикладная лингвистика, (8).

② 张家骅等：《俄罗斯当代语义学》，商务印书馆 2005 年版。

句法题元无法与任何语义配价对应、句法题元以参数的类指意义显示等。

在标准情况下，语义辖域和句法辖域也是一一对应的关系。词汇单位某个配价的语义辖域是指句子中占据该配价的语义结构片段。词汇单位某个配价的句法辖域是指句子中占据该配价的句法结构片段。在大多数情况下，词汇单位的语义辖域和句法辖域之间是同构关系。可以表达为：$СДа^{сем} = СДа^{синт}$①。例如：

[2] Я не смог ответить на вопрос учителя/我回答不了老师的问题。

该句中，否定语气词 не 的所有语义配价的句法辖域之和是其肯定句 Я смог ответить на вопрос учителя 的句法结构，而否定语气词所有语义配价的辖域之和也是肯定句句法结构的语义，二者同构。

然而在消极谓词领域，句法语义辖域非同构现象普遍存在。究其原因，一方面，语义题元不仅限于词汇语义和语法意义，还包括句法结构语义、交际单位语义、指称属性语义、言语行为语义等。另一方面，语气词在句法层面表现语义信息的语法手段不足，往往只能依靠重音和句法位置来表现其语义的变化，但其深层语义结构与其他词位之间的依存关系更为紧密，在下一小节我们将就句法辖域和语义辖域非同构现象做专门的阐述。博氏认为，最重要的是要分析语义辖域和句法辖域的非同构规则，将非规则语言现象纳入规则语言描写之中，消极谓词领域的歧义和特例是研究重点和难点，对特例现象进行形式化描写，将特例纳入普遍规则系统，是丰富多彩的自然语言与形式化语言处理对接的一个路径和方法。

依照博氏关于"词汇单位的辖域"的定义，"如果一个句法结构片段的组成词、组成结构和语调等手段在意义上填充词汇单位的某个语义配价，我们把它称为这个词汇单位该语义配价的辖域"（Богуславский，

---

① 符号 $СД а^{сем}$ 表示词汇单位的语义辖域，$СД а^{синт}$ 表示词汇单位的句法辖域。

1985：19-20①；译文引自：张家骅，2014：63）②。由此可见，传统的句法题元是最宽泛和最普遍的辖域。在进行句法辖域和语义辖域关系的论述中，博氏对应分出句法辖域和语义辖域两个概念，词汇单位某个配价的语义辖域是指句子中占据该配价的语义结构片段。词汇单位某个配价的句法辖域是指句子中占据该配价的句法结构片段。正如语义配价和句法题元之间的关系，语义辖域和句法辖域之间也存在同构和非同构的情形，但非同构关系的复杂远超越阿氏总结的若干类型。

　　博氏参考Ю. Д. Апресян 的语义题元和句法题元的非同构关系类型，来寻找语义辖域和句法辖域的非同构类型。消极谓词的配价分析要复杂得多，填充辖域的变项类型不仅限于词汇语义和语法意义，还包括句法结构语义、交际单位语义、指称属性语义、言语行为语义，甚至在词汇语义内部还区分整体词汇语义填充和部分词汇语义填充两种模式。常规语义辖域的情形中，词语语义作用对象一般是其句法相关词释义中的顶端要素，即词语整体意义的相互作用③。在消极谓词的语义结构中，词汇单位的相互作用需要深入到语义结构内部运作机制进行观察、探索和分析。

二　逻辑语气词的零位句法辖域现象

　　零位句法辖域是指语义辖域不空缺，而句法辖域空缺，语义得到了充分表达，但句法层面没有相应展现，零位句法辖域现象经常发生，譬如，主体配价标准填充模式是主语，

　　　　[1] Иван веселится/伊万在玩耍。

　　当动词处于非人称形式、动词不定式、形动词、副动词时，或处于并列和对比结构之中，主体配价标准填充模式则无法实现。如：

---

① Богуславский И. 1985. M. Исследования по синтаксической семантике：сферы действия логических слов. М.：Наука.

② 张家骅：《建构详解组合词典的相关语言学概念再阐释》，《外语学刊》2014年第6期。

③ Апресян Ю. Д. 2009. Исследования по семантике и лексикографии. Том1 Паратигматика. Москва：Языки славянских культур.

第二章　莫斯科语义学派句法语义理论下的逻辑语气词语义研究　　　77

〔2〕Иван умеет веселиться/伊万很会寻欢作乐。

〔3〕Провеселившись всю ночь, наутро Иван загрустил/疯玩了一整夜后, 第二天早晨伊万发起愁来。

〔4〕Иван то грустит, то веселится/伊万时而忧伤, 时而高兴。

〔5〕Иван чаще грустит, чем веселится/伊万经常忧郁, 很少高兴。

这些句子中, 主体配价句法辖域都为空集, 但主体配价的语义辖域均为 Иван, 主体配价无法在句法层面实现的例证不少, 也较容易进行分析和研究。零位句法辖域还存在于更多复杂的情形中, 需要从释义结构着手, 加以分析和确定。如：

〔6〕Иван знает только русский язык/伊万只懂俄语。

该句为歧义句, 因重音不同, 可以产生两种语义阐释方式。句子重音落在 русский 之上, только 分离出的对象为 русский, 语义阐释为"从该情景下可能得知的语言集合中, 伊万只懂得俄语"。"分离"所发生的集合是语言集。句子重音落在 язык 之上, только 分离出的对象为 русский язык, 语义阐释为："从该情景下可能得知的所有事物集合中, 伊万只懂得俄语。"在两种情况下, 集合语义配价 R 在句子中都没有对应表达, 该配价对应句法辖域为空集。再如,

〔7〕Федору понравился только итальянский фильм/费奥多尔只喜欢意大利电影。

句子重音落在形容词 итальянский：句子语义为 (1)："费奥多尔唯一喜欢的电影是意大利电影。"句子重音落在 итальянский фильм, 句子语义为 (2)："费奥多尔的唯一爱好是意大利电影。"两种意义的差别的根本原因在于, 分离出的成分 Q 并不相同：在 (1) 中为 итальянский, 而在 (2) 中为 итальянский фильм。两者意义的差别在于集合

不同，在例（1）中分离出"意大利电影"的集合是"所有电影"；而在例（2）中的集合是指费奥多尔可能会喜欢的所有事物。两种语义模式下，配价 R 句法辖域都为空集。

俄罗斯语言学界对于语气词 даже 的三价语义结构，得到普遍认可。语气词 даже 为 3 价，基本语义可以阐释为：Даже（P，Q，R）= а. Q 具有属性 P；б. 在集合 R 中存在不同于 Q 的客体 Q′，Q′具有属性 P；в. 预计 Q 比 Q′更不可能拥有属性 P；г. 说话人以为 Q 不具有属性 P。例如：Над прошедшим даже боги не властны./连上帝都无法主宰过去。

（1）'боги（Q）не властны над прошедшим'/上帝不能主宰过去；

（2）'некоторые существа Q′, отличные от богов, не властны над прошедшим'/其他一种存在为 Q′，区别于上帝，也不能主宰过去；

（3）'можно было с большим основанием ожидать того, что Q′ будут не властны над прошедшим, чем того, что над прошедшим будут не властны боги'/有充分理由预测，在无法主宰过去这个能力的排序上，Q′是高于上帝的；

（4）'можно было ожидать, что боги будут властны над прошедшим.'/可以期待，上帝能够主宰过去[①]。

在分析 даже 语义结构时，配价 P 和配价 Q 的句法辖域都会出现空集。如：

Тихо вокруг. Даже птицы не поют/周围静悄悄的，连鸟儿都默不作声。

该句中 даже 配价 R 的语义辖域是一个"情景集合"，与集合"鸟儿不鸣叫"同类，存在"не шумели деревья/听不到树叶哗哗的声音"。在该情景下，Даже 配价中，"集合"配价 R 的句法辖域为空集。

博氏在研究 только 的句法辖域类型中时，列举过不少集合配价的句法辖域为空集的情形，例如：

[8]... И вот ↓ Только ветер гудит в отдаленьи. ↓ Только па-

[①] Богуславский И. М. 1996. Сфера действия лексических единиц. М.：Школа《Языки русской культуры》.

мять о мертвых поет（А. Ахматова）. /唯独风呼啸在野，只有有关逝者的记忆在浅吟。

$[СД_P^{синт}=Ф，СД_Q^{синт}=$ветер гудит в отдаленьи，$СД_R^{синт}=Ф；$
$СД_P^{синт}=Ф，СД_Q^{синт}=$память о мертвых поет，$СД_R^{синт}=Ф]$

[9] Только весла плескались мерно ↓ *По тяжелой невской воде*（А. Ахматова）. /只有浆从容地拍打着，那沉重的涅瓦河水。

$[СД_P^{синт}=Ф；СД_Q^{синт}=$весла плескались мерно...；$СД_R^{синт}=Ф]$

[10] Я знаю только, что люблю тебя. /我只知道我爱你。

$[СД_P^{синт}=$Я знаю x；$СД_Q^{синт}=$что люблю тебя；$СД_R^{синт}=Ф]$.

[11] Так любят только дети, и то лишь в первый раз（А. Ахматова）. /只有小孩子这么喜欢，但也仅限于第一次。

$[СД_P^{синт}=$так любит x；$СД_Q^{синт}=$дети；$СД_R^{синт}=Ф]$

[12] Всегда пребуду только тем, что есть, Пока не стану тем, чего не стало（Б. Ахмадуллина）. /未身故之存息兮，吾将诚诚而求是。

$[СД_P^{синт}=$всегда пребуду x-ом；$СД_Q^{синт}=$то, что есть；$СД_R^{синт}=$дети；$СД_R^{синт}=Ф]$

[13] именно это сцены представляют собой конструкционно необходимый элемент в развитии трагической повести, неуклонно движущейся к тому, что только и можно назвать моральным апофеозом. /在悲剧不断向那可以且只能称为道德颂扬的方向发展时，正因如此舞台成了这个发展过程中不可或缺的结构性元素。

$[СД_P^{синт}=$x можно назвать моральным апофеозом；$СД_Q^{синт}=$что；$СД_R^{синт}=Ф]$

[14] Человек, которого только и знает биология и социология, человек, как существо природное и социальное, есть порождение мира и происходящих в мире процессов. /只在生物学与社会学中被认知且作为自然和社会生物的人是世界与世界发展进程的产物。

$[СД_P^{синт}=$x знает биология и социология；$СД_Q^{синт}=$которого；$СД_R^{синт}=Ф]$.

［15］Мнение о правильности *только* линейной перспективы-ошибочно.／只有直线透视的观点是正确的，这不对。

［СД_P^синт ＝ правильность x-а；СД_Q^синт ＝ линейная перспектива；СД_R^синт ＝ перспектива］

［16］лекарство только против гриппа（≈то, что излечивает только от гриппа）／只对抗流感的药物（只治疗流感的）

［СД_P^синт ＝ лекарство против x-а；СД_Q^синт ＝ грипп；СД_R^синт ＝ Ф］

［17］специалист только по истории партии（≈тот, кто хорошо разбирается только в истории партии）／只对党史很有研究的专家。

［СД_P^синт ＝ специалист по x-у；СД_Q^синт ＝ история партии；СД_R^синт ＝ Ф］．

三 逻辑语气词的内部辖域和外部辖域

在博氏区分出的非常规辖域类别中，内辖域是一类较为普遍的非常规辖域类型。内辖域是与外辖域相对，外辖域是规律的普遍的情形，内辖域是非规律的特殊情形。

在一般情况下，语义辖域内词汇单位以完整语义结构形式存在，这为外辖域。在特殊情况下，语义辖域内只涵盖词汇单位部分语义结构，而并非完整词语意义，这为内辖域。外辖域为规律的常态现象，内辖域是非常态现象。内辖域现象较多发生在否定语气词的辖域内，例如：否定语气词 не 与动词 спросить（问）连用时，否定语气词的辖域仅仅是动词语义结构中的一个组成部分。动词 спросить 的语义结构包括五个部分：

X спросил Y-a о P（X 问 Y 有关 P 的事）＝

（1）X 不知道 P；

（2）X 要知道 P；

（3）X 认为 Y 知道 P；

（4）X 说了某些话，目的是使 Y 向他说出 P；

（5）X 这样说是因为要知道 P。

其中的（1）（2）（3）属预设，（4）为陈说，（5）则是意图。否

定动词 спросил，被否定的只是（4），而不是（1）（2）（3）[①]。俄语副词也会因内、外辖域不同，造成句子语义偏差。再如：Иван не опаздывает на занятия. 否定语气词仅作用 опаздывает 的词汇语义，而 опаздывает 的语法意义（多次、经常迟到）未进入否定语气词的辖域内，该情形也为内辖域类型。

副词范畴也经常发生内辖域现象，譬如：Петя хорошо охарактеризовал о своих однокурсниках. 副词 хорошо（好）辖域不同，句子意义不同，副词辖域内可以为行为本身（хорошее описание），也可以为行为客体（хорошие однокурсники）。进一步解剖动词释义结构后发现，在一定情况下，副词并不作用于动词完整语义，而为动词部分语义。动词释义结构为：X охарактеризовал（评定）Y как Z = 'человек X описал существенные свойства объекта Y и оценил Y как Z' 某人 X 描述对象 Y 的实质性并评定 Y 为 Z（Апресян 1980：82-96）。副词 хорошо（好）既可以作为状语作用于动词的完整语义 'хорошо описал существенные свойства однокурсников'，也可以变换到动词释义结构的内部，作用于动词部分语义—'оценил однокурсников как хороших'，第一种语义中，副词 хорошо 为外辖域类型；第二种情况下，хорошо 为内辖域类型。

语气词 только 作为焦点敏感算子，能够影响句子的焦点选择，它可以通过关联句子不同成分，改变句子的真值条件。博氏运用辖域分析语气词 только 的焦点关联，发现 только 在很多情况下会发生内辖域现象。确认其内、外辖域的类型，对于句子语义和语义单位间相互作用关系的正确判断至关重要。

1. 语气词 только 与动词相互作用下的内、外辖域

通常情况下选取一组句法结构一致却分别具有内外辖域的例证，进行语义剖析和辖域类型辨别，能够最为直观地展现分析路径。譬如：

[1] Он удовлетворится только обещаниями/仅给他口头承诺他就会满意。

[①] 张家骅等：《俄罗斯当代语义学》，商务印书馆 2005 年版。

[2] Он удовлетворится только надежными гарантиями/他需要可靠的保证才会满意。

两句句法结构类型一致，语气词 только 与动词 удовлетвориться 发生语义关系后，例［1］传递"不多于（口头承诺）"的意义，例［2］传递"不少于（可靠保证）"的意义。

因 только 辖域类型不同，在与其他词语发生作用时，会展现出不同的语义效果，例如：加入否定语气词 не：

[3] Он не удовлетворится только обещаниями（仅有口头承诺，他不满意）。

[4] *Он не удовлетворится только надежными гарантиями（仅有可靠保证，他不满意）。

再如：替换 только 为同义词 всего лишь/всего-навсего/одними 之后，

[5] Он удовлетворится всего лишь <всего-навсего, одними> обещаниями.

[6] *Он удовлетворится лишь <всего-навсего, одними> надежными гарантиями.

否定和同义替换之后语义上不能与 надежные гарантия 兼容，这说明 только 有其特殊的语义作用，可以既和承诺等级高的表达搭配，也可和承诺等级低的表达搭配。需找到内部要素语义作用机制，深入观察不能替换和被否定的原因。

博氏将 только 语义结构阐释为：только（P, Q, R）= 'среди элементов множества R ни один, отличный от Q, не обладает свойством P'/在集合 R 的成分中，没有任何一个其他成分拥有属性 P，仅成分 Q 具备 P 属性。（Богуславский 1996：92）。

[1a] = 'среди всех типов гарантий ни один, отличный от обеща-

ний, которыми он удовлетворится'/在所有保障类型中，没有任何一个其他成分拥有"使他满意"的属性，仅"口头承诺"满足。

［2a］= 'среди всех типов гарантий ни один, отличный от надежных гарантий, которыми он удовлетворится'/在所有保障类型中，没有任何一个其他成分拥有"使他满意"的属性，仅"可靠保证"满足。

运用莫斯科语义学派配价分析法，分解动词 удовлетвориться 释义为：X удовлетворился Y-ом для Z = 'X счел, что для Z ему достаточно Y-а'，由于该结构中包含'достаточно（足够）'的语义，须将достаточно 语义做进一步分解：X удовлетворился Y-ом для Z = 'X счел, что если будет иметься Y, то он сможет сделать Z'（X 认为，若满足 Y，则他可达成目标 Z）。由此可知，说话人看来，在可实现目标 Z 的条件排序中，Y 处于可实现目标的最低层级。所以，достаточно 较容易跟表达"少"的语义表达相搭配。Мне достаточно всего десяти рублей/只要十卢布就够了。如果这里换做一百万卢布，那一百万卢布也是在某个语境下被看作相对较少的投入，而不是较多的投入。同样，若在例［1］、例［2］中去掉 только 这个语气词，只能是处于实现目标"可靠保证"低层级的"口头承诺"可以满足 достаточно 的语义搭配。

在 König 看来，только 与数量数词连用时，表达"不多于"，而不是"不少于"的语义。例如：У меня есть только десять тысяч рублей. 我只有一万卢布。在强调我有一万卢布的同时，也强调了"不多于"的语义。这个"不多于"的语义是 только 所传递的。那么语气词 только 所传递的是我有一万卢布，且只有一万卢布，不会更多。

例［1a］—例［2a］释义结构表明，两句"集合"题元 R（所有保障类型）的辖域完全一致，"析出对象"题元 Q 辖域分别为"口头承诺""可靠保证"。若题元 P 无差异，那么两者语义表达不会截然相反，可以判断，语义差别之根源在于题元 P 的辖域分布。

释义结构［2a］对例［2］的语义结构进行了正确的阐释，没有造成语义的偏差或语义异常。可以判断，在例［2］中，题元 P 的辖域内保存了动词的完整释义。［2］= 'он удовлетворится надежными гарантиями, и ничем другим он не удовлетворится'。

释义结构［1a］内部发生矛盾，若处于预设评价层级的较低级别

"口头承诺"满足命题，那么，其他高于"口头承诺"的保障形式，都应满足命题。这违反了 только 的唯一性，使得该命题无法成立。若对例［1］做些改动，可以更为清晰展现其辖域结构：Он удовлетворится, если будут даны только обещания.

转换句子形式后，только 位置发生改变，动词 удовлетвориться 和语气词 только 作用方式也随之变化。例［1］释义结构转换为：Он удовлетворится только обещаниями（只要给一个口头承诺，他就满意了）= 'он сочтет, что если будут иметься только обещания, то он (все равно) сможет добиться своей цели'（在他看来，只要拥有一个口头承诺，他即可实现自己的目的）= 'он сочтет, что если будут иметься обещания и кроме них ничего иметься не будет, то он (все равно) сможет добиться своей цели'（在他看来，如果拥有一个口头承诺，除此之外，其他什么都不需要，他即可实现自己的目的）。可见，题元 P 辖域内为动词 удовлетвориться 的部分意义成分 'если будет иметься Y'，而非动词全部语义。可以判定，例［1］中语气词 только 发生内辖域现象。在例［1］中，только 辖域内为谓词 иметься，而在例［2］中，только 辖域内为带有'достаточно'语义的谓词 утовлетвориться.

2. 语气词 только 与 не 相互作用下的内、外辖域

否定的辖域指一个否定成分的作用范围，否定可能作用于整个词汇单位的语义，也可能作用词汇单位的一部分语义。否定语气词 не 针对某一个谓项，找到与 не 相关的谓项成为分析其逻辑语义的重点。语气词 только 作为焦点敏感算子，在否定语气词作用下，原有辖域类型会发生改变。我们尝试将否定语气词 не 加入上一节的例句：［3］Он не удовлетворится только обещаниями（仅有口头承诺，他不满意）；［4］Он не удовлетворится только надежными гарантиями（仅有可靠保证，他不满意）。

一般情况下，语气词 не 进入到 только 辖域之中。［3］= 'единственное, что он не удовлетворится, это обещания'；［4］= 'единственное, что он не удовлетворится, это надежные гарантии'.

E. König 提出过 only 句的级次蕴含，认为："级次是一组具有比较

关系的同类表达式，这些表达式能够根据它们的语义强度组成线性序列，一个语义上较弱的表达可以被另一个陈述蕴含，而一个语义上较强的相关表述则不能被蕴含。"① Horn 对蕴含的定义是：If (P→Q) and (~P→~Q), then P entails Q. 如果（若 P 则 Q）而且（若非 P 则非 Q），那么 P 就蕴含 Q。这是一种充分必要条件，是"当且仅当（if and only if）关系"②。

在该语境下，"口头承诺"能被"可靠保证"蕴含，反之"可靠保证"不能被"口头承诺"蕴含。例 [4] 中"可靠保证"为各种类型保障线性序列上的强语义表述，若强语义表述都无法满足命题条件，弱于它的表述均无法成立。相反，在例 [3] 中，"口头承诺"为弱语义表述，条件符合，命题成立，否定语气词整体语义均处于 только 管辖范围，только 为外辖域。

例 [3] 语境下，若语气词 только 进入到 не 辖域之中，将句子进行全称否定后，только 发生内辖域现象。[3a] = 'неверно, что если будут иметься только обещания, он сочтет это достаточным' = 'если будут иметься только обещания, он сочтет это недостаточным'（如果只有口头承诺，他不认为是满意的）。该句语气词 только 发生内辖域，所辖动词 удовлетвориться 释义部分成分 'если будут иметься'，该成分中不包含否定语气词，两者不发生直接关联。

综上所述，语气词 только 可以与动词 удовлетвориться 分别发生内、外辖域现象，当 только 与 удовлетвориться 完整意义发生关联，только 发生外辖域。而当 только 只与动词 удовлетвориться 部分释义相互作用，только 发生内辖域。外辖域是词汇单位分子间相互作用的结果，内辖域为词汇单位分子内部相互作用的产物。除动词 удовлетвориться 之外，俄语中还存在一些动词不同语境下，分别与 только 发生内外辖域现象，包括：согласиться (на), довольствоваться, насыщаться, удовлетворять, утолять, избавляться, отделываться 等，分析路径与动词 удовлетвориться

---

① König E, *The Meaning of Focus Particles: A Comparative Perspective*, London and New York: Routledge, 1991, p. 39.

② Horn. L, "A presuppositional theory of Only and Even" In: *Papers from 5th Regional Meeting of the Chicago Linguistic Society*, Chicago, Ill.: University of Chicago, 1969, p. 98.

基本一致，要从语义结构着手，找寻题元辖域分布，进而确认辖域类型。

3. 语气词 только 与 достаточно 相互作用下的内、外辖域

上文有述，动词 удовлетвориться 释义中包含 достаточно 的语义，当内辖域现象发生时，所辖内容也为 достаточно 的部分释义。推理分析，语气词 только 与 достаточно 相互作用时，也会分别发生内、外辖域现象。从表层语义结构来看，достаточно 要比 удовлетвориться 简单，事实上，与 достаточно 发生的语义联系要比动词更为复杂。譬如：[5] Воды достаточно（чтобы вымыть посуду）. /（洗餐具的）水够了。该句有两种阐释模式：[5a] = 'не требуется ничего, кроме воды' /有水就够了，其他都不需要；[5b] = 'вода имеется в достаточном количестве' /水量足够，不需要更多。

运用莫斯科语义学派释义分析方法，分解两者语义结构发现，两种释义结构完全不同，为便于区分，标记 [5a] 语义类型为 достаточно^1，标记 [5b] 语义类型为 достаточно^2。

достаточно^1 =

① 'X имеет цель Z' /X 有目标 Z；

② 'Y принадлежит к числу потенциальных средств достижения Z' /Y 属于实现 Z′ 的潜在方式之一；

③ 'можно было ожидать, что если имеется Y（и нет других средств достижения Z）, то X не сможет Z' /原本以为，若拥有 Y（且没有其他实现 Z 的方式），X 不能实现 Z′；

④ 'если есть Y（и нет других средств достижения Z）, то X сможет Z' /若有 Y（且没有其他实现 Z 的方式），X 能实现 Z′（Богуславский：1996：99）。

достаточно^2 =

① 'X имеет цель Z' /X 有目标 Z；

② 'для достижения Z необходимо некоторое количество Y-а' /对于实现 Z 必须满足一定数量的 Y；

③ 'у X-а имеется такое количество Y-а, которое не меньше, чем необходимое количество' /X 拥有这样数量的 Y，该数量不少于必须数量（Богуславский：1996：99）。

两者语义的共同点在于主体 X 均拥有目标 Z，为了实现该目标需满足一个条件下限，满足或超出该下限，则命题成立。如果买一辆自行车需要 500 元，而我有 500 元以上金额的金钱，则命题成立。再者，如果仅需要钱就可以实现目标，那么拥有钱则为下限，既拥有钱又拥有其他工具或方法，命题自然也成立。

достаточно[1]与 достаточно[2]语义结构中均存在预设层级，语气词 только 语义内部也存在预设层级。König 指出，"在带有 only 的句子中，当 only 所及焦点具有数量含义时，only 会激发焦点选项集合的预设层级，且多数情况下焦点处于高级层级，表达出'不多于某个数量'的含义。"① "我只有一万卢布"可以理解为"我有一万卢布且不会多于一万卢布"。

当谓词带有"достаточно（足够）"意义时，例如：[6] Он удовлетворился десятью тысячами рублей. 如果按照 достаточно 语义中隐含的数量层级，一万卢布处于"能满足"的最低层，大于一万卢布的数目都能满足条件。所以加入语气词 только 只能更加强调这个层级，与 достаточно 语义完美搭配。

因此，我们假设 только 不能与 достаточно[1]发生常规外辖域。因为，若发生外辖域，则会析出唯一条件，与预设层级设置发生冲突。例如：

[7] Чтобы разделить угол на три равные части достаточно[1] только циркуля. // 要把一个角三等分，用一个圆规就能做到'единственное, чтобы разделить угол на три равные части, это циркуль'（唯一可以三等分角的工具，为圆规），命题无法成立。

据此可以判定，在 достаточно[1]语义下，только 发生内辖域现象，только 与 достаточно[1]部分意义成分'если иметься Y'发生关联。[7] = чтобы разделить угол на три равные части, если будут иметься только циркуль, то он（все равно）сможет добиться своей цели（为了实现三等分角，如果仅有圆规，也可实现）。

---

① König. E, *The Meaning of Focus Particles: A Comparative Perspective*, London and New York: Routledge, 1991, p. 218.

与 достаточно¹ 不同的是，достаточно² 层级中的所有对象属性一致，只是数量上的级差排序。例如：у меня достаточно времени, чтобы пойти на работу пешком，句中不同层级对应的是针对达成"走路上班"的目标所需的时间长度，存在"等于""大于""小于"的不同层级。满足"等于或大于"，即满足语义所需条件。当其与 только 连用时，例如：

[8] В тюрьме достаточно² только времени/在监狱里，只有时间是富余的。

其预设层级与"唯一性"并不发生矛盾，反而是指出满足"等于或大于"该数量的唯一条件。也就是说，在监狱里，只有时间的数量满足，其他事物的数量都无法达到所需量。析出唯一条件作为外辖域类型的标记，得出判断，только 与 достаточно² 完整释义发生关联，为外辖域类型。

可见，与 только 发生关联后，достаточно¹ 只能发生内辖域类型，不可能出现外辖域类型。与此相反，достаточно² 只发生外辖域类型，不出现内辖域类型。

我们以图表形式展示出语气词 только 与带有"достаточно"意义词语发生作用时的内、外辖域类型分布情况。

词语 \ только 辖域类型	外辖域	内辖域
удовлетвориться	+	+
достаточно¹	−	+
достаточно²	+	−

一方面，在同一义项且句法关系完全一致的情况下，词语语义单位间因内、外辖域类型差异会造成句子语义截然相反；另一方面，不同词语近似语义的条件下，词语内、外辖域类型分布并不遵循同义词类型；再者，句法关系和词汇组成完全一致的情况下，因内、外辖域类型不同，发生同形异义现象。语气词 только 与动词 соглаашться, довольствоваться, насыщаться，удовлетворять，утолять，избавляться，отделываться 等搭配时，都会分别发生内、外辖域两种可能。例如：

［9］Он хотел бы занимать две должности-осветителя сцены и режиссёра，но согласится и только на одну из них.／他想担任两个职务——舞台灯光师和导演，但别人只同意他二选一。

［10］Он согласится только на должность режиссёра（ни на какую другую должность не согласится）.／他只同意担任导演一职（不同意担任任何其他职务）。

［11］От него можно избавится <отделаться> одно только согласившись на все его требования.／只有同意他的所有要求，才能摆脱他。

在对语气词等具有消极题元的词汇单位进行语义分析时，大量存在的非常态辖域类型为分析重点和难点。此时，不能简单套用常态类型，须深入题元结构内部，认清题元辖域分布，辨析辖域类型。在建立только 语义辖域的标准建构规则时，不能忽视大量存在的非常态现象，要找到非常态现象的规律性，纳入标准建构规则之中。

四 时间副词 завтра 的内部辖域现象

时间副词 завтра（明天）的词汇语义传递的是，某一个事件将要发生的时间是言语时刻之后的那一天。这是副词 завтра（明天）脱离语境状态下的独立词汇语义。也是传统消极型语义词典传递出的词汇语义。然而，结合语境之后的"завтра"语义分析更为复杂，"завтра"在语句中是传递出一个时间坐标的，时间坐标对应语境中的哪个事件，也是其语义的关键。换言之，"завтра"语义最为关键的两要素为：①时间副词 завтра 所针对的事件，②在句法环境下 завтра 所相对的时间坐标。例如：

［1］Он пообещал，что завтра мы поедем за грибами.／他答应我们明天一起去采蘑菇。

其中出现两个事件——"承诺""去采蘑菇",究竟明天所针对的是"承诺"还是"摘蘑菇",语义很明确,语义辖域和句法辖域都对应为——мы поедем за грибами(我们去采蘑菇)。

标准情况下,завтра 的辖域分析不难,但是存在一些特殊情况,例如:завтра 虽然表达明天的语义,但却可以运用到过去时语境当中。例如:

[2] Я ждал тебя завтра(а ты приехал сегодня)./我等你明天来,(而你今天就来了)

看句法结构,很容易将 завтра 与动词 ждал 相关联,因为全句只有一个动词,然而动词却又是过去时形式,而不是将来时,这就发生了冲突。冲突的解决方法是寻找到 Завтра 的辖域内容,我们可以判断出,它的辖域内容应该是动词 ждать 的部分语义,所以,需要先对动词 ждать 的语义结构做阐释:拿出 Ю. Д. Апресян 将动词 ждать 的语义结构阐释,我们只需要在这个语义结构中寻找出 завтра 的放置点:

[3] X ждет Y-а в Z = 'зная или считая что лицо Y должно или может прибыть в место' Z и оценивая это событие как касающееся X-а, лицо X находится в состоянии готовности к этому событию(обычно находясь в том месте, куда должен прибыть Y)'./知道或者认为人物 Y 应该或可能抵达地点 Z 并判定这个事件与 X 相关,X 处于对该事件的准备活动之中(一般情况下已经应该位于地点 Y)。

从语义结构中,可以轻松判断出 завтра 所针对的语义内容是语义结构中的前一部分,是说话人大脑中期待该行为发生的时间,而不是实际行为发生的时间,所以这个时间可以发生在将来。句中处于主导地位的谓词是'находится в состоянии готовности/处于准备状态之中',副词 завтра 没有与谓词发生语义联系,而是与其内部其他谓词'лицо Y должно или может прибыть в место' Z/人物 Y 应该或者可能抵达地点 Z' 发生语义关联。

由此，завтра 发生了内部辖域现象，动词过去时针对的是句子中的主导谓词，定性的是动词 ждать 的主体状态，而副词'завтра'描写的是主体到来所被期待的时刻，而不是实际行动发生的时刻。

实际上，任何一个回答 когда？问题的时间状语在（2）的语境中都可以拥有内部辖域。例如：четвертого ноября, в понедельник, в прошлом году, в полдень, после захода солнца 等诸如此类时间副词。正因如此，这样的状语可以在带有动词 ждать 的句子中生成两种不同的意义。

［4a］Я ждал тебя четвертого ноября, а ты приехала сегодня. ∕ 我等你 11 月 4 号来，而你今天就来了。

［4b］Я ждал тебя четвертого ноября, пятого, шестого, а потом ждать перестал. ∕我等你 11 月 4 号来，但 5 号、6 号都过去了，等到 6 号之后我就不再等了。

以上两种情况，是 завтра 的内部辖域和外部辖域两种类型。在第一种意义的情况下，与句子［2］情况完全相同。副词表明说话人预计的到达时间，为内部辖域情形。在第二种意义中句子传递的信息为，主体在 11 月 4 日处于被期待的状态下，第二种情况所拥有的是外部辖域。很明显，两种类型辖域可以同时在一个句子的语境中得到实现，并衍生出不同的意义。再如：

［5］Четвертого ноября я тебя не ждал.

［5a］'я не ждал, что ты приедешь четвертого ноября∕我没期望你 11 月 4 日来。[内辖域类型].

［5b］'четвертого ноября я не находился в состоянии ожидании'∕11 月 4 日时我没处于期待的状态之中。[外辖域类型]

此类的时间状语跟动词 ждать 搭配时，时间副词会出现内部辖域现象,当然并不是只有这一个动词有这个特权,还有表达相似语义的动词:ждать, ожидать, рассчитывать(на кого – либо), обещать。例如:

[6a] Я на тебя завтра рассчитываю('я рассчитываю, что завтра ты сделаешь то, о чем я прошу')。/明天我指望你了("我指望你明天能做到我请求的事")。

[6b] Он пообещал мне деньги только в конце недели(два значения:'в конце недели дал обещание'и'даст деньги в конце недели')。/他答应我给钱,但只能在周末(两个含义:"周末答应我"和"周末给钱")。

下面我们来看 завтра 的一个近义词 на завтра 的辖域类型。
该类型的时间状语传递出的语义与 завтра 类似,描述某个时间与某个事件的对应性,结合这两个词语的上下文语境,两词几乎不能发生同义置换。以下使用 на завтра 的语境,都不能直接替换成 завтра,产出同样的语义效果。

[7] Он пригласил <позвал> гостей на завтра. /他邀请了客人明天来。

[8] Банкет заказан на четвертое ноября. /宴会定于11月4号。

[9] Мы договорились на понедельник о встрече. /我们说好周一见面。

[10] На ближайшие три дня врач рекомендовал <предписал> больному постельный режим <прописал микстуру>. /医生建议(嘱咐)病人在接下来的三天里卧床休息(给开了药)。

[11] На субботу тебя вызывают в школу. /请你周六去学校。

[12] На воскресенье мне досталось дежурить по гарнизону. /我周日需要在警备区执勤。

[13] Старики предсказывают на этот год суровую зиму. /老人们预测今年冬天会很冷。

［14］На завтра можешь на меня рассчитывать. ／明天你能指望上我。

　　［15］Что вы предлагаете на сегодня? ／你们对今天有什么建议？

　　［16］Мы запланировали поездку в горы на осень. ／我们计划（预定）明天去动物园。

　　以上例句搭配中的前置词 на 是发挥定位的语义功能，定位将要完成或者应该发生某事件的时间、期限。副词 завтра 无法表达出与 на завтра 完全一致的语义，两者之间语义差别明显。

　　两者形成语义差的最重要因素为时间坐标的差异。［7］Он пригласил <позвал> гостей на завтра. ='сообщил, что хочет, чтобы он завтра пришел'；时间坐标针对的事件并不是"邀请"该动作发出的时间，而是对应其内部辖域的行为动作——"到来"。再如：договорились на понедельник о встрече ='довогорились, что в понедельник встретятся'。"明天"所对应的事件为"见面"，而不是"商定好"。这样将语义进一步解剖之后发现，на завтра 和 завтра 的语义存在质的差别，不可能进行替换。

　　因此，两者可以从辖域的角度进行区分：副词 завтра 主要发生类型为外部辖域，而 на завтра 的主要发生类型为内部辖域。на завтра 是一个被期待的时间，被说话人预期发生某事件的时间，并且要为该事件的发生做相应准备，其语义有强烈的主观情态色彩。завтра 只是标明事件发生的时间，没有相应的主观情态色彩，在带有 завтра 的句子中，明天是否成功发生该事件，说话人没有情感偏向，可以发生，也可以不发生。说话人只是表达出对一个事件所发生时间的判断，而 на завтра 要传递更多的语义，其中说话人有预设该事件发生的时间，并期望该事件按计划顺利进行。

　　几乎所有的动词都能够既与 на завтра 进行搭配，也与 завтра 进行搭配，然而搭配之后的语义并不同义，原因在于两者的辖域完全不同，вызвал на понедельник ≠ вызвал в понедельник。

　　在大多数情况下，завтра 为外部辖域类型，只有与少数带有"期望"语义的动词进行搭配时，才会发生特殊的内部辖域类型。而 на завтра 相反，只有内部辖域类型，没有外部辖域类型。

因此在使用 на завтра 的语境中不能轻易替换为 завтра，替换之后，多数情况下句子无法成立。而在同时能够兼容两个时间副词的句子中，语义也完全不同。

[17a] На завтра мы запланировали <наметили> сходить в зоопарк. / 明天我们计划（预定）去动物园。

[17b] Мы запланировали <наметили> сходить завтра в зоопарк. / 我们计划（预定）明天去动物园。

两者的句法结构不同，[8a] 中时间副词是由人称动词所决定的，而在（8b）中，时间副词是受不定式动词所支配的。同时，[8b] 中的主位是 план на завтра 明天的计划，述位是该计划的内容——去动物园。[8a] 中的主位只是"计划"план，述位是"明天去动物园"завтра 所指向的是述位中的动词，на завтра 指向的是主位中的动词。两者交际结构具有明显的差异。

除此之外，副词 завтра 只是单纯传递事件发生的时间，没有情态语义，而 на завтра 传递出说话人对于该事件发生时间的确定性，期望将该事件预先安排在该时间的情态语义，受话人在接收到事件发生的对应时间这层语义之外，也会同时接收到主观情态语义。

五 重复义副词的内部辖域

俄语消极谓词领域发生内辖域现象比较常见，重复意义副词 опять 与 продолжить 在部分语境下可以搭配，部分语境下不能搭配，原因就是语境中是否存在内辖域的发生条件。例如：

[1] Я его предупредил, а он опять продолжает курить. / 我警告过他了，但是他又开始抽烟。

该句中，说话人有理由期待事件 P（吸烟）不会继续发生，但事与愿违，事件（P）继续发生。解析 опять 的语义结构为：Опять P в t_0 ≈ 'в момент времени t_0 ситуация P имеет место; в некоторый предшествующий момент времени $t_1$①имела место p（在时间点 t_0 发生情境 P，在某一个之前的时间点 t_1 情境 P 已经有发生过。）从语义结构来看，情境 P = он курит（他吸烟），而非 он продолжает курить（他继续吸烟）。Опять（又、再）语义上仅作用于谓词的陈说部分，而非谓词整体。

重复义副词 опять（снова）的语义结构为：Опять<снова> P в t_0 ≈ 'в момент времени t_0 ситуация P имеет место; в некоторый предшествующий момент времени t_1 имела место p или аналогичная ей ситуация; между t_1 и t_0 был промежуток времени, в течение которого было не-P'. 在时间点 t_0 发生情境 P，在某一个之前的时间点 t_1 情境 P（或类似情境 P）已经有发生过，t_1 和 t_0 两时间点之间，没有发生过情境 P。

副词 опять 表述重复语义，在语境的选择方面，опять 更多用于表达意料之外的、说话人不期望发生的情境内。例如：в моей душе опять тревога/我心里再一次感到不安；Опять двойка!（怎么又是两分！）Опять ты пришел?（你又来了？）。

从语义结构来看，опять 和 снова 都是二价副词，发生重复的事件和发生重复的时间为两个配价。同时，语义结构中包含一个时间段，在某个时间段内，该情境未发生。从这个意义上讲，副词 опять 不能与表达长久延续的动词相搭配。例如：

[2] Он опять продолжает игру./他（又?）一直继续玩游戏。

[3] Иван опять остается моим другом./他（又?）一直是我的朋友。

但是在一定的情形下，副词 опять 搭配 продолжать 时并不发生语义冲突，原因在于 опять 的语义作用于谓词的内辖域，而非外辖域。例如：[4] *Я его предупредил, а он опять продолжает курить* — говорящий имел основания полагать, что после предупреждения P (= куре-

---

① 释义结构中的 t_1 在语句中没有相对应的句法题元。

ние) не будет иметь места, а P имеет место.

例［1］Я его предупредил, а он опять продолжает курить／我警告过他，但他又开始抽烟。该句中，说话人有理由期待事件 P（吸烟）不会继续发生，但事与愿违，事件（P）继续发生。从语义结构来看，情境 P= он курит（他吸烟），而非 он продолжает курить（他继续吸烟）。Опять（又、再）语义上仅作用于谓词的陈说部分，而非谓词整体。

副词 опять 作用于谓词的内辖域并不是偶然现象，再如：

［4］После тяжелой болезни он снова выучился ходить.／重病之后他重新学会了走路。

снова 句法辖域为：t_0 = после болезни（生病之后）；t_1 = до болезни（生病之前）；$СДр^{синт}$ = выучился ходить（学会了走路）。如果单从句法辖域角度进行阐释，该句语义为：生病之前的某个时间点他学会了走路，生病之后的另一个时间点再次学会了走路。句子意图表达的是，生病让他一度失去了行走能力，重病之后他再一次恢复了行走能力。那么，这里 снова 的语义辖域是"行走能力"$СДр^{сем}$ = 'уметь ходить'，'уметь ходить' 是谓词语义结构中的一部分，因此，снова 与谓词之间发生内部辖域作用关系。

在语义搭配方面，опять（снова）与表示结果的完成体动词连用时，对动词语义提出一个要求，这个动作不能是不可逆的过程。例如：

［5］Он опять озаглавил свою статью.？／他（再次）给文章加上标题（已经有标题的情况下，理论上就不能再次重复从没有标题到有标题的过程，因为已经有了标题）。

给文章加标题的动作过程是只有一次的，加完之后文章就有了标题，就不会有"再增加一次标题"的可能性，除非要删除第一次加标题的过程，但是，删除了第一次，就不能使用 опять（又一次），因为"又一次"的前提是"之前发生过"。谓词语义和副词语义发生矛盾。

类似不能搭配的不可逆动词包括：рождаться（出生）、умереть（死亡）、скончаться（去世）、устанавливать（创立）等。* Он опять скончался (скончаться ≈ 'перестать жить')。(他又去世了)。再如，

[6] Он снова вернулся к работе. /他再一次回到工作岗位。

P(t_0) — 'вернулся к работе'（回到了工作岗位），P(t_1) = 'работал' = 'он возвращался к работе'（以前有过离开再回来）。

谓词 вернуться к работе 的语义结构为：Вернуться к P/ ≈ 'X занимался/имел P в t_1, затем перестал на некоторое время заниматься/иметь P, и в момент t_0 [снова] начал заниматься/иметь P'。(X 在时间点 t_1 做/发生 P，之后一段时间内没有做/发生 P，之后在另一时间点 t_0 X 开始做/发生 P)。P(t_0) = 'вернулся к работе'，P(t_1) = 'работал' = 'он возвращался к работе'. снова 和 вернуться 的语义结构相似，都表示一个动作行为的再次发生，副词 Снова 仅作用于 вернуться 的陈说部分 заниматься/иметь P。

同时博氏指出，消极谓词的辖域分析是同义词辨析的重要手段，辖域类型不同，则语义不同；辖域内容改变，语义随之变化。例如：

[7] Он снова <*повторно> заболел, на этот раз свинкой. /他又病了，这次是腮腺炎。

[8] У нас в доме опять <*повторно> болеют: на этот раз младшие сёстры. /我们家又有人病了，这次轮到了妹妹们。

该语境下，снова 和 повторно 不能替换，原因在于，P(t_1) 和 P(t_0) 的题元是一致的。повторно 也表达重复义，但第二次的行为动作的发生目的是替代第一次的行为结果，不是强调某事件在不同的时间点发生了两次，而是强调第二次行为对第一次行为替代，强调一样的行为要再发生一次。在这两种语境下，两次生病的情境内容发生了改变，повторно 要求题元内容一样，无论是生病的类型，还是生病的主体发生改变，谓词题元内容都无法跟上一次的保持一致。

六　语法意义参与语义辖域建构

博氏认为，所有表义单位都可以参与语义辖域构建，包括词汇单位的语义、语法意义、句法结构意义、指称意义、交际结构语义、言语行为语义等。语法意义填充语义辖域的情形在俄语中不难发现，俄语动词分为完成体和未完成体，动词的未完成体可以表示"多次、经常"的语义。对动词未完成体进行否定时，否定的通常只是词汇语义，语法意义不做否定。

例如：

〔1〕Иван почти <практически> не ошибается в своих прогнозах.

〔2〕Иван почти <практически> не ошибся в своём прогнозе. /伊万几乎没预测错过。

例〔2〕完成体的语义很明确，伊万几乎没犯错。未完成体的句子会有歧义，一般被阐释为"伊万几乎不犯错，很少犯错"，或者被阐释为"伊万经常犯的错误都微不足道"。究其原因，是动词体的语法意义发生了作用。未完成体表示多次、经常（обычно/неоднократно/всегда）。从某种意义上讲，未完成体表示一系列经常发生的多个事件，所以在发生否定时，可以是对多个事件逐个否定，всегда/обычно（когда Иван делает прогноз）当每一次伊万做预测时，都会发生完成体所表达出的一次情境，Иван почти не ошибся в своём прогнозе. 但是否定语气词还可以否定的是 не всегда，不经常发生错误，那否定语气词否定的是未完成体表达出的"多次"语义。这时的 почти = 'Иван хотя не всегда бывает прав, но отличие от《всегда》настолько мало, что если бы было немного иначе, то можно было бы сказать, что всегда（伊万虽然不总是对的，但距离"总是对的"的差距较小，稍加改变则可以说他总是对的。）未完成体的多次语义参与到 почти 和 практически 的语义辖域内之后，改变了句子语义，体的意义参与了语义辖域建构。

七　句法结构参与语义辖域建构

无人称句是俄语特殊的一个语法现象，在俄语中，无人称句是单部句的一种，它的谓语表达不需要语法主体（主语）参与的动作或状态①。"无人称句是一种无主语结构，它只含有谓语性的主要成分，该成分的形式中不含有人称意义，也不指示人称。"② Ю. Д. Апресян，对俄语无人称句语义总结以下两点：一是行为的目的预设意义，即行为主体有做某事并要达到成功完成的目的；二是主体行为语义有蕴涵意义，即行为主体有要做某事的愿望，希望不花很大力气即能完成③。

和人称句相比，无人称句表达无意识、不由自主的状态，无人称句是通过特殊的句法结构来表达"能力所不能及、无能为力"的语义。例如：

　　［1］Он не сможет кончить работу даже за месяц/他甚至在一个月内都完不成任务。

　　［2］Ему не кончить работу даже за месяц =/他在一个月内都完成不了这项工作。

даже 配价结构为：（1）在该情境下有必要进行分析的几个时间段之内［R］，时间段［Q］等于一个月，并被判断为很长的一个时间；（2）可能期待他在一个月之内完成工作；（3）事实上，他不能完成该项工作。

两个例句意义相同，配价结构均为 3 价。但在例［2］中，配价 P 中"сможет"的意义找不到相应的词语载体，而是通过句式结构进行表达。句式结构包括无人称动词，动词完成体不定式，句子主体为三格，动词否定形式等方面。这些因素共同作用下的句式结构表达"сможет"的情态意义。

---

① Караулов Ю. Н. 1997. Русский язык. Энциклопедия. М.：Издательский дом《Дрофа》.
② Галкина-Федорук Е. М. 1958. Безличные предложения в современном русском языке. М.：：Изд-во Моск. ун-та.
③ 姜雅明：《俄语无人称句的民族性问题探析》，《中国俄语教学》2019 年第 3 期。

例［1］中的配价 P 中"сможет"的意义是以词汇形式表达，同义句［2］中"сможет"语义没有词汇载体，该语义载体为动词不定式-情态句法结构。

八　实义切分参与语义辖域建构

否定语气词的辖域在否定句分类中发挥重要的作用，Е. В. Падучева 认为标准否定句分为四种类型①：语义普遍谓词否定句、语义普遍从词否定句、语义部分谓词否定句、语义部分从词否定句。四种类型种，否定算子 не 的辖域类型不同。

　　［1a］-Он не пришёл на лекцию. /他没来上课。

　　［1b］-Он не пришёл на лекцию из-за болезни. /他因为生病没来上课。

　　［1c］-Он не зря пришёл на лекцию. /他没白来上课。

　　［1d］-Он не сразу пришёл на лекцию после завтрака. /他早饭后没直接来上课。

谓词否定和从词否定的判定取决于否定算子 не 依附的对象。如果否定算子 не 在谓词（一般为动词或谓语副词）前，依附谓词，则该句子为谓词否定句，如［1a］和［1b］。相应地，如果否定算子依附的不是谓词，而是句子的其他成分，则为从词否定，如［1c］和［1d］。至于语义普遍否定还是语义部分否定，则需要看否定的辖域（作用范围）是句子的整体语义还是句子的部分语义了。如果句子整体语义均被否定，则其为语义普遍否定，这样的句子也叫完全否定句（Падучева 2013：18）。然而，当句子语义成分之一或一部分被否定时，则句子为语义部分否定。

标准模式下，否定一般位于谓词之前。谓词成分被否定时，肯定命题也被否定。如：

---

　　① Падучева Е. В. 2013. Русское отрицательное предложение. М.：Языки славянской культуры.

［2a］ －Александр читал все свои книги. /亚历山大读了自己所有的书。

［2b］ －Александр не читал всех своих книг. /亚历山大没有读过自己所有的书。

［2a］是［2b］的肯定命题，否定算子依附的是谓词 читал，否定算子的语义辖域和语法辖域同构，涵盖整个肯定命题。可以用以下公示表示：

СД$^{сем.}$（не）= Александр читал все свои книги.

СД$^{синт.}$（не）= 主语 + 谓语 + 定语 + 补语

博氏研究语气词 не 在语境交际类型为非对别性（中性）的句子中 не$_1$ 和交际语境为对别性的语句中 не$_2$ 的表现，两者交际语境类型之间的差异可分为四大类：交际差异、语义差异、句法差异和搭配差异。博氏明确指出："找到否定语气词 не 的辖域是解决两种不同类型句子差别的根源所在。"① 语气词 не 在 не$_1$（非对别性语境）和 не$_2$（对别性语境）中的首要差别就表现在：两种语境中否定语气词 не 与句子的实际切分之间关系截然不同。若将句子改变为 'то, что X, есть Y' 的形式后，会发现："处于非对别性（中性）语境中的语气词 не$_1$ 的辖域不是处于句子述位之中，就是处于主位之中，而对别性语境下的 не$_2$ 的语义辖域是句子实际切分中连接主位和述位的谓词。"② 换言之，在两种语境下 не 意义都为 "неверно, что"，但是所辖句子成分不同，在中性语境下 не 所辖句子交际结构中的主位或述位，而在对别性语境中，否定语气词 не 所辖句子交际结构中实际切分的谓词。对比句子

［3］ Коля не$_1$ спит <бодрствует>/柯利亚没睡。

［4］ Коля не$_2$ спит * <бодрствует>, а пишет письмо/柯利亚没睡，而在写信。

---

① Богуславский И. М. 1996. Сфера действия лексических единиц. М.：Школа《Языки русской культуры》.

② Богуславский И. М. 1996. Сфера действия лексических единиц. М.：Школа《Языки русской культуры》.

两个句子的实际切分为：[3] то, что Коля делает, есть не спит/柯利亚正在做的，是不在睡觉。[4] то, что Коля делает, не есть спит/柯利亚正在做的，不是睡觉。显然，两者差别在于 не 的辖域内容不同。не₁的辖域是句子的述位，не₂作用的是实际切分的谓词。例 [3] 中的 не спит 可以被 бодрствует 替换，而例 [4] 中就无法进行替换。例 [3] 中，не₁的辖域是句子的述位，这与词语 бодрствовать 词语内部否定的辖域是一致的。而在例 [4] 中无法发生同义词替换，因在其语义结构中，否定语气词 не 作用的是实际切分的谓词，否定成分与 спит 不直接发生联系。

再如：连词 или 的语义辖域情况，其释义 X или Y 为：作为被描写的事物：可能是 X；可能是 Y。使用这个词语时，说话人指明了一些选择的可能，不知道或不认为有必要说明实际情况是哪一种选择。构成选择的谓项通常是谓语。如：

[5] Ученик прочитал стихотворение Пушкина или Лермонтова/学生读了普希金或莱蒙托夫的一首诗。

可能学生读过普希金的诗；也可能学生读过莱蒙托夫的诗；说话人不知道或认为不需要指出学生读过谁的作品。

在对比主位句中，解释对比主位中的选择可能成为谓项。试比较下面句首语调提高的例子：[6] Пушкина или Лермонтова читать легко/普希金或莱蒙托夫的作品读起来很容易。在这个句子中全然不表示说话人不知道或认为不必要说明，两位作家中谁的作品容易读，二者都很容易。由连接词 или 带来的不确定性定位于句子意义的某一要素，而后者受限于对比主位的存在：如果从相关作家集合中选择普希金或莱蒙托夫，那么二者作品读起来都很容易是真的。如果从相关作家集合中做出这样的选择：或普希金或莱蒙托夫；就连说话人也不知道或者不认为需要指明他们中哪一位将被选择①。

---

① Богуславский И. М. 1993. Сфера действия лексических единиц//Диссертация на соискание ученой степени доктора филологических наук (10. 02. 19 – Теория языкознания). М.：Языки славянской культуры.

本章小结

　　博氏辖域理论重点分析逻辑语气词，逻辑语气词作为一类特殊的语气词，在句子中发挥的逻辑语义作用，改变句子的逻辑结构。在语气词范围内，其逻辑语义结构最为清晰，是最适合作为形式语义分析的消极谓词类型之一。博氏通过逻辑语气词概念的界定、预设参与语义构成的分析、辖域类型的区分、语义辖域和句法辖域的关系的描写展现谓词语言事实背后的逻辑规则。博氏辖域研究针对语气词等虚词的语义结构做出合理解释，在纷繁复杂的句法语义现象中揭示语义相互作用的基本规律，这种规律在很大程度上具有复现性和能产性，能够辐射到同语义类别的其他词语。

第三章

汉俄语焦点副词（逻辑语气词）的实证分析

本章选取了俄语中三个典型的焦点敏感算子 только，уже，даже，对其进行义项确定、形式化语义分析、标准释义及变体释义的研究。同时基于三个词语在俄语中句法辖域的分布特征，对比研究汉语对应焦点副词"只""才"和"甚至"的语义和句法辖域分布。通过俄汉语焦点副词的语义和辖域分析，运用俄汉语实证性研究，验证博氏辖域理论在俄汉语料中的适用性。

第一节 逻辑语气词 только 的语义结构分析

逻辑语气词"только"是一个学界公认的具有典型焦点敏感性的词，也是公认的最容易进行形式语义加工焦点敏感算子。针对"только"的焦点敏感功能的研究，历史悠久，最早可以追溯到古希腊时期，亚里士多德就曾试图对"析出判断"（выделяющие суждения）做出解释，例如'только человеку свойственно быть способным к науке'（只有人具有科学研究的能力）。德国语言学家 könig 将 только 列为焦点语气词，认为其作为焦点敏感算子，其具备唯一性、限制性、排他性的语义特征[①]。俄语语言学家在研究"только"时着重于 только 作为焦点强调结构（конструкция выделения фокуса）中的词汇手段，使得受话人将关注焦点放在说话人想要强调的内容上，与相关的其他焦点强

[①] König. E，1991. *The Meaning of Focus Particles：A Comparative Perspective*，London and New York：Routledge，1991，p. 213.

调词汇手段还有 тот，лишь，только и，что，так называемый 等①。汉语研究者大多数研究者将"只"看作一个表示限制的范围副词，对"只"的语义研究涉及两个重要的领域：一是语义歧指问题；二是焦点敏感算子的形式语义。这揭示出了"只"在语法和语义方面的两个重要的特性：语义多指性和焦点敏感特性②。汉语"只"作为典型的语义焦点（semantic focus）体现了约束方向性规则（Directionality of Binding）、范围选择规则（Domain Selection）和最短距离规则（Minimal Distance）。

从句法分布来看，"只"可以限定主语、谓语和状语。从语义内容来看，只可以限定事物、数量、动作行为、内容、性质或状态、时间点、地点处所、凭借手段、条件、原因和目的等。汉语"只"的语义浮动性要小于俄语 только，受句法位置的限制更多。

Только（只）是典型的焦点敏感算子，也是形式语义分析难点最少、难度最小的焦点语气词。博氏对 только 的语义分析遵循标准语义结构→标准语义释义→变体语义结构→变体语义释义这个模式进行。博氏认为，先找到规律语言现象的阐释规则，作为形式化语义的突破口，在规则基础上观察规律外语言事实，不断探索纳入规则系统的变体结构，这是虚词语解构的有效途径。虽然逻辑语气词 только 在语言中无法像算子在逻辑算式里进行逻辑运算那么严密，自然语言中对逻辑算子进行形式化解构无法达到人工语言形式逻辑的精确程度，但可以最大程度接近理想运算模式。在博氏研究 только 的语义辖域公式时，学界已经有了普遍认可的二价语义逻辑公式，博氏是基于二价语义逻辑提出适配更多非标准语境的逻辑公式变体，博氏指出，要使得语境能够被表达在形式语义，就不可能存在一个适用于全体句法环境的逻辑公式，要根据不同的语境，分类补充相关变体逻辑公式，解决标准逻辑公式中的漏洞。博氏依据大量俄语语料，分别加工出标准逻辑式和两种变体逻辑式，系统呈现标准和变体逻辑式的加工路径和方法。

对自然语言表达进行逻辑运算的形式化分析，最大的难点在于两方

---

① Плунгян В. А. Общая морфология：введение в проблематику. М.：Едиториал УРСС，2003.

② 殷何辉：《焦点敏感算子"只"的语义研究》，中国出版集团公司2017年版，第1页。

面，一方面是自然语言和人工语言的不对等。例如在自然语言表达中存在这样的表达，类似的表达不可能出现在人工语言的形式逻辑中。

［1］Ничего не говорил, только сказал, чтобы передали барышне（А. Толстой）./他什么也没说，只是让转告小姐。

在形式逻辑中，ничто 就代表任何对象都不满足条件，说话的内容应为空集，而实际语言表达中，说话内容不为空集。

另一方面，现实语言运用要结合语用语义，语境中的语义要素很容易忽视也很难被描写。博氏认为，虽然语境很难被描写，但语境作为虚词配价的必要参与者要纳入语义结构的描写。如忽视语境参与者的必要性，很难准确表达逻辑语气词的语义。例如：

［2］Я помню только сад/我记得的只有园子

用逻辑式描述字面意义为：我所记忆的内容中，仅存"园子"。显然，字面意义要结合语境做进一步阐释，"园子"的析出，是要在某情境相关联的前提下，在某个特定的记忆中应保存的选项集合中，园子占据了特殊的位置，成为我记忆中仅存的内容。语义描写中的语境处理问题，一直是语义处理的难点，如何把语境作为参数放入逻辑式，是语义学家亟待攻克的难点。博氏提出，要遵循从简单到复杂的路径，从加工标准语义结构作为切入点，在标准基础上根据一些特殊的语境不断修正和增补，就会找到各种变体语义结构的描写方法。

一 逻辑语气词 только 的义项确定

跟"只"一样，только 在俄语中的义项众多，并非所有义项都具备算子功能，学界对于具备算子功能的"只"的义项已经达成共识并写出了逻辑公式。为了更为直观了解 только 的算子义项，我们拿出一些算子例句和非算子例句。

逻辑语气词 только 义项示例：

［3a］Мальчик съел только персик。/小男孩儿只吃了桃子。

［3b］Из всех частей речи только существительные обладают классифицирующей категорией рода。/所有词类中只有名词具有"性"的分类范畴。

［3c］Федору понравился только итальянский фильм。/费奥多尔只喜欢意大利电影。

［3d］Темная ночь. Только ветер гудит в проводах。/唯独风呼啸在野，只有有关逝者的记忆在浅吟。

［3e］Даша не могла ни присесть, ни лечь, только ходила, ходила, ходила от окна к двери（А. Толстой）。/达莎坐立不安，只能在门窗间走来走去。

［3f］Только поэтому я и согласился。/正因如此我才同意了。

［3g］Сергей приглашает к себе только Аллу。/谢尔盖只邀请阿拉到自己家。

［3h］В нашей библиотеке только книг по искусству много, все остальные жанры представлены довольно слабо。/我们图书馆只有很多艺术类书籍，其他类别则提供得相当少。

非逻辑语气词 только 义项示例：

在俄语中，语气词 только 存在其他语义和用法，这些义项暂未纳入博氏的研究对象，例如（但不限于以下几种义项）：

▶Она добрая, только очень глупая。/她很善良，只不过很愚钝。

▶Только отвернешься, он уже напроказит。/你只要一转身，他就调皮起来。

▶Кто только не бывал в дому Горького!/谁没去过高尔基家呢？

▶Попробуй только опоздать!/你迟到试试！

▶Он только что был здесь。/他刚刚在这儿。

▶Он придёт как（если когда）только захочет。/他想来才来。

▶Ему 45 лет, а ей только 17 лет. /他 45 岁，而她仅仅 17 岁。

▶Это только начало. /这仅仅是个开始。

▶Здоровье моё всё то же, много гулять не могу, хожу только до речки. (А. Островский) /我身体还是老样子，不能散步过久，只走到小河边。

▶Ещё только час! Ещё семь часов до света! (Гаршин) /刚刚才一点钟！还有七个小时才天亮呢！

▶В России существуют данные о стачках только с 1895 года. (Ленин) /在俄国从 1985 年起才有关于罢工的资料。

▶Настасья Васильевна, была женщина красивая, только болела. (Горький) /纳斯塔西娅·瓦西里耶夫娜是个漂亮女人，不过她有病。

▶Деньги я получила, только не всё. /钱我领到了，但不是全部。

▶Я за неё отдам жизнь, только мне с ней скучно. (Лермонтов) /我可以为她献出生命，不过和她在一起我却感到寂寞。

▶Это было рано - рано утром. Вы, верно, только проснулись. (Л. Толстой) /这事发生在一大早，您那时候大概刚刚醒。

▶Девочка, от горшка два вершка! Видать, только институт кончила. (Нагибин) /小丫头，初出茅庐呀！看来刚刚大学毕业。

▶Ключ вы ещё прошлый раз в двери оставили. Только уехали, гляжу-торчит в скважине (Рахманов) /钥匙还是您上次就留在门上了。您刚走，我一看，钥匙还插在锁眼里。

▶Только скажешь, я приду. /你只要说一声，我马上就来。

▶Скребясь душой как только мог, Гарун ступил через порог. (Лермонтов) /哈伦刚一克制自己，就迈过了门槛。

▶Только бы не война. /但愿不要打仗。

▶Только бы он остался жив. /但愿他还活着。

▶Только бы поспеть к поезду. /要能赶上火车就好了。

▶Только я вошел, как началось чтение. /我刚进来，读书会就

开始了。

在词典释义中，только 有副词，连接词和语气词的三种词类用法。在语气词内部也分五种类型的语气词功能：

（1）用于表达限制；与 не более чем（不多于），не ранее чем（不早于），всего лишь（一共就）意义相符。

（2）用于集合内进行限制性选择；与 исключительно（仅仅），единственно（唯一）意义相符。

（3）用于强调某事完成程度（置于疑问代词、关系代词和代副词后）。

（4）用于指示受起始阶段限制的标志或行为出现的程度不深，与 едва（勉强）意义相符。

（5）用于指示与所指示事物的某些不符之处，与 почти（几乎）的意义相符。

Толковый словарь Ушакова 词条释义[①]：

ТО́ЛЬКО（只）

①副词，限定副词。用于数词（也用于省略的"一"），与"всего（一共）"连用或者不与之连用，表达"не больше, чем...（不多于……）"、"，как раз（正好）"。

［1］За всё время, пока я живу на этом свете, мне было страшно только три раза. / 我在世间的所有时间里，只害怕过三次。（契诃夫）

［2］Отвечайте мне коротко и искренно на один только вопрос. / 只需简短坦诚地回答我一个问题。（冈察洛夫）

［3］Мне бы только рублей двести, или хоть даже и меньше. / 我只需要大概二百卢布，或者甚至更少也行。（果戈理）

［4］Он нажил только дом один, но дом пятиэтажный. / 他只

---

① Толковый словарь русского языка: В 4 т. / Под ред. Д. Н. Ушакова. Т. 1. М., 1935; Т. 2. М., 1938; Т. 3. М., 1939; Т. 4. М., 1940.（Переиздавался в 1947–1948 гг.）；Репринтное издание: М., 1995; М., 2000.

挣得了一栋房子，但房子是五层的。（涅克拉索夫）

［5］Это стóит（всего）только（один）рубль. ／这只（一共）值一卢布。

②副词，与任何词连用都相同，与"всего（一共）"连用或者不与之连用，表达"исключительно（仅仅）、единственно（唯一）"，即ничего другого（не делает，не сделал），кроме（указанного данным глаголом）［没（做）别的，除了（该动词指代的事物）］; ; никто другой（没别人），ничто другое（没别的），кроме（указанного предмета）［除了（指代的事物）］；никаким другим способом（没别的方法），ни в какое иное время（没别的时候），等等。

［1］Петр Алексеевич только похохатывал. ／彼得·阿列克谢耶维奇只是不时笑几声哈哈大笑起来。（阿·托尔斯泰）

［2］Сидели только, кроме меня, Крафт и Васин. ／除了我，只有克拉夫特和瓦辛坐过。（陀思妥耶夫斯基）

［3］Я говорю только о том, что не удивляюсь вашему охлаждению к общему делу. ／我只是说我并不惊讶于您漠然处世的态度。（屠格涅夫）

［4］Ведь я так только… взгляну, как у них там, в беседке. ／要知道我就只瞧瞧看亭子里他们怎么样了。（冈察洛夫）

［5］Нам остается только выжидать, как обернутся события. Н. Островский. ／我们能做的只有等情势扭转过来。（奥斯特洛夫斯基）

［6］Он… хотел что-то сказать в ответ на мой взгляд, но только тяжело вздохнул. ／他……想就我的看法说点什么，但却只是长叹了一声。（列·托尔斯泰）

［7］Нежданов ни слова не промолвил и только сбоку посмотрел на свою странную собеседницу. ／涅日丹诺夫什么话也没说，只是从侧面看了看这个奇怪的交谈者。（屠格涅夫）

［8］Только бы мне узнать, что он такое. ／我只想知道他怎么

样。(果戈理)

— Только бы жить, жить и жить! Как бы ни жить — только жить! /只要活着，活着，活着！不管怎么样——只要活着就好！(陀思妥耶夫斯基)

[9] Дайте только поездить по уезду, поразузнать. Чехов. /只让我遍访乡县即可，挨个打听清楚。(契诃夫)

[10] Как бы страстно я ни любил женщину, но если она мне даст только почувствовать, что я должен изменить своему общественному долгу — прости любовь. Она села подле него, поглядела на него пристально, как только умеют глядеть иногда женщины. /无论我多么爱一个女人，只要她让我觉得我得违背自己的社会义务——那么我只能舍弃爱情了。她坐在他旁边，用只有女人偶尔才有的眼神凝望着他。(冈察洛夫)

[11] Слег — и встал на ноги разве только за день до скончания. Некрасов. /躺下了——只在去世前一天才起来。(涅克拉索夫)

[12] Эта мысль только теперь пришла ему в голову. Тургенев. /他现在才想到这个主意。(屠格涅夫)

[13] И только поздно вечером в деревню прибрели. /他们深夜才到村子。(涅克拉索夫)

[14] Всего только вчера я с ним виделся. /我昨天才和他见第一面。

[15] Он только через год кончит свою работу. /他只有一年后才能做完自己的工作。

③副词。与"еще（才）"连用或者不与之连用，表示行为、现象对开始、之前时刻的限制，表示 еще（还）、пока еще（还）。

[1] Это только начало. /这才刚开始。

[2] Они все еще только раскачиваются. /他们才刚行动起来。

[3] События только развертываются. 故事才刚开始。

［4］Это только ягодки, цветочки будут впереди. ／好戏还在后头（谚语）

［5］Все давно уже за работой, а он только（еще）одевается. ／别人早就上班去了，他还在穿衣服。

［6］Только семь недель, как он принял полк. ／他接团才七周。（列·托尔斯泰）

④连词。与连词 как，лишь，едва 连用构成同义的复合连词。

［1］Лишь только ночь своим покровом верхи Кавказа осенит, лишь только мир, волшебным словом завороженный, замолчит... к тебе я стану прилетать. ／夜色刚刚地用它的帷幔／把那高加索的群山掩盖／魅惑于神奇咒语的世界／黄昏时刚刚静了下来……我便向着你的闺房飞来（莱蒙托夫——余振译）

［2］Как только раздавался звонок, он бросался опрометью и подавал учителю прежде всех треух. ／铃声刚一响起，他就飞快地跑向老师，抢先把带护耳的棉帽递给了他。（果戈理）

［3］Едва только сойдет снег, начинается пахота. ／雪刚融化，就开始耕作了。

⑤连词，连接时间或条件从句，表达 сейчас же, как...（马上），сразу после того, как...（立刻），в тот момент, как...（一……就……）的意思。

［1］Только станет смеркаться немножко, буду ждать, не дрогнет ли звонок. ／天一擦黑，我就等着看铃动不动。（费特）

［2］И только небо засветилось, всё шумно вдруг зашевелилось. ／Лермонтов.

［3］Только позовешь, я приду. ／天一亮，一切就突然热闹起来。（莱蒙托夫）

［4］Только посмей это сделать, тогда узнаешь. ／你要是敢这

第三章 汉俄语焦点副词（逻辑语气词）的实证分析　　113

么做，你就会知道厉害。

⑥转折连接词，用于连接并列复合句，表达 но（不过）、однако（然而）、но при условии（在……条件下）。

　　[1] — Ну, хорошо. Отнеси только наперед это письмо. ／那好吧，只要事先把信送去就好。（果戈理）

　　[2] Он довольно забавен — только надо его подпоить. ／他相当有趣——不过需要灌醉他才可以看到。（屠格涅夫）

　　[3] Я согласен, только подожди еще дня два. ／我同意，不过请再等两天。

　　[4] Я, пожалуй, пойду, страшно только. ／我还是去吧，就是有点怕。

|| 用于连词 а, но, да 后强调其转折意义。《Да только те цветы совсем не то, что ты.》"但那些花儿完全不是你说的那种"（克雷洛夫）《— Ах, милашка! -Но только какое тонкое обращение!》"哎，小可爱！只不过这是多么委婉的称呼啊！"（果戈理）

⑦语气词。与语气词"бы"或者"б"在句中连用，表达愿望（对比第六个意义）。

　　[1] Рад от всего отступиться, только бы он унялся. ／只要他安静下来，我什么都愿意让步。（奥斯特洛夫斯基）

　　[2] Только б он был жив! ／只要他还活着！

　　[3] Только бы добраться поскорее до дому. ／只要能尽快到家。

⑧语气词。在疑问代词和疑问代副词后使用，加强其语气和表达力度。《Да уж и отчитала его, друга милого! Дивлюсь, откуда только у меня слова брались.》我已经责备过我亲爱的朋友了！我很惊讶，我那些话怎么说出口的。（奥斯特洛夫斯基）

Кто только мог все это натворить! 还有谁会做出这种事! Зачем только я ему сказал это! 凭什么非要我告诉他这件事!

11 修辞性疑问句否定时同理。

Где только он не бывал — и на Кавказе, и на Урале, и в Крыму, и в Сибири! Каких только книг он не читал!《Руда, уголь, нефть, хлеб — чего только нет на Урале!》Сталин. 高加索、乌拉尔、克里米亚、西伯利亚——他哪儿没去过啊! 他什么书没读过啊! "矿石、煤炭、石油、粮食——乌拉尔什么没有啊!"（斯大林）

Толковый словарь С. И. Ожегова и Н. Ю. Шведовой 词条释义

ТО́ЛЬКО① (只) 1. 语气词，表示限制：不多于某量，不是别的，就是……Вещь стоит т. (всего т.) тысячу. 东西只值（一共只）一千卢布。Он т. взглянул. 他只看了看。Этот. начало. 这只是开始。Т. его и видели（眨眼就不见了）（稍纵即逝；口）

2. 语气词，表示限制，集合中的选择，唯一，仅仅。Т. в деревне отдыхаю. 我只在乡下休息 Т. ты меня жалеешь. 只有你可怜我。

3. 连词。连接时间状语或者时间条件状语从句，表达在……的时候，一……就…… Т. позовешь, я приду. 只要你叫我，我就来。Все сделаю, т. попроси. 我全都照做，你只说就是。

4. 连词。然而，但是。Согласен ехать, т. не сейчас. 我去，只不过不是现在。

5. 连词。在……的条件下，如果。Все сделаю, т. не сердись. 我全都照做，只要你别生气就好。

6. 语气词。用于表达强调（一般置于代词性词语之后）。Подумать т., уже год прошел! 只是想了想，一年就过去了! Зачем т. я сюда приехал. 为什么只有我来了这里。

7. нареч. Непосредственно перед чем-н.; совсем недавно. Ты давно дома? -Да т. вошел. 副词。直接在某事之前; 不久前。Ты давно дома? -Да т. вошел. 你回来很久了? -对，不久前回来的。

通过详解词典词条的分析发现，俄罗斯对于только 做焦点敏感算

---

① Ожегов С. И., Шведова Н. Ю. 1992. Толковый словарь русского языка. М.: Издательство "АЗЪ".

子时到底是副词还是语气词，也会发生混淆。究竟哪一个义项是具备焦点敏感功能，哪些义项完全不具备焦点敏感功能，学界尚未统一。所以，博氏指出焦点激发选项集合对作为算子的 только 语义至关重要，忽视了集合选项这个语义必要参与者，在确定 только 为焦点敏感算子环节就会产生偏差。而莫斯科语义学派已有的语义逻辑公式并没有把集合配价纳入公式作为变元：P только Q ='P$_Q$&¬（∃$_x$）[x≠Q & P$_X$]'，该公式下的算子 только 为二元谓词，集合配价没包含在内。博氏提出，有必要来论证集合配价作为第三个配价的必要性。

二 逻辑语气词 только 的配价分析

对于语气词 только 来讲，Мельчук 梅里丘克已经尝试加工过其形式化的语义结构，但存在漏洞，很多语言现象无法在该逻辑式中得到还原。

莫斯科语义学派著名学者 И. А. Мельчук 给出一个逻辑公式表示含有逻辑词 только 句子的语义[①]：P только Q ='P$_Q$&¬（∃$_x$）[x≠Q & P$_X$]'［P$_X$是带有变量 X 的 P 的表达式，P$_Q$是将 Q 带入公式之后的表达式。这里∃是存在量词，∃x：P（x）意味着有至少一个 x 使 P（x）为真。符号¬表示否定，当一个命题 P 被否定后变为¬P，在逻辑上意味着改变了命题的真值，如 P 为真，¬P 为假，P 为假，¬P 为真］。

该公式清晰表明 только 为二价语气词，析出条件和析出对象为情境必要参与者。该公式与 L. Horn（1969）提出预设—断言两分法规则类似。Horn 提出的语义规则为：

"Only combining with the structured meaning < R, α$_1$...α$_k$> yields the assertion ∀x$_1$...x$_k$ [R（x$_1$...x$_k$）]. 当 only 跟语义结构< R, α$_1$...α$_k$>结合时，就产生出一个陈述：∀x$_1$...x$_k$ [R（x$_1$...x$_k$）→< x$_1$...x$_k$>=< α$_1$...α$_k$>] 和一个预设：[R（α$_1$...α$_k$）]"[②]。Horn 把有 only 的句子的语义分成两部分：预设和断言。他认为 only 的预设是基本命题，是通过

[①] Мельчук И. А. 1999. Опыт теории лингвистический моделей 《Смысл ⇔ Текст》. М.：Языки русской культуры.

[②] Horn. L, "A presuppositional theory of Only and Even" In：Papers from 5th Regional Meeting of the Chicago Linguistic Society, Chicago, Ill.：University of Chicago, 1969, p. 98.

去除句子中的算子获得的，断言是含有该词项补集的命题的否定。如下：

Only（x=a，F（x））

a. Presupposition：F（x）

b. Assertion：（∃y）（y≠x&F（y））

Horn 认为预设和断言分别为 только 语义的两个论元，только 为二元谓词。两个论元分别是 x（x=a）和 F（x），x 就是 only 关联的对象，以变量的形式表示，变量赋值为 a，a 即句子中 only 作用之上的词项，该词项为实义焦点。F（x）是以函项形式表达的命题，该命题为句子的预设，其中 x 赋值为 a，也就是句子去除焦点算子的部分。而断言则是对含有该（焦点）词项补集的命题的否定，焦点补集以由焦点激发的选项集合为全集，在该集合中去除焦点这个元素得到了焦点补集①。例如：Мальчик съел только персик. / 小男孩儿只吃了桃子。

Only（x=a，F（x））

c. Presupposition：F（x）съел（мальчик，персик）

d. Assertion：~（∃y）（y≠персик & съел（мальчик，y））

博氏运用梅里丘克和 Horn 的二价逻辑式转写带有 только 的句子，可以得出句子的语义公式：

［［3a］］Мальчик съел только персик. = ［［3a］′］'мальчик съел персик & ¬（∃x）［x≠（этот персик &（этот）мальчик съел x］'

将语义结构中的逻辑符号用自然语言转写后，［［3a］′］的语义结构为：'мальчик съел персик，и не существует объекта x，отличного от（этого）персика，такого，что（этот）мальчик его съел'/ 小男孩吃掉了桃子，且不存在对象 x，与该桃子不同，也是小男孩吃掉的。

该公式里将 только 紧邻的成分判定为 Q，同时 Q 为满足 Px 的唯一对象。在俄语中 только 一般紧邻焦点成分，那么紧邻焦点成分为单个词语时，比较好判断。当焦点成分为词组时，基于词组之间的固定搭配关系对词序的约束，только 紧邻成分就未必是焦点成分。博氏找到了类似的例证：［3c］Федору понравился только итальянский фильм/ 费奥多尔只喜欢意大利电影。

---

① 殷何辉：《焦点敏感算子"只"的语义研究》，中国出版集团公司 2017 年版，第 96 页。

该句可以有两种阐释模式：句子重读 итальянский：① единственный，фильм，который понравился Фёдору，-это итальянский/费奥多尔唯一喜欢的电影，是意大利电影；句子重读 итальянский фильм：② единственное，что понравилось Фёдору，-это итальянский фильм/费奥多尔唯一喜欢的事物，是意大利电影。

如果运用二价逻辑式对该句进行描述，并根据相邻原则认定 итальянский 为重读，那么，在二价语义模式之下该句只有一种释义。[3c] Федору понравился только итальянский фильм = кроме итальянского фильма，не существует никакого фильма，который понравился Фёдору/除了意大利电影，不存在其他电影，是费奥多尔喜欢的。

二价模式下的语义公式：[3c] Федору понравился только итальянский фильм = '...¬（∃x）[x≠итальянский & Фёдору понравился x-овый фильм]'

依照该语义公式，我们可以在变项 x 中加入不同的形容词。这些形容词说明的电影类型，都被逻辑语气词 только 排除在外。例如：

Фёдор понравился японский фильм./费奥多尔喜欢日本电影。

Фёдор понравился детективный фильм./费奥多尔喜欢侦探电影。

事实上，在该句中，被排除的电影类型是依据拍摄国家这个条件来判定的，除了意大利拍摄的电影外，其他国家的电影都被排除在外。而意大利拍摄的所有类型电影都没被排除在外，所以 x-овый 这个变项就要加入条件限制才能准确表达句子的语义，这个条件限制要被写入公式。[3c] Федору понравился только итальянский фильм = ' ¬（∃x）∈{фильмы}[x≠итальянский & Фёдору понравился x]'

再如，Только наблюдательный писатель может точно описать внешность героев，их поступки，показать быт，нравы./只有善于观察的作家才能准确描绘出人物的外貌、行为，展示其日常生活和风俗。

该句依据句子重音的变换也呈现两种语义模式：

重音落在 наблюдательный = 'никакой другой писатель（т.е. не являющийся наблюдательным）не может точно описать внешность героев...'/不存在具备其他能力的作家（除善于观察的作家）可以准确描绘人物的外貌、行为等。

运用二价语义模式来做语义阐释为：P только Q ='P_Q & ¬（∃_x）[x ≠ Q & P_x]'='P = может точно описать внешность героев... Q = наблюдательный писатель'。

重音落在 только ='писатель, являющийся наблюдательным и не обладающий другими（возможно, более важными）свойствами, может точно описать внешность героев...'/作家，只要善于观察的作家且不拥有其他方面的特征（可能更重要的），就可以准确描绘人物的外貌，（而对于人物内心世界等更高层次的描写，就不够了。）

运用 только 的二价语义模式是只能生成一种语义的，在实际语言运用中可能出现的第二种语义无法在逻辑式中得到表达。按照二价语义模式的规则，配价 Q 一般是紧邻 только 的词汇单位。但是在实际语言运用中，很多情况下并不如此。例如：

Будучи только наблюдательным, писатель может прекрасно описать внешность героев, их поступки, показать быт, нравы, но для раскрытия внутреннего мира своих персонажей, для объяснения их поступков нужно нечто иное（И. Эренбург）/ 只是善于观察的话，作家可以出色地描绘出人物的外貌、行为，展示其日常生活和风俗，但要展开笔下人物的内心世界，阐释人物的行为还需要一些其他的。

Л. Толстой говорил, что задача его сделать эту женщину только жалкой и невиноватой./列·托尔斯泰曾说，他的任务是把这个女人描写得无辜可怜。

только 两种语义的根本差别在于焦点激发选项的不同，重音落在 наблюдатель 时，焦点激发选项集合为"作家集合"，从该集合中析出"有观察力的作家"；重音落在 только 时，为"作家所需能力集合"，从该集合中析出"具备观察能力"。

基于二元谓词逻辑式存在盲点，博氏写出更为直观和清晰的三价逻辑式，认为选项集合是 только 的语义必备要素。在提出观点后，博氏运用俄语中的同义形容词 единственный 旁证 только 三价的正确性。

在运用形容词旁证语气词的配价结构之前，首先需要论证两者语义完全或几乎一致。比如：Меня понял только отец. = Единственный, кто меня понял, это отец. 两个词语表达同样的语义。Единственный

的语义为三价则 только 为三价，единственный 为二价则 только 也为二价。[3c] Фёдору понравился только итальянский фильм = Единственный фильм, который понравился Фёдору, -- это итальянский = единственный R, который P, -это Q. 该语义模式下，三个配价缺一不可，无论去掉哪个配价，"唯一、仅有"的语义都无法得到表达。如：新配价 R 为 фильм，若去掉该配价则语义随之变化为：единственный, который понравился Фёдору, -- это итальянский/唯一的，费奥多尔喜欢上的，是意大利的。同时从句法角度来讲，фильм 是形容词 единственный 直接相关的名词，不可或缺。

在寻找到同义形容词的基础之上，博氏总结出 единственный 的几种语法环境：

1. 形容词可以直接从属名词，完成定语的角色，这样的定语可以是简单定语（4a）、(4b)，也可以为描述性定语（4b）。

[4a] единственная продавщица /唯一的女售货员

[4b] единственная присутствовавшая продавщица /唯一来过的女售货员

[4c] единственная продавщица, которая была на месте. /唯一来上过班的女售货员

2. 形容词可以通过前置词 из 和 среди 从属于名词，组成析取结构。

[5a] А. Чубайс - единственный из экономистов гайдаровского призыва. Оставшийся у государственного кормила (из газет). /安·丘拜斯是唯一一位还掌权的盖达尔派经济学家。(选自报刊)

[5b] Видите ли, вы единственный из моих работников, кто бывал у меня дома. / 要知道，您是我雇工中唯一一位来过我家的。

[5c] Ты единственный из моих знакомых американцев..., которого я впервые вижу в Риме. /你是我认识的美国人中，唯一一位第一次在罗马见到的。

[5d] Это единственный из прежних знакомых Фредерика,

которых я знаю. /这是唯一一位我认识的、弗雷德里克的旧相识。

［5e］И он - единственный из этой четвёрки, кто пока еще жив. /而他是这个四人组中唯一还活着的。

［5f］Единственный из мужчин, кому позволено здесь жить, это император. /唯一能在这住的男人是皇帝。

［5g］Я единственный ребенок единственный из всей нашей деревни, кто поступил в институт. /我是全村唯一一个考上大学的孩子。

3. 形容词和名词可以通过系词或半系词共同从属于动词，在其中包括零系词的情况：

［6a］Телефон оказался единственным во всем доме. /这原来是整个房子里唯一的一部电话。

［6b］Единственным исключением из этого правила является глагол БЫТЬ. /该规则唯一的例外就是动词 БЫТЬ。

［6c］Научный эксперимент считается единственным надёжным способом установить истину. /科学实验是检验真理的唯一可靠方法。

在此基础之上，博氏找出形容词 единственный 配价结构最为明了、直观的释义结构类型①：

---

① 可以构成该结构的俄语形容词数量并不多，主要分为三类。1. 形容词单数阳性形式—всякий, единственный, каждый, первый, последний, следующий 等。它们是可以搭配关系从句的形容词，发挥名词化词语的作用，并以阳性单数原级形式出现。譬如：Всякий, кто жил в Италии, знает..., Первый, у кого сдадут нервы, выходит из игры. 2. 形容词的单数中性形式— главное, единственное, основное, первое, последнее 等。它们是可以搭配关系从句的形容词，发挥名词化词语的作用，以中性单数原级的形式出现。譬如：Основное, не чем правительство решило сосредоточить свои усилия, это финансовая стабилизация. 3. 形容词单数最高级形式—: важнейшее, лучшее, худшее, самое умное 等。它们是可以搭配关系从句形容词，发挥名词化词语的作用，并以中性最高级形式呈现，例如：Лучшее, на что он способен <самое умное, что он мог придумать>, это не прийти на собрание.

[7a] Единственным городом, в котором Иисус учил беспрепятственно, была Вифсаида = 'Вифсаида была городом, в котором Иисус учил беспрепятственно; среди городов нет другого города, в котором бы Иисус учил беспрепятственно'

[7b] Единственный, кто меня понял, был отец.
Единственный, кто может нам помочь, -это отец.

[7c] Единственное, чем отличаются условия в эксперименте с обонянием-это время поступления воздуха в каждую ноздрю./嗅觉实验唯一特殊的条件, 是空气进入每个鼻孔的时间。

[7d] Единственное, что я позволил себе сказать, казалось композиции работы./我唯一要说的似乎是作品的结构。

[7e] Единственный, чей след не удалось поймать, это след Варенухи (Булгаков)/唯一无法追踪的是瓦列努哈的踪迹。(布尔加科夫)

[7f] Единственное, о чем она мечтает, это море <о море>./她唯一向往的是大海。

[7g] Единственное, на что вы можете рассчитывать, это льготный кредит <на льготный кредит>./您唯一可以指望的是优惠贷款。

[7h] Единственное, с чем я не согласен, это утверждение о том, что...<с утверждением о том, что...>./我唯一不同意的是关于……的论述。

[7i] Единственное, в чем я отдаю себе полный отчет, -это свои симпатии и антипатии <в своих симпатиях и антипатиях>, а почему они возникли, как складывались, да и справедливы ли они в конце концов, убейте, сказать не могу./我唯一完全了解的是自己的好恶, 而它们产生的原因、方式, 甚至它们最终是否公正, 我死也说不出来。

[7j] Единственное, зачем сюда приходят, это кофе с ликером《какао-шуа》<ради кофе с ликером>, -объявил Вадим с видом ресторанного завсегдатая (Рыбаков)./大家来这儿唯一的原

因是咖啡甜酒"Cacao-Choix",瓦季姆一副饭店常客的样子解释道。(雷巴科夫)

该句型结构下,形容词 единственный 的配价数量和题元内容都很清晰。形容词 единственный 为三价形容词,配价结构逻辑式表达为:Q есть единственный R, который P = 'Q есть R, который P; среди R нет ничего, отличного от (этого) Q, что бы P'.

从句型推导配价结构需要考虑两个层面的题元填充,一是与语义配价相对应的句法题元;二是副题元,副题元不是语义必要参与者,是可选题元。于是,在这个配价结构整齐的结构中的,配价 R 可能是题元,也可能为副题元。博氏指出,配价 R 的题元类型有三种:

(1) единственный 所修饰的静词性词群;

(2) 由 Из 和 среди 引导的选择性词群;единственный среди нас юрист = 'среди нас нет другого юриста'; единственное кардинальное средство = 'среди средств нет другого кардинального средства';

(3) 方位词群。единственный в купе пассажир = 'пассажир находящийся в купе, такой, что в купе нет другого пассажира' = '...такой, что в купе [R] нет другого x, являющегося пассажиром [P]'。

必须要指出的是,这三种方式出现的集合 R 分别代表不同的意义。如果在(1)—(2)中,成分 Q 和 R 之间的关系是"成分—集合"的关系,(единственный среди нас юрист = 'среди нас нет другого юриста'; единственное кардинальное средство = 'среди средств нет другого кардинального средства'),那么在(3)的情况下,传递的是客观的位置关系(единственный в купе пассажир = 'в купе нет других пассажиров'; единственное в модели противоречие = 'в модели нет других противоречий')。

还存在更为复杂的配价 R 的填充模式。当句子同时表达(1)—(2)的意义,既带有"集合成员"的意义,又表达方位时:

[8] Пьемонт был единственным государством в Италии, сохранившим свою конституцию 'среди государств, находящихся в

Италии, не было другого государства, сохранившего свою конституцию'.

尤其需要强调的是，在配价 P 和 R 之间没有明晰的界限。逻辑上（但不是语言学上）他们很容易换位。例［9a］和例［9b］表达的是同一个人，但是配价关系却完全不同：

［9a］единственный в Швеции［R］кавказовед［P］. = 'в Швеции нет других кавказоведов'

［9b］единственный шведский［P］кавказовед［R］= 'среди кавказоведов нет других шведов'

针对上述例句，三价语义结构能够精确描写出因重读而产生的语义差别：［3c］Фёдору понравился только итальянский фильм = Единственный фильм, который понравился Фёдору, －－ это итальянский = единственный R, который P, -это Q. 重读在"итальянский"时：(1) = '¬ (∃x) ∈ {фильмы}[x≠итальянский & Фёдору понравился x]'；重读在"итальянский фильм"时：(2) = '¬ (∃x) ∈ {U[①]}[x≠итальянский фильм & Фёдору понравился x]'。两个逻辑式选项集合内容完全不同，(1) 是从电影中析出符合"费奥多尔喜欢"条件的唯一事物——意大利电影。(2) 是从说话语境中可以涉及的任何事物析出符合"费奥多尔喜欢"条件的唯一事物——意大利电影。两者语义差别的根本原因在于选项集合的不同。

博氏尝试加入焦点激发选项，作为第三个变项 R 加入逻辑式中，三价公式为：только (Q, R, P,) = '¬ (∃x ∈ {R}) [x≠Q&Px]' (Богуславский 1985：88)。语义转写后为：только (P, Q, R) = 'среди элементов множества R ни один, отличный от Q, не обладает свойством P'（在集合 R 的成分中，没有任何一个其他成分拥有属性

[①] 符号 U 表示没有特定的集合名称，指听说双方可以从语境中推导出的一个集合。

P，仅成分 Q 具备 P 属性)①。并还原了例 [3a] 的完整形式：Из всего, что можно было съесть, мальчик съел только персик/在所有小男孩能吃的东西中，他只吃光了桃子。

博氏指出，两个公式的区别不仅在于配价数量的增加，而是原有二价公式中的 Px 不应该是 только 的一个语义成分，Px 代表的是上下文语境，在公式中很难确认取值范围，作为一个整体不适宜写入逻辑公式中。

博氏还指出，三个配价的辖域不同，句子语义则不同。因配价辖域造成的歧义现象在俄语中不少见。再如：

Мне известна тема выступления только английского посла.

① 'среди всех послов выделяется английский посол, тема выступления которого мне известна';/在所有的大使中，只有英国大使的发言题目是我熟悉的。

② 'среди выступлений послов выделяется выступление английского посла, тема которого мне известна';/在所有的大使发言中，只有英国大使的发言题目是我熟悉的。

③ 'среди всех тем выступлений послов выделяется тема выступления английского посла, которая мне известна';/在所有的大使发言题目中，只有英国大使的发言题目是我熟悉的。

这样，"只"在句子中和焦点关联的主要语义作用就是使句子在基本命题之外，还增加了对选项集合中的成员的性质判断。不同算子的语义不同主要表现在对与焦点所激发的选项集中其他成员性质判断上②。

焦点激发选项集合句法辖域：$СД_R^{синт} = Ф$

焦点激发选项的判断要依赖语境，也依赖于逻辑推衍，在很多情况下，也依据语义场进行判断。从语义场的角度来看，焦点和它的选项应该在同一个层级的语义场中，是属于同一个上位概念的下位概念，选项之间不能是上下位概念，焦点敏感算子"только"和焦点相关联的语义作用除了确定句子的基本命题之外，还对焦点激发的选项集合中的成员

---

① Богуславский И. М. 1996. Сфера действия лексических единиц. М.：Школа《Языки русской культуры》.
② 殷何辉:《焦点敏感算子"只"的语义研究》，中国出版集团公司 2017 年版，第 98 页。

进行判断。也就是说，算子用来确定这个选项集合中的成员哪些能够使相关的语句函项取真值。在具体话语语境下，选项集合的成员判定往往不一定遵循语义场的上下位概念，而只能单纯依靠上下文和逻辑关系来进行加工判断。

基于三价语义结构式，在对例［3a］Мальчик съел только персик 进行分析时会遇到一个新的问题：该句中没有集合R的显性表达，需要找到该语境下的集合R。如果认为，例［3a］中集合R是男孩儿可以吃掉的所有东西的集合，那么在句［3］Мальчик выпил только компот 中的集合也是男孩儿可以喝完的所有东西。在这种情况下，例［3a］的语义结构呈现为：

［3a］'мальчик съел персик & ¬ (∃x ∈ U) [x ≠ персик & мальчик съел x]'.

［3］'мальчик выпил компот & ¬ (∃x ∈ U) [x ≠ персик & мальчик выпил x]'.

从语义的角度，我们可以轻松理解两个集合的差别，съел 和 выпил 对集合成员的限制，能够在该逻辑式中得到表达吗？可以进入到集合R的对象，如何结合语境挑选出集合R的成员，这是难点。这种情况不同于例［3b］，例［3b］可以在句子语义范畴内加工出集合R的内容：[из всех частей речи] только существительные обладают классифицирующей категорией рода.

［3b］'... ¬ (∃x ∈ {все части речи}) [x ≠ существительное & x обладает классифицирующей категорией рода].'

在这种情况下，所以博氏在逻辑式中增加了一个U的集合，这个集合是只有说话人和听话人在该语境下有共识的一个对象集合，是无法根据句子字面语义加工出的集合R。博氏期待能够通过进一步的语义分解，在深入研究之后，写出有更多限制条件的语义表达式。

焦点激发选项集合句法辖域：$СД_R^{синт} ≠ Ф$

[3е] Даша не могла ни присесть, ни лечь, только ходила, ходила, ходила от окна к двери (А. Толстой). /达莎坐立不安，只能在门窗间走来走去。

[3е] = '... ¬ (∃x ∈ {Даша делает нечто}) [x ≠ Даша ходила от окна к двери & имеет место x] .'

该句中 $СД_R^{синт} ≠ Ф$，选项集合配价显性表现在句法结构中，是指达莎在该语境下可能做的所有行为的集合。

再如：Только самые грамотные из нас смогли ответить на все эти вопросы. /我们当中唯有最内行的才能回答出这所有的问题。

[$СД_P^{синт}$ = x смог ответить на все эти вопросы; $СД_Q^{синт}$ = самые грамотные из нас; $СД_R^{синт}$ = из нас]

Среди всех его друзей, родственников, знакомых мне нравится только Алексей. /在他所有的亲朋好友和熟人中，我只喜欢阿列克谢。

[$СД_P^{синт}$ = мне нравится x; $СД_Q^{синт}$ = Алексей; $СД_R^{синт}$ = среди его друзей, родственников, знакомых]

Из всех нас ему только с ней и хотелось повидаться (М. Пруст) /.
[$СД_P^{синт}$ = ему хотелось повидаться с x-ом; $СД_Q^{синт}$ = она; $СД_R^{синт}$ = из всех нас] /我们所有人当中只有她是他想见的。

焦点激发选项集合这个概念，汉语学界普遍认为是 Mats Rooth (1985) 在其博士论文《焦点的关联现象》(Association with Focus) 中正式提出的概念。在其博士论文中，Rooth 提到："At an intuitive level, we think of the focus semantic value of a sentence is a set of alternatives from which the ordinary semantic value is drawn, or a set of propositions which potentially contrast with the ordinary semantic value"[1]。其中，a set of alternative（选项集合）概念就是指的一组与焦点成分具有潜在的对比关系的选项集，焦点成分也处于该选项集中，并通过对比关系中得到唯一取值。之后，1992 年发表的《有关解释的理论》(A theory of Focus Interpretation)、1995 年发表的名为《焦点 (Focus)》的论文，系统全面

---

[1] Rooth Mats, 1985. *Association with focus*, Ph. D. Dissertation, Amherst: University of Massachusetts, 1985, pp. 276-277.

地阐释了 Rooth 的焦点选项语义论。Rooth 选项语义学的基本思想为，"焦点的作用是为句子引入一个可替换焦点成分的选项集合。每个焦点句都有两个不同的模型语义解释，其中之一是普通语义值，用符号 $[S]^0$ 表示，另一个是焦点语义值，用符号 $[S]^f$ 表示，前者是一个命题，而后者是一个命题集合。前者是后者中的一个元素。"[1]

1985 年博氏在著作《逻辑词的辖域：句法语义研究》中正式提出焦点激发选项集合并论证其作为语义配价的必要性。博氏认为，焦点的功能是引出一组选项集合，是对应于对比焦点所产生的选项集合，这个集合中的成员由语境和相关性决定。博氏（1996）在《词汇单位的辖域》一书指出，他的选项集合理念与 Rooth（1985）在其博士论文中提出的选项语义学不谋而合。

博氏不仅从理论层面提出重视选项集合的存在，而且将选项集合作为焦点副词语义的题元写入了逻辑表达式之内。博氏和 Rooth 是同时期发现了焦点选项集合的重要性，直接将其纳入配价结构之中并写出了语义表达式，在对 только 的语义分析中，每一个例证都结合语境对集合配价进行具体分析，博氏不仅提出了理念，也提出了具体分析的方法论。Rooth 选项语义学的基本思想很快被东西方很多学者接受并被广泛应用到焦点敏感算子的形式化语义分析、析取结构、量词辖域等方面。遗憾的是同时期的博氏辖域观并未得到西方学者的同步关注。在出版的各种选项语义学介绍的专著和论文中，关于俄罗斯学者在选项理论方面的贡献都未被提及。

基于集合概念的必要性，König（1991）在 Horn（1969）、Jackendoff（1972）和 Rooth（1985）等研究的基础上，提出关于焦点敏感算子和焦点的相互作用的假设：

①有焦点敏感算子的句子衍推出相应的不含敏感算子的句子。

②焦点敏感算子对句子的意义起量化作用，即它们量化由焦点激发的相关选项集合。

③焦点算子会使这些焦点所激发的选项被包括在其辖域中的开语

---

[1] 文卫平、方立：《动态意义理论》，中国社会科学出版社 2008 年版。

句①的可能取值中或被排除在它可能的取值之外。(König 1991：73②；译文引自殷何辉 2017：94③)

三 逻辑语气词 только 释义变体类型一

第一种需要进行语义释义变体的句型是指谓语动词为未完成体，并表达习惯性、多次行为的句子。俄语中的"体"是个特殊的语法范畴，未完成体表达多次行为的语义，未完成体表示的不是一个行为，是一个接一个行为的集合。所以当 только 的析出语义与未完成体的多次行为语义相互作用之后，未完成体的多次行为语义如何被赋予唯一属性？未完成体的语法语义是否参与 только 的语义辖域，如何表现在语义辖域之内，这些都是 только 与未完成体动词相关联时需要考虑的问题。

例如：[3g] Сергей приглашает к себе только Аллу. 首先，运用 И. А. Мельчук 二价释义模式转写后得出：[3g′] 'Сергей приглашает к себе Аллу'... ¬ (∃x ∈ U)[x ≠ Алла & Сергей приглашает к себе x]'. 未完成体动词作为一个整体语义参与到 $СД_р^{сем}$ 的语义辖域内，该语义逻辑式阐释为，经常被谢尔盖邀请到自己家里做客的只有阿拉一个人。语言在实际时传递的意思包括两层：1. 谢尔盖经常邀请阿拉来家里做客；2. 除阿拉之外，不仅没有其他人被经常邀请来做客，而且谢尔盖根本没有邀请过其他人来家里做客，一个也没有，一次也没有。被否定的是完成体动词行为一次没发生过，而非未完成体动词行为的多次行为的未发生。修正语义逻辑式为：[3g] Сергей приглашает к себе только Аллу. = [3g″] 'Сергей приглашает к себе Аллу & ¬ (∃x ∈ U)[x ≠ Алла & Сергей пригласил к себе x]'. 动词体的语法意义不参与辖域构成的例证，我们在语义辖域和句法辖域非同构章节已经涉及过类似的例证：

如：На лекции по философии Коля не опаздывал/哲学课上科利亚

---

① 开语句是逻辑学中的术语，指的是包含变项并且该变项未受约束的语句，用谓词逻辑式表达形如 F (x)，其中 x 是变项，需要赋值后句子才能判断真值，又叫语句函项。

② König E, *The Meaning of Focus Particles: A Comparative Perspective*, London and New York：Routledge, 1991, p.73.

③ 殷何辉：《焦点敏感算子"只"的语义研究》，中国出版集团公司 2017 年版，第 94 页。

从来没迟到过. ≈ 'всегда' + 'не опаздывал'. 否定语气词仅作用于动词 опаздывать 的词汇语义，而 опаздывал 的语法意义（多次、经常迟到）未进入否定语气词的辖域。类似的例证还有：Иван почти <практически> не ошибается в своих прогнозах/. ≈ 'всегда' + 'не ошибся в своём прогнозе'.

如果逻辑词 только 在未完成体动词的语境中忽略体的意义，仅考虑词汇语义。那么，完成体动词和未完成体动词与 только 连用时的语义则无差异。Сергей пригласил к себе только Аллу. = ［3g″］ 'Сергей пригласил к себе Аллу & ¬（∃x∈U）［x≠Алла & Сергей пригласил к себе x］' = Сергей приглашает к себе только Аллу.

有意思的是两个句子的动词体不同，句义不同，但语义结构却相同。那么要不是语义结构阐释模式有误，要么就是语义结构中差异元素未被发掘。

博氏认为，语义结构阐释模式无误，但其中有一个变项 U 是从语境中加工出的焦点激发选项集合，两者语义差别可能就在于这个集合的不同。

博氏找出更多未完成体动词例证进行分析，通过大量例证来论证这个可能性。

［10a］［Когда Иван бросает монету］. У него выпадает только решка./［伊万扔硬币时］，他掷出的只是背面。

［10b］Зоя обращалась к профессору Евгению только《на вы》./卓娅只用"您"称呼叶夫根尼教授。

［10c］Он приходит к родственникам только в полной генеральской форме./他去见亲戚时都只穿全套将军服。

将句子内谓语动词转变为完成体形式，句子便无法成立。

［11a］＊У Ивана выпала только решка.

［11b］＊Зоя обратилась к профессору Евгению только《на вы》.

［11c］＊Он пришел к родственникам только в полной генеральской форме.

未完成体动词句子无法成立的原因在于 только 的存在，如果去掉逻辑词 только 则语义变正常。

例［10a］表达出的判断为：一个硬币掉到地上，数字朝上，双头鹰朝下。我们可以假想出一个可能性：同一个钱币掉在地上会出现币值面或双头鹰。以此类推其他例证，在例［10b］句中，对某个人可以尊称"вы"，也可以不尊称"вы"。在例［10c］中他可以穿将军服也可以不穿将军服。但是如果与 только 语义相互作用之后，从多种可能性中析出唯一可能性。例如，抛硬币原则上仅存在两种可能性，不是双头鹰，就是币值。在每一次抛掷之后的结果就是两种之一。而在例［10a］中，是在一系列"双头鹰"和"币值"组合搭配的可能集合中析出"都是币值面"这一种可能。［10b］是在卓娅称呼叶甫盖尼教授的两种可能性中析出尊称为"您"这一种可能。［10c］是在他见亲戚的时候穿将军服和不穿将军服中一系列组合中析出一种组合——"都穿将军服"。

由此看来，造成完成体动词与 только 搭配的语义异常原因在于，完成体动词表示一次行为，形成一个结果，无法形成一系列行为的集合。только 要表达唯一性就必须存在一个集合作为语义必要参与者。

再来看之前的未完成体例证：Сергей пригласил к себе только Аллу. = 'Сергей приглашает Аллу' & ¬ (∃F ∈ {ситуация вида 'Сергей пригласил x', которые реализовались или реализуются в действительности} (∃x ∈ U) [x ≠ Клава & имеет место F_x]' = Сергей приглашает Аллу, и среди ситуаций вида 'Сергей пригласил x', которые реализовались или реализуются в действительности, не существует такой ситуации F, для которой нашелся бы человек x, отличный от Аллы, такой, что в ситуации F был приглашен этот человек. 谢尔盖邀请阿拉，在一系列"谢尔盖邀请x"的情景类型中，包括发生过或正在发生的，都不存在情景 F 和参与情景的人 x 符合条件"被谢尔盖邀请去做客"，除了阿拉。

对于包含谓语是未完成体形式表多次，重复含义的句子来讲，必须要引入语气词 только 的释义变体意义阐释模式：

только（P，Q，R）= ¬ （∃F$_x$ ∈ {ситуации вида P$_x$，которые реализовались или реализуются в действительности}）∃ x ∈ {R} [x≠Q & имеет место F$_x$]'.

而完成体的语义结构为：Сергей только пригласил Аллу&¬（∃$_x$ ∈ {Сергей сделал нечто}）[x ≠ Сергей пригласил Аллу & имеет место $_x$]

未完成体是从潜在出现的多种可能性中析出一组相同的连续行为，完成体是从一系列动作客体中析出某一个动作客体。两种动词体对应两种焦点激发选项集合内容。所以两句中不仅集合配价不同，析出对象配价也不同。在完成体动词例句中选项集合是指"Сергей сделал нечто"在谢尔盖做的各种行为集合中的，只有一个行为实际发生了。而在未完成体动词例句中选项集合是指谢尔盖实际邀请过或未来可能发生邀请行为的集合中产出具有唯一性的一系列行为。动体的意义造成的语义结构差异就体现在了语义结构，集合配价是消除两者歧义的关键要素。

四　逻辑语气词 только 释义变体类型二

第二种释义变体类型为，句子中存在静词性谓语，静词性谓语中部分是由数量词进行表达。这种情况要进行释义变体的原因在于，数量词中表达的数量与 только 的唯一性发生了冲突，不能简单依据标准语义式进行代入，若直接代入，"多次"和"一次"的语义冲突。

例如：

[3h] В нашей библиотеке имеются только книги по искусству, все остальные жанры полностью отсутствуют./在我们图书馆只有艺术方面的书籍，其他类书籍完全没有。= '... ¬ (∃x ∈ {книги}) [x ≠ книга по искусству & в нашей библиотеке имеется x...]'.

[3i] В нашей библиотеке много только книг по искусству, все остальные жанры представлены довольно слабо./在我们图书馆只有艺术方面书籍有很多，其他类书籍其他类别则提供得相当少。= '... ¬ (∃x ∈ {книги}) [x ≠ книга по искусству & в нашей библиотеке много x...]'.

博氏认为，在带有 много 的句子中，逻辑式中的"数量多"和"唯一性"会发生语义冲突。析出对象符合唯一性的条件为"数量多的书籍"，那么具备唯一性的对象和"满足数量多"的条件并不发生语义冲突，在逻辑式中直接将条件写为"我们图书馆有很多 x"是不正确的，而应该写为"图书馆中的 x 有很多数量"。В нашей библиотеке много только книг по искусству, все остальные жанры представлены довольно слабо. /在我们图书馆只有艺术方面书籍有很多，其他类书籍或类别则提供得相当少。= в нашей библиотеке не существует такого множества книг, отличного от множества книг по искусству, которое было бы многочисленным. 在我们图书馆不存在满足"数量很多"条件的书籍集合，除了艺术类书籍。

博氏对逻辑式进行了改造，有效避免两词语之间的语义矛盾。[3h′] 为根据标准式直接转写的结果，[3i′] 为博氏提出的修改版本。

[3h′] '... ¬ (∃x ∈ {книги}) [x ≠ книга по искусству & в нашей библиотеке много x...]'.

[3i′] '... ¬ (∃x ∈ {множество книг}) [x ≠ множество книг по искусству & x имеет много элементов]...'.

在 [3i′] 的语义逻辑式中，清楚传递出某一个书籍集合所具有的唯一特征为拥有很多子项，满足这个条件的书籍集合只有一个集合就是艺术方面的书籍集合。那么集合成员数量的众多与该集合的唯一性不发生冲突，圆满解决了语义冲突的问题。博氏成功写出该类型的逻辑变体公式：'... ¬ (∃x ∈ {множество, состоящие из R}) [x ≠ множество, состоящее из Q & x имеет P элементов].'

博氏指出，对以上两种类型语句变体逻辑式的加工过程的呈现，目的在于展现一种方法和路径，使得形式语义的研究者明确如何将特殊语言现象在已有规则上做调整；только 的形式语义分析是一个非常复杂的工程，几个逻辑式远远不能覆盖大量的特殊语言现象，我们要做的是不断探究特殊语言现象背后的规则，将非规则的语言现象纳入规则的语言描写。

五　逻辑语气词 только 句法辖域

逻辑语气词的语义分析要充分结合句法结构，语气词因自身的特殊性，词形不跟随支配关系发生变化，不受支配关系的约束，词语之间的句法练习要通过句法位置和句子重读等手段来表达。逻辑语气词的句法位置很固定，一般紧邻句子的语义焦点。换言之，только 位于题元 Q 的句法辖域之前。

在与指示代词或复合句连接词相连时，только 也可以位于指示代词之前，这种情况下指示代词重读。如：

[12] Я этого только и хотел（= только этого）/我只想要这个。

发挥指示功能的连接词也同样可以重读并位于 только 之前：Я не пришел потому́ только, что заболел（= только потому, что заболел）./我是病了才没来。

从句法角度看，только 只与配价 Q 发生句法联系，其他配价之间不发生句法联络。当然在句子重读发生变化时，配价 R 也会出现变化的情形，例如：

[13] Наша лаборатория занимается только переработкой нефти.

句子重音在 переработкой нефти：[13′] ′из всего（чем можно заниматься）лаборатория занимается только переработкой нефти′/在所有可以从事的研究中，我们实验室只提炼石油，不提炼其他物质。

句子重音在 переработкой：[13″] ′из всего, связанного с нефтью, лаборатория занимается только её переработкой′./实验室只做石油的提炼，不做其他工序。

句 [13″] 重读的词语是句 [13′] 重读词组中的主导成分，从两个语义阐释中发现，重读不同，造成集合配价 R 发生了变化，进而造成句子语义的变化。

在句法位置方面，当 только 句法上与前置词相关联时，语义辖域可能是前置词限定的名词，也可能是前置词+名词词组。例如：

[14] Я остался дома только из-за Маши/我是因为玛莎才留在家的。

这里 только 析出的对象是"玛莎"，而非"因为玛莎"。句法关系方面，только（只）直接关联的是前置词 из-за（由于、因为），但语义上不关联。如果析出对象是"玛莎"，则焦点激发选项集合是玛莎之外的其他人，意指不是为其他人，而是为了玛莎才留在家。如果析出对象是"因为玛莎"，则焦点激发选项集合为"因为玛莎""多亏玛莎""为了玛莎""关于玛莎""不因为玛莎"等，意指"因为"是选中玛莎为唯一对象的析出条件。再如：

[15] Пыль осталась только за шкафом. = '… не существует места, отличного от места за шкафом, в котором осталась бы пыль / 不存在有别于"柜子后面"的其他地点，在那里有灰尘。

только 语义关联的是前置词+名词词组组成的地点"柜子后面"，而非名词"柜子"。基于 только 的语义结构的三个配价，根据谓词词群类型以及集合配价是否为空相互组合之后，逻辑语气词 только $СД_{P、Q、R}^{синт}$ 呈现出九种句法辖域类型，并可以在语料库中找到相应的例证。九种句法辖域类型如下：

类型1、逻辑语气词 только 配价结构中，$СД_P^{синт}$ 为动词性词群，$СД_Q^{синт}$ 为与 только 紧密相连的静词性词群，$СД_Q^{синт}$ 为不带句子重音的静词性词群，$СД_R^{синт}=Ф$。例如：

[16a] Так любят только дети, и то лишь в первый раз (А. Ахматова). / 只有小孩子这么喜欢，但也仅限于第一次。

[СД$_P^{синт}$ = так любит x；СД$_Q^{синт}$ = дети；СД$_R^{синт}$ = Ф]

［16b］Всегда пребуду только тем, что есть, Пока не стану тем, чего не стало (Б. Ахмадуллина). / 未身故之存息兮, 吾将诚诚而求是。

[СД$_P^{синт}$ = всегда пребуду x-ом；СД$_Q^{синт}$ = то, что есть；СД$_R^{синт}$ = дети；СД$_R^{синт}$ = Ф]

［16c］именно это сцены представляют собой конструкционно необходимый элемент в развитии трагической повести, неуклонно движущейся к тому, что только и можно назвать моральным апофеозом. / 在悲剧不断向那可以且只能称为道德颂扬的方向发展时, 舞台便成了这个发展过程中不可或缺的结构性元素。

[СД$_P^{синт}$ = x можно назвать моральным апофеозом；СД$_Q^{синт}$ = что；СД$_R^{синт}$ = Ф]

［16d］Человек, которого только и знает биология и социология, человек, как существо природное и социальное, есть порождение мира и происходящих в мире процессов. / 只在生物学与社会学中被认知且作为自然和社会存在的人, 才是世界与世界发展进程的产物。

[СД$_P^{синт}$ = x знает биология и социология；СД$_Q^{синт}$ = которого；СД$_R^{синт}$ = Ф]

［16e］При подготовке к экзаменам мы можем пользоваться только конспектами. / 备考时我们能用的只有大纲。

例［16e］不是单义的。它既可以理解为：'мы не можем пользоваться ничем, кроме конспектов', 或者 'мы можем ограничиться конспектами', 两种意义差别产生的根源正是由于配价 P 的表达不同, 在第一种理解模式下, СД$_P^{синт}$ = мы можем пользоваться, 引导该短语的主要成分为句子的谓语, 在第二种理解模式下进入到 СД$_P^{синт}$ 的仅为动词不定式补语 пользоваться。两种理解模式的句子重读部分也不一致, 在第一种情况下, 重读为 пользоваться, 第二种重读为 можем。重读的不同尤其表现在疑问句中, 针对第二种语义的提问为：Только конспектами мы можем пользоваться? 针对第一种意义的提问为：Мы можем пользоваться только конспектами?

类型 2、только 配价结构中，$СД_P^{синт}$ 为动词性词群，$СД_Q^{синт}$ 为与 только 紧密相连的静词性词群，$СД_Q^{синт}$ 为不带句子重音的静词性词群，$СД_R^{синт} \neq \Phi$：

［17a］Только самые опытные из участников соревнований смогли выдержать этот темп. /只有最有经验的参赛者才能承受住这种速度。［$СД_P^{синт}$ = х смог выдержать этот темп；$СД_Q^{синт}$ = самые опытные из участников соревнований；$СД_R^{синт}$ = из участников соревнований］

［17b］Среди его друзей мне нравится только Коля/他的朋友里我只喜欢科利亚。［$СД_P^{синт}$ = мне нравится х；$СД_Q^{синт}$ = Коля；$СД_R^{синт}$ = среди его друзей］

［17c］Из всех нас ему только с ней и хотелось повидаться (М. Пруст). /我们所有人当中只有她是他想见的。
［$СД_P^{синт}$ = ему хотелось повидаться с х-ом；$СД_Q^{синт}$ = она；$СД_R^{синт}$ = из всех нас］

［17d］Так, как эти волосы росли, растет из трав только мята, полынь, ромашка все густое, сплошное, пружинное, и никогда не растут волосы. (М. Цветаева)［$СД_P^{синт}$ = растет х；$СД_Q^{синт}$ = мято，$СД_R^{синт}$ = из трав］. /像长出头发似的，草中只长出薄荷、艾草、洋甘菊、一切茂密的、成片的、有弹性的，而从不长出头发。

如上述例证中，针对 $СД_R^{синт}$ 的填充存在两种方式：通过析取结构［11a］和通过前置词词群 из 和 среди［17b］—［17d］。第二种方式独特之处在于：$СД_R^{синт}$ 包含成分 $СД_Q^{синт}$，而是通过析取结构的类型中 $СД_R^{синт}$ 与 $СД_Q^{синт}$ 在句中不发生句法联系。

类型 3、$СД_Q^{синт}$ 为句中非主导成分的重读静词性词组：

［18a］Быть храбрым в одиночку, отстаивать свои правоту,

поддерживаемую лишь собственным чувством справедливости, - на это способен только человек настоящей силы духа и высокого самосознания. (В. Лакцин) / 匹马一麾的勇敢、坚持只出于个人正义感的道义——这是只有拥有真正内心力量和高度自我认知的人才具有的品质。

［СД$_P$^{синт} = на это спобоен x；СД$_Q$^{синт} = человек настоящей силы духа и высокого самосознания；СД$_R$^{синт} = человек］．

［18b］Истинно мягкими могут быть только люди с твердым характером：у остальных же кажущаяся мягкость-это чаще всего просто слабость...（Ф. Ларошфуко）/ 真正温和的人只能是性格刚毅的人：其他人看似温和，实则软弱……

［СД$_P$^{синт} = истинно мягким может быть x；СД$_Q$^{синт} = люди с твердым характером；СД$_R$^{синт} = люди］．

［18c］Смысл имеет только деятельность, не противная разуму.（Л. Толстой）/ 只有符合理智的活动才是有意义的。

［СД$_P$^{синт} = смысл имеет x；СД$_Q$^{синт} = деятельность, не противная разуму；СД$_R$^{синт} = деятельность］．

［18d］Такой путь эволюции могут преодолеть только звезды, у которых массы, оставшиеся после сброса оболочки, не слишком велики. / 这种演化过程只有在那些脱去外壳后剩余质量不太大的恒星身上才能发生。

［СД$_P$^{синт} = такой путь эволюции может преодолеть x；СД$_Q$^{синт} = звезды, у которых...；СД$_R$^{синт} = звезды］．

类型4、СД$_Q$^{синт}为句中主导成分的重读名词性词组，СД$_Q$^{синт} = СД$_R$^{синт}。例如：

［19］Наша лаборатория занимается только переработкой нефти. / 我们实验室只加工石油。

［СД$_P$^{синт} = наша лаборатория занимается x-ом；СД$_Q$^{синт} = СД$_R$^{синт} = переработка нефти］

类型5、СД$_Q$^{синт}为副词性词群：

[20a] Женский смех звенел непрерывно и возбужденно, как звенит он только ранней весной (А. Куприн)./女人清脆动人的笑声不绝于耳，如同早春才有的笑声一样。

[СД$_P$^{синт} = он звенит；СД$_Q$^{синт} = СД$_R$^{синт} = ранней весной]

[20b] Только кровавой морской победой вицекороль Хуан де Кастро мог спасти португальское валычество./总督胡安·德·卡斯特罗只有靠流血海战的胜利才能拯救葡萄牙的统治。

[СД$_P$^{синт} = вицекороль Хуан де Кастро мог спасти португальское владычество；СД$_Q$^{синт} = СД$_R$^{синт} = кровавой морской победой].

[20c] Перо писателя пишет успешно только тогда, когда в чернильницу прибавлено несколько капель крови его собственного сердца (В. Одоевский)./作家要想妙笔生花，只有在墨水瓶中倾注心血。

[СД$_P$^{синт} = перо писателя пишет успешно；СД$_Q$^{синт} = тогда, когда в чернильницу прибавлено капель крови его собственного сердца；СД$_R$^{синт} = тогда, когда]

[20d] Простит обязательно, но только тогда, когда не простить нельзя, ни секундой раньше. / 原谅是必须的，但只能在不得不原谅的情况下才行。

[СД$_P$^{синт} = Простит обязательно；СД$_Q$^{синт} = когда не простить нельзя, ни секундой раньше.；СД$_R$^{синт} = тогда, когда]

[20e] В Квартире все спали, только в комнате Елизаветы Алексеевны горел свет. (Вересаев)/住宅里全都睡了，只是伊丽莎白·阿列克谢耶夫娜的房间里还亮着灯。

[СД$_P$^{синт} = горел свет；СД$_Q$^{синт} = в комнате Елизаветы Алексеевны；СД$_R$^{синт} = В Квартире]

[20f] Только в ограничении познается мастер./唯有受限，大师始成。

[СД$_P$^{синт} = познается мастер；СД$_Q$^{синт} = в ограничении；СД$_R$^{синт} = Ф]

[20g] Но мне, честно сказать, в институте нравится больше — там тоже весело, группа у нас хорошая, очень дружная, девчачья здесь нет такого жесткого контроля, то есть ты учишься только для себя, за тобой не будут бегать преподаватели, выясняя почему тебя вчера не было и требуя справки, лично я не хожу на пары, если не считаю нужным, если это не влияет на мою успеваемость — в школе я ходила регулярно. / 老实说，我更喜欢大学生活——那儿也很快乐，班级也很好，很友爱，很多小女孩，但这儿没有那么严格的管束，也就是说你只为自己而学，没有老师会追着你跑，问你为什么昨天没来，找你要证明，如果我个人觉得没必要上课，而且不会影响我成绩的话，我就不去——而大学之前我都规规矩矩地去上课。

[$СД_P^{синт}$ = в институте ты учишься; $СД_Q^{синт}$ для себя; $СД_R^{синт}$ = {для преподавателей; для родителей, для себя...}]

[20h] Я только с января начну работать учителем и очень боюсь! / 我一月才开始当老师，很忐忑！

[$СД_P^{синт}$ = начну работать учителем; $СД_Q^{синт}$ = с января; $СД_R^{синт}$ = Ф]

类型6、$СД_P^{синт}$ 为名词性词群：

[21a] Мнение о правильности *только* линейной перспективы - ошибочно. (=мнение о том, что правильна *только* линейная перспектива, — ошибочно) / 只有直线透视才准确的观点是错误的。
[$СД_P^{синт}$ = правильность х-а; $СД_Q^{синт}$ = линейная перспектива; $СД_R^{синт}$ = перспектива]

[21b] лекарство только против гриппа / 这个药物只治疗感冒 (≈ то, что излечивает только от гриппа) [$СД_P^{синт}$ = лекарство против х-а; $СД_Q^{синт}$ = грипп; $СД_R^{синт}$ = Ф]

[21c] специалист только по истории партии / 只精通党史的专家 (≈ тот, кто хорошо разбирается только в истории партии) [$СД_P^{синт}$ = специалист по х-у; $СД_Q^{синт}$ = история партии; $СД_R^{синт}$ = Ф].

［21d］Имеются две группы унификсов: уникальные и по форме, и по значению и уникальные только по форме. ／存在两种孤词缀：形式和意义均孤立的和只在形式上孤立的。

［$СД_P^{синт}$ = уникальные по x；$СД_Q^{синт}$ = форма；$СД_R^{синт}$ = Ф］

［21e］Этот принцип допускает существование в магнитном поле только заряженных частиц. ／该原则只允许带电粒子存在于磁场中。

在句子［21e］中，由于 $СД_P^{синт}$ 的不同发生多义情形。当 $СД_P^{синт}$ = этот принцип допускает существование в магнитном поле，那么句子意义为'этот принцип не допускает, чтобы в магнитном поле существовали незаряженные частицы'。另一种情形为 $СД_P^{синт}$ = существование в магнитном поле，句子意义为'этот принцип допускает, чтобы в магнитном поле не существовали никакние частицы, кроме заряженных'。两个情形下的其他两个配价都一致：$СД_Q^{синт}$ = заряженные частицы；$СД_R^{синт}$ = частицы。

类型 7、$СД_P^{синт}$ 为受名词支配的前置词

［22a］Клава любит чай с сахаром и лимоном, а Федор предпочитает чай только с лимоном. ／克拉娃喜欢加糖和柠檬的茶，而费奥多尔则更喜欢只加柠檬的茶。

［22b］Изучаются две группы языков：1）языки с пассивом и результативом；2）языки только с результативом. ／研究的是两类语族：1）带被动态和结果格的语言；2）只带结果格的语言。

如果搭配 чай с лимоном 的意义为'чай, содержащий лимон'，那么短语'чай только с лимоном'表示'чай, содержащий только лимон'。如此一来，在句子［22a］中，$СД_P^{синт}$ = чай с x-ом；$СД_Q^{синт}$ = лимон；$СД_R^{синт}$ = Ф。同样，句子［22b］中：$СД_P^{синт}$ = языки с x-ом；$СД_Q^{синт}$ = результатив；$СД_R^{синт}$ = Ф。该类型句子的共性为，述谓

词语没有占据句子的主导地位，而是谓语 $СД_P^{синт}$ 中居于受支配的位置，即使其语义在 $СД_P^{синт}$ 中占据主导地位：час → с →（лимоном）vs 'чай' ← 'содержит' →（'лимон'）。

类型 8、$СД_P^{синт} = Ф$，$СД_Q^{синт}$ 为不带重读成分的动词性词群

[23a] ...И вот ↓ Только ветер гудит в отдалении. ↓ Только память о мертвых поет (А. Ахматова)./唯独风呼啸在野，只有有关逝者的记忆在浅吟。[$СД_P^{синт} = Ф$，$СД_Q^{синт}$ = ветер гудит в отдаленьи，$СД_R^{синт} = Ф$；$СД_P^{синт} = Ф$，$СД_Q^{синт}$ = память о мертвых поет，$СД_R^{синт} = Ф$]

[23b] Только весла плескались мерно ↓ *По тяжелой невской воде* (А. Ахматова)./只有桨从容地拍打着，那沉重的涅瓦河水。
[$СД_P^{синт} = Ф$；$СД_Q^{синт}$ = весла плескались мерно...；$СД_R^{синт} = Ф$]

[23c] Я знаю только, что люблю тебя /我只知道我爱你。
[$СД_P^{синт}$ = Я знаю x；$СД_Q^{синт}$ = что люблю тебя；$СД_R^{синт} = Ф$].

类型 9、$СД_Q^{синт}$ 为带重读的主导性动词词群

[24a] Он не говорит ни на каком иностранном языке и только понимает по-французски (А. Пушкни)./他什么外语也不会说，只听得懂法语。
[$СД_P^{синт} = Ф$；$СД_Q^{синт}$ = он понимает по-французски]

[24b] Впрочем, кукушка только летает хорошо, все же прочее выходит у неё неуклюже (А. Брэм). / 然而，布谷鸟只有飞行能力不多，其他方面都很笨拙。
[$СД_P^{синт} = Ф$；$СД_Q^{синт}$ = = кукушка летает хорошо]

总结如下：
（1）最为规律的情况下，только 的语义辖域和句法辖域同构：$СД^{сем} = СД^{синт}$，例如：Фёдору понравился только итальянский фильм =

'¬ (∃x) ∈ {фильмы} [x ≠ итальянский & Фёдору понравился x]' [СД$_P^{синт}$ = Фёдору понравился; СД$_Q^{синт}$ = итальянский; СД$_R^{синт}$ = фильм]

（2）在 только 的句法辖域中，经常会出现 СД$_R^{синт}$ = Ф 或者 СД$_P^{синт}$ = Ф 的情况，词汇单位任何一个配价为空集时，句法语义辖域则非同构。如：Мальчик съел только персик = [СД$_R^{синт}$ = Ф；СД$_R^{сем}$ = U]；Только ветер гудит в проводах. [СД$_P^{синт}$ = Ф；СД$_R^{сем}$ = имело место].

（3）在很多情况下，配价 Q 的语义辖域内不是句法辖域词位语义的全部，只是句法辖域词语中的陈说部分。例如：Только поэтому я и согласился. [СД$_Q^{синт}$ = поэтому (по причине этого), СД$_Q^{сем}$ = это]；再如：Секретарь рукописи только просматривает. [СД$_Q^{синт}$ = Секретарь рукописи просматривает；СД$_Q^{сем}$ = просматривает]

（4）零辖域、内辖域等语义辖域和句法辖域的非同构现象较为普遍存在于 только 的语言事实中，这是逻辑语气词的共性，其他逻辑语气词的句法表现中也是非同构现象居多，因此，要像动词一样，每一个词语对应一个公式，如：показывать = X показывает Y Z-у = 'X каузирует для Z-а возможность видеть Y'，在逻辑语气词范畴内，不可能也不现实。

六　逻辑语气词 только 的语义辖域

博氏总结出语气词 только 的语义辖域规则如下：

$$\text{СДP}^{сем} \begin{cases} a)\ \text{СДP}^{синт} & |\ \text{СДP}^{синт} \neq \Phi \\ & |\ \text{СДP}^{синт} = \Phi \\ b)\ \text{имеет место} \end{cases}$$

$$\text{СДR}^{сем} = \begin{cases} a)\ \text{СДR}^{синт} & \begin{cases} 1)\ \text{СДR}^{синт} \neq \text{СДQ}^{синт} \\ 2)\ \text{СДR}^{синт} \neq \Phi \end{cases} \\ б)\ P\ SPa(\text{СДR}^{синт}) & \begin{cases} 1)\ \text{СДR}^{синт}\ \text{СДQ}^{синт} \\ 2)\ P\ SPa(\text{СДR}^{синт}) \neq \Phi \end{cases} \\ в)\ U & \begin{cases} 1)\ \text{СДR}^{синт}\ \text{СДQ}^{синт} \\ 2)\ P\ SPa(\text{СДR}^{синт}) \neq \Phi \end{cases} \end{cases}$$

第三章 汉俄语焦点副词（逻辑语气词）的实证分析　143

尝试性运用以上规则，可以划分出以下例句的辖域分布情况：

[25] Косте хорошо удается только удар слева. / 科斯佳比较擅长的只有左侧攻击。

А. слева 重读情况下：

[СД$_P^{синт}$ = Косте хорошо удается x; СД$_R^{синт}$ = удар; СД$_Q^{синт}$ = удар слева]

[СД$_P^{сем}$ = Косте хорошо удается x; СД$_R^{сем}$ = удар; СД$_Q^{сем}$ = удар слева]

[25′] '... ¬ (∃ x ∈ { удар }) [x ≠ удар слева & Косте хорошо удается x ...] '.

Б. удар слева 重读情况下：

[СД$_P^{синт}$ = Косте хорошо удается x; СД$_R^{синт}$ = Ф; СД$_Q^{синт}$ = удар слева]

[СД$_P^{сем}$ = Косте хорошо удается x; СД$_R^{сем}$ = U; СД$_Q^{сем}$ = удар слева]
[25″] '... ¬ (∃ x ∈ U) [x ≠ удар слева & Косте хорошо удается x ...] '.

[26] В доме тихо только тогда, когда все разъезжаются. / 只有在所有人都离开后，屋子里才安静下来。

[СД$_P^{синт}$ = в доме тихо; СД$_R^{синт}$ = тогда, когда; СД$_Q^{синт}$ = тогда, когда все разъезжаются]

[СД$_P^{сем}$ = в доме тихо; СД$_R^{сем}$ = тогда, когда; СД$_Q^{сем}$ = тогда, когда все разъезжаются]

[26′] '... ¬ (∃ x ∈ { тогда, когда }) [x ≠ тогда, когда все разъезжаются & в доме тихо x ...] '.

[27] Только поэтому я и согласился. / 只因如此我才同意。

[СД$_P^{синт}$ = Я согласился; СД$_R^{синт}$ = СД$_Q^{синт}$ = поэтому; P$_{SP\,α}$

($СД_R^{синт}$) = по причине α

$СД_P^{сем}$ = я согласился; $СД_R^{сем}$ = по причине α; $СД_Q^{сем}$ = поэтому]

[27′] '...¬ (∃x ∈ {по причине α}) [x ≠ поэтому & я согласился x...]'.

[28] Секретарь рукописи только просматривает. / 秘书只是翻看手稿而已。

[$СД_P^{синт}$ = Ф; $СД_R^{синт}$ = $СД_Q^{синт}$ = Секретарь рукописи просматривает; $P_{SPα}$ ($СД_R^{синт}$) = секретарь делает с рукописями α]

[$СД_P^{сем}$ = имеет место x; $СД_R^{сем}$ = секретарь делает с рукописями α; $СД_Q^{сем}$ = секретарь просматривает рукописи]

[28′] '...¬ (∃x ∈ {секретарь делает α с рукописями}) [x ≠ секретарь просматривает рукописи & имеет место x...]'.

[29] Наша лаборатория занимается только переработкой нефти.

[$СД_P^{синт}$ = наша лаборатория занимается x-ом; $СД_R^{синт}$ = $СД_Q^{синт}$ = переработка нефти; $P_{SPα}$ ($СД_R^{синт}$) = действие с нефтью]

[$СД_P^{сем}$ = наша лаборатория занимается x-ом; $СД_R^{сем}$ = действие α с нефтью; $СД_Q^{сем}$ = переработка нефти]

[29′] '...¬ (∃x ∈ {действие α с нефтью}) [x ≠ переработка нефти & наша лаборатория занимается x-м...]'.

[30] Только ветер гудит в проводах. / 只有风吹过电线呼呼作响的声音。

[$СД_P^{синт}$ = Ф; $СД_Q^{синт}$ = ветер гудит в проводах $СД_R^{синт}$ = Ф]

[$СД_P^{сем}$ = имеет место x; $СД_Q^{сем}$ = ветер гудит в проводах; $СД_R^{сем}$ = U]

[30′] '...¬ (∃x ∈ U) [x ≠ ветер гудит в проводах & имеет место x]'.

第二节 汉语焦点副词"只"的语义和辖域分布

一 焦点敏感算子"只"的义项确定

国内五部较为权威的汉语词典/汉语虚词词典中对限定副词"只"

表限定语义的词典释义如下：

词典	词典释义
《现代汉语虚词例释》(1982)	用来限定范围。具有排他性，有时不具有排他性，而只说明数量少。 一、"只"修饰动词性词语。 　放在一个动宾组之前，用以限定宾语的范围，表示动作仅及于某个对象。例：感觉只有解决现象问题，理论才解决本质问题。 　如果宾语包含或本身就是数量词结构，则表示数量少。例：我们班只有十八个人。 二、放在名词性词语或数量结构前，限定事物的范围，表示项目单一，或者表示数量少。 　1. 表示项目单一。带有举例性质，说明单就这一事物来说就已如此，更不必说其他的了。这时往往与"就"字连用。例：我们学校去年大搞生产，只蔬菜就收了两万斤。 　2. 表示数量少。这时，"只"所修饰的词组必须含有数量词结构。例：路上只我一个人，背着手踱着。（《朱自清选集》116）
侯学超《现代汉语虚词词典》(1998)	限制行为、状态、事物范围，表示除此而外没有其他。 　1. 只+动词/动词短语。限制行为。例：[她学外文]只想做个好翻译。（铁凝） 　2. 只+动词+数量词。实际上限制数量。多数动词可省。例：天还没亮，鸡只叫了两遍，"申星"还很高呢。（孙犁） 　3. 只+数量词+名词/名词/名词短语。限定数量或事物。可补上动词"是、有"。例：不见得欢迎你，但也不会玩弄你了。——只冷脸和你简单说话。（朱自清） 　4. 只+形容词/形容词短语。例：灯只亮了一下，又灭了。
现代汉语八百词(1999)	表示除此以外没有别的。 　1. 限制与动作有关的事物。例：我只学过英语。 　"只"常常跟"不（没）"对举。例：只见树木不见森林。 　2. 限制与动作有关的事物的数量。例：我去晚了，只看了最后两幕。 　3. 限制动作本身及动作的可能性等。例：这本书我只翻了翻，还没详细看/这件工作只能慢慢地做，不能操之过急。 　4. 直接放在名词前面，限制事物的数量。可以说是中间隐含一个动词（"有、是、要"等）。例：屋里只老王一个人。
张斌《现代汉语虚词词典》(2001)	表示限制范围。 　1. 用在动词性词语前边。 　①用在动宾短语前，宾语是名词性词语，着重限制动词宾语的范围。例：看问题不能只看现象，应该看清它的本质。 　②动词带数量宾语，着重限制数量，常表示数量少。例：只用了三天时间，就把机器装好了。 　③"只"和"不"对举，修饰并列的动词，限制动作的范围。例：他这个人爱浮夸，只说不干。 　2. 用在名词性词语前边。 　1）用在名词前边，表示绝无仅有。这种用法通常出现在句首。例：只老王知道这件事 　2）用在带数量的名词短语前边，表示数量少或时间短。例：他们只三个人，却干了五个人的活。
《现代汉语词典》(第5版)(2005)	1. 表示仅限于某个范围。例：只知其一，不知其二。 2. 只有，仅有。例：家里只我一个人。

在词性界定方面，国内普遍认可"之"为范围副词和焦点敏感算子，学界对集中于对"只"的语义指向和焦点敏感特性进行研究。《现代汉语虚词例释》《现代汉语虚词词典》（侯学超编）及《现代汉语虚词词典》（张斌主编）等工具书对现代汉语范围副词"只"进行的概略地全面描述，系统归纳"只"的语义制约和语义指向规律。陆俭明（1997）阐释了"只"的语义指向的多种可能性以及相关句法表现。杨荣祥（2000）则从范围副词对被饰成分的选择方面考察范围副词的句法功能，得出限定副词"只"只能修饰动词和数量词的结论。卢英顺（1996）通过描述"只"的语义指向造成的歧义，提出了两条语义指向原则："话题优先原则"和"邻近原则"，认为可以利用语境、重音和变换等手段消除歧义。

从五部权威词典的释义内容看，汉语词典释义更注重句法分布，但几部词典中对句法分布类型的考察不够全面，"只"位于动词性词语或名词性词语的情况都有描述，但"只"也可位于介宾短语前或状语之前。

五部权威词典释义中没有标示出"只"的句法浮动性和"只"的焦点敏感算子特性。所谓焦点敏感算子的句法浮动型是指，"只"具备焦点敏感算子的特性，其句法位置相对自由，"只"可以指向主语、谓语、宾语、定语、状语和补语中的任一句法成分，既可以位于动词性词语、名词性词语之前，也可以位于数词、形容词、副词之前。徐烈炯等学者认为"只"所具备的焦点敏感算子浮动性是其句法特性，应纳入词典释义的描写。

二 俄汉语"只"的焦点关联异同

上文第一节第五小节"逻辑语气词 только 句法辖域分析"中详细分析了九种 только 句法辖域类型，从关联的词性来看，只ко 既可以位于动词性词语、静词性词语之前，也可以位于副词性成分之前。从句法成分来看，только 可以关联主语、谓语、补语、定语、状语中的任一句法成分，从语义上看，可以指向行为动作的主体、客体、工具、时间地点等等。

从词性角度来看，汉语"只"的词性是副词，俄语 только 的词性是语气词。汉语副词的句法限制要大于俄语语气词，但相较其他词语，"只"的句法浮动性较为自由。"只"可以位于动词性词语、名词性词语之前，也可以位于数词、形容词词语等之前。如：动词性词语：只爱美人不爱江山。名词性词语：我不好，你爹也不好，只你娘好！你娘是真疼你的！数词：一年辛苦，也不晓得溜了多少汗，出了多少力。到头来毛收入也只千把块钱。形容词：他们只呆呆地坐着，好像忘了自己。从句法成分方面来看，только 和 "只"都可以位于主语之前也可以位于谓语动词之前，还可以位于状语之前。（以下例证全来自北京大学 CCL 现代汉语语料库）

主语前：

① 没有哪个女人能叫他动情使他用心专一不再到处拈花惹草。……只有影月让他动了真情。

② 只有共产党能够救中国，只有社会主义能够发展中国。

③ 只有熟练的工人能胜任这份工作。

④ 只有总统才能授权发动核战争。

⑤ 只有学习者积极主动的参与，案例教学才可能取得良好效果。

⑥ 只有科学技术才能救中国。

谓语动词前：

① 这些学校，同样只接受王子、王孙、奴隶主贵族子弟入学。

② C 从第 58 周起开始作与 T 同样的训练，只训练了 2 周，C 就赶上了 T 的水平。

③ 片面追求升学率的突出的干扰，首先就表现在只重视上一级学校招生考试的那些教学科目，而忽视德育和体育，挤掉美育和劳动技术教育。

④ 只教应试内容，忽视了非应试能力的培养。

⑤ 在工作中只抓热点而忽视整体、只抓要素而忽视系统。

⑥ 我只学过英语/我只到过天津/你只看到事情的一个方面就下结论，太片面了（《现代汉语八百词》）

状语前：

① 这些天父亲只穿一件紫红色的毛衣，这是母亲与之热恋时亲手打的，他只在特殊时刻才穿上去。

②类型的概念则处于弱势地位，与类型相关的概念常常处于夹缝之中，只在一定的阶段和范围内使用。

③在我国城市化快速发展进程中，只从城市与乡村两个"空间维度"来推进教育一体化是不够的。

④在先秦古籍中，"教"与"育"连用的很少，大都只用一个"教"字来论述教育的事情。

⑤他不像清末留学生那样只是以呐喊来惊醒民众，而是通过对史事的因果推出结论，显得格外深沉有力。

⑥只为中华崛起读书。

⑦我们只有以这种方式才能消灭敌军。

在"只"的句法浮动性的自由度方面，俄汉语表现出较多的共性，但相较于俄语，汉语语序对"只"的位置浮动性限制要更多，所以，"只"的语义指向和语义辖域一直是学界的研究热点。

关于"只"的语义辖域，国内学者一般都在依据"只"和"只"的语义关联词语和相邻词语之间的关系来探寻"只"的语义辖域和句法位置之间的关系。

一般情况下，当"只"的限定对象是句子的主题时，"只"一般紧邻焦点成分。当"只"限定述题成分时，"只"可能语义指向述题的全部或某个部分。例如：指向主题：只有坏天气才会打乱我们的出游计划/只有好的意愿还不够/只有排长没表态；指向述题：陈老师只学过两年俄语。可以分别指向"学""俄语"和"两年"来构成三种语义：a. 陈老师没有教过俄语，只是学过两年俄语。b. 陈老师没学过其他外语，只学过两年俄语。c. 陈老师学俄语的时间不长，只有两年。

但是，依据博氏对于"Фёдору понравился только итальянский фильм/费奥多尔只喜欢意大利电影。"的分析，即使"只"关联的是句子主题，主题也有可能是名词性短语。当句子主题为名词性短语时，就会因辖域作用于整个短语、部分短语、全部配价、部分配价等产生歧义。

三　焦点副词"只"的句法浮动限制

汉语"只"在句法上属于副词，副词必须修饰谓词性成分，这个限制使得"只"的浮动范围小于俄语和英语。首先,汉语"只"和焦点成分之间的关系是右向的,"只"不出现在焦点成分的左侧。这和英语有所不同,英语中可以发生左向关联的情形。例如:Shelden admires Steve Jobs only/谢尔顿钦佩斯蒂夫·乔布斯只。

再如,汉语"只"不能进入到动宾短语内部,动补短语内部,这些位置 только 和 only 都可以自由进入。Он говорил только 2 минуты. /他只讲了两分钟。严格按照俄文的词序翻译为:他讲了只两分钟,但"只"不能进入到动宾短语内部,需提到动词谓语之前。如,Он говорит только по-русски. 翻译为汉语:"他只讲俄语",不能翻译为"他讲只俄语",这时"只"的位置要提前,不能直接位于表语或宾语之前。在英俄语中"只"一般紧邻语义焦点成分,但汉语受词序影响,不能保证"只"与语义焦点紧密相连。例如:在"他只给了我十元钱"这样的表达中,汉语"只"通过句子重音来关联焦点,无法挪移到焦点之前进行焦点标记,在俄语中,焦点标记词的位置更灵活,限制更少。Он дал мне только 10 рублей/他只给了我十卢布;Только он дал мне 10 рублей/只有他给了我十卢布;Он дал только мне 10 рублей/他只给了我十卢布,(没给别人)。俄语词序相对自由,在俄语释义结构中加入选项集合作为配价显得更为重要,在无法明确焦点激发选项集合时,很容易发生同形异义现象。

俄语"只"可以放在补语之前,而汉语的"只"则不能放在宾语之前。英语中的"only"可以放在宾语或表语(汉语统称为"宾语")之前;而汉语中的"只"则不能放在宾语之前。如:

[1] The boy likes only sweets.
这个 男孩 喜欢 只 糖果。
[2] He is only a kid.
他 是 只 一个 小孩。
[3] Он знает только русский язык.
他 懂 只 俄语。
[4] Федор читает только Пушкина.
费奥多尔 读 只 普希金

only 可以放在双宾语结构的宾语之前，而汉语中的"只"则不能。только 可以位于间接补语之前。

［5a］I can give you only what I have.
我 能 给你 只 我有的。
［5b］Он уделяет внимание только внешнему.
他 关注 只 外表。

英语"only"可以位于表时间或处所的补语之前，俄语可以位于表时间或处所的补语，而汉语"只"则不能。
He has learned English only for three years.

［6a］他只学了三年英语
［6b］他学了只三年英语

She's been living only in Changsha.

［7a］我一辈子只住在长沙。
［7b］我一辈子住只在长沙。
［8］Он говорил только 2 минуты.
他 说 只 两分钟。

但是，"只"可以插入名词性词组之内，例如：

［9a］小王是一个有教学经验的老师。
［9b］小王是一个只有教学经验的老师（暗指其他方面不太行）。

"一个有教学经验的老师"词组中可以插入"只有"，"只"可以出现在名词词组之内。

[10a] 小李是一个懂简单乐理的孩子。
[10b] 小李是一个只懂简单乐理的孩子（不会作曲）。

需要注意的是，很多情况下，当"只"限定主语及名词谓语时，迫于语法要求，须在副词后加用动词"是，有"：只（是）他来了｜只（有）他没来｜我们村只（有）二百人。

对于汉语焦点敏感算子的浮动性，徐烈炯认为，"算子浮动性是汉语表达焦点的一大特点，以匈牙利语为代表的许多语言靠浮动焦点所在的成分来表现焦点所在，而在汉语中通过算子变换位置来表现①。相比之下，汉语中不能用作焦点敏感算子的词语在语序方面并不都有如此大的灵活性。"也就是说，相对于其他汉语词语来讲，焦点敏感算子在语序方面的灵活性已经具有相当的自由度。所以，汉语的焦点敏感算子的浮动性特点是焦点敏感算子的显性特征，一定程度上可以根据这个特征来判定一个成分是否为焦点敏感算子。有意思的是，徐烈炯将焦点敏感算子的浮动性看作汉语的个性，而 König 将其看作是焦点敏感算子的共性，并在英语和德语中得到了验证。这个"个性"和"共性"并不矛盾，俄语如英语和德语，焦点敏感算子的浮动性是特征之一，但并不能据此认为所有浮动性自由的词语就是焦点敏感算子，俄语中的情态语气词很多都可以较为自由地穿梭在句子各个成分之中，但他们不是焦点敏感算子。而汉语中的焦点敏感算子大多数为副词，对语序的依赖较大，句法位置位于谓语之前的情况较多，但语义可以指向其他成分。徐烈炯的观点是，相对于非焦点敏感算子来讲，如果一个副词在语序上具有了相当的灵活性，那极有可能是焦点敏感算子。在依赖词序的汉语中，焦点敏感算子浮动性的特点更为凸显。

四 焦点副词"只"的语用歧义

博氏辖域研究是逻辑词歧义探因研究，根本目的是为机器翻译找到消歧方法，使得带有焦点副词的句子能够确定为一句一义，这样才能为自然语言的信息处理服务。国内学者研究"只"的歧义问题，主要有

---

① 徐烈炯：《焦点的不同概念及其在汉语中的表现形式》，《现代中国语研究》2001 年第 3 期。

卢英顺、徐以中和殷何辉三位学者。卢英顺（1996）研究语义指向多指性，并提出了语境、重音、变换、句子的蕴含等消歧手段。卢英顺指出，当"只"位于句首时，其语义一般指向话题，而不指向其后的谓语动词或宾语等。如果"只"不在句首，而它后面又是句子结构，那么，此时的"只"的语义只指向最靠近它的该句子结构的直接成分[①]。徐以中（2003[②]、2010[③]）研究"只"的语用歧义时，指出根本原因在于语用前提不同。例如：陈老师只学过两年俄语。语用前提包括，"陈老师没学过其他外语""陈老师学俄语的时间不长""陈老师没有教过俄语"等。这个语用前提就是博氏所说的选项集合所在的语境。"只"每指向一个成分时，相应地就会有一个语用前提，对整个句子也会产生一种新的理解。如果把每一种理解都看成一个语用上的歧义的话，理论上来讲，如果在包含"只"的句子中，含有两个语义指向成分，则会总共有三种语用歧义；若含有三个语义指向成分，则理应有七种语用歧义。用数学组合公式来计算，表示为：$2^3-1=7$。如果一个"只"字句中除主语外的所有的项（X）为 n 个，即：NP+只+X1+X2+X3+X4+……Xn，则其语用前提可记为：2n-1。当然，这只是纯理论上的计算，在分析句子时，有些情况下，如由于语义和语法的限制，前提的取值范围将大大减少；再如单一成分取值和多成分取值会发生同义，同义项抵消等。这时语用歧义的数量会比理论上少。若同一个成分的歧义取值范围大于1，那么歧义取值的数量会比理论上多。语义指向成分不同，歧义取值范围不同。如：

[1]［陈老师没教过俄语］，只学过两年俄语。
[2]［陈老师没学过其他语言］，只学过两年俄语。
[3]［陈老师学俄语时间不长］，只学过两年俄语。
[4]［王老师没学过法语］，只学过两年俄语。

---

① 卢英顺：《副词"只"的语义指向及其对句法变换的制约》，《安徽师范大学学报》1996 年第 4 期。
② 徐以中：《副词"只"的语义指向及语用歧义探讨》，《语文研究》2003 年第 2 期。
③ 徐以中、杨亦鸣：《"就"与"才"的歧义及相关语音问题研究》，《语言研究》2010 年第 1 期。

[5] [王老师没学过两年德语],只学过两年俄语。
……

理论上,"只"还可以全部关联三个成分,如:欧盟各国政府只同奥地利大使维持"技术性"接触①。

徐以中系统分析了"只"因语义指向不同产生的语用歧义问题,给出了语义成分取值范围及取值范围内可能产生的语义歧义数量范围,但没有给出有效排歧途径。也就是说,在输入计算机时,计算机可以给出多个潜在可能的语义版本,之后由人工进一步筛选。同时,语用前提和集合选项配价分析相比,语用前提的分析对机器识别的难度更大。如何对焦点算子产生的各种语义做形式化消歧处理,徐以中给出一个"只"的歧义取值计算公式:$q>p \leqslant 2n-m-f-1$,q 是歧义的取值范围,p 是前提的取值范围,n 是句中所有的实体性成分,m 是主语成分中的实体性成分,f 是不能成为"只"的指向的成分。

验证该公式到语言事实中,首先,语用前提的取值范围没有给出确定的计算规则,哪些是被当作语用前提,没有给出明确定义。其次,f 的取值也未明确,哪些是不能成为"只"的指向成分,没有给出说明。如果数学表达式中的某个数值是不确定的,那表达式运算过程就难以进行。博氏的集合配价在选项集合成员确定的语境下,是可直接由公式推导出语义,从而避免歧义发生。

首先,博氏之所以提出"только"的三价语义公式,目的就是解决二价语义式内部产生的歧义现象。我们观察看来,这个三价公式在汉语中同样适用。汉语中的选项集合也是必备参数,徐以中分析的取值范围就是歧义范围,而消歧的唯一途径是明确选项集合。例如:

[1] 他们也喝 [白酒]$_F$。[他们]$_F$也喝白酒。
[2] 我只 [喜欢]$_F$老师的孩子。我只喜欢 [老师]$_F$的孩子。我只喜欢老师的 [孩子]$_F$。
[3] 小李只 [打]$_F$了同桌。小李只打了 [同桌]$_F$。

---

① 背景是:14 国政府将中断同奥地利的正式双边往来,不支持奥地利人出任国际组织负责人,"只"的语义同时指向"奥地利大使""维持""技术性接触"。

［4a］只谁在图书馆看书？只［张三］在图书馆看书。
［4b］谁只在图书馆看书？［张三］只在图书馆看书。
［4c］张三只在哪儿看书？张三只在［图书馆］看书。
［4d］张三在哪儿只看书？张三在［图书馆］只看书。
［4e］张三只在图书馆干什么？张三只在图书馆［看书］。
［4f］张三在图书馆只干什么？张三在图书馆只［看书］。

  Rooth 提出焦点激发选项是由与焦点语义类型相同的潜在指谓（denotations）组成的集合，集合成员组成是由语用环境和相关性来确定的。由此看来，选项集合成员的逻辑判断是排歧的关键要素。在第二章分析逻辑语气词时，我们提到了逻辑语气词的焦点激发选项的几种逻辑推导形式，包括句内表达、聚合关系推导、逻辑推理、语境推导等。
  （1）句内词汇单位表达：

［5］Среди его друзей мне нравится только Коля/他的朋友里我只喜欢柯利亚。

逻辑语气词 только 的预设交替项为 его друзья（他的朋友们）。
  （2）聚合关系推导：如：Даже больные должны были работать/连病人都得工作。与核心成分"病人"发生聚合关系的"身体健康的人"作为预设交替项而存在，并建立了"病人"和"身体健康的人"之间的级次关系。
  （3）逻辑预设推断：如：

［6］На ней было только лёгкое платье/她只穿着一件轻薄的裙子。

逻辑语气词 только 使得"她穿得少"与"气温低时人们都会穿得多"这种人所共识的感受形成了鲜明对比。
  （4）逻辑推理得出：运用逻辑推理也是最常见的推导形式之一，很多情况下，预设交替项是可以通过逻辑推理得到的。如：

［7］"Да", —Всхлипывает Адам и чистит ещё быстрее. Может быть увердной работой можно опять поправить дело. Но брат Исидор совсем не смотрит на него, Адам для него - пустое дело/ "好",Адам 哽咽着应允,以更快的速度清理起来,也许全力以赴工作可以再次纠正事态,但是伊西多尔兄弟完全没看他,亚当对于他,无足轻重。

通过推理,在人们的意识中,因为全力以赴工作是可以纠正事态的（大前提）,于是 Адам 加快了清理速度（小前提）,亚当应该可以纠正事态而得到伊西多尔的关注（结论）,这里的否定语气词是传递出事实（没关注到他）与推理结果正好相反。

（5）排他性语义推导得出。在自然语言系统中,表达排他性语义有两种方式:一种是分析型的表达方式,通过否定词的作用来造成矛盾（contradictory）概念（X vs. 非 X）,从而达到表示排他的意义效果（"非 X"一定排斥"X"）。比如,"死"通过否定词"没"的作用,就可以形成排除"死"的矛盾概念"没死"。另一种是综合型的表达方式,不依赖否定词,通过选择对立（contrast）概念（X vs. Y = ⌐X）,直接将排他义表达出来。比如,"死"的对立面是"活","活"就自然排除了"死"。也就是说,"否定的特征可以使我们在没有 '+X' 和 '-X' 的语义领域内也能用上 '+X' 和 '-X' 的模式。"[①]

排他性语义在俄语否定祈使句中表现最为典型,如:Не бить! Не плачь! 否定祈使句在命令对方停止某行为的同时,也传递出对方就在眼前,而且正在或将要进行该行为的事实背景。通过否定的预设,就找到了其预设交替项为立即会发生的行为——"бить（打）""плакать（哭）"。

焦点激发选项集合成员的判断依赖于语境,很多时候也遵循语义场中的层级制约。与此同时,有些焦点选项集合成员之间在某种标尺上呈现有序排列关系,构成级次关系。构成级次关系的选项集合成员均满足某个开语句的条件,某一个量级最低的成员满足开语句条件,则其他成

[①] 李强、袁毓林:《"都"和"只"的意义和用法同异之辨》,《中国语文》2018 年第 1 期。

员自动满足，例如：连小学生都知道这个道理，则比"小学生"文化程度高的中学生、大学生、硕士生、博士生等均符合该条件。量级关系排序由焦点敏感算子激发的选项内自动生成，一般以人们普遍认知的常规推理。沈家煊认为："对一个极大量的肯定意味着对全量的肯定。"[①]数量表达是典型的量级表达，当"只"约束数量成分时，"焦点"表达的数量之上的量可以被排除，而焦点表达的数量之下的量不能被排除"。例如：我有十卢布。在焦点敏感算子"只"的作用下，焦点"十卢布"和激发选项一起构成一个量级模型，"只"排除模型中量级上比焦点更高的选项（十卢布以上），兼容比焦点更低的选项（十卢布以下）。

五 焦点副词"只"的句法辖域类型

根据博氏三价语义理论，我们也对应分析汉语"只"的句法辖域类型。博氏是按照"只"的句法位置来进行分类的，但汉语和俄语不同，很多情况下"只"的语义指向内容与其不相邻，在这种情况下，我们分"只"的句法位置与语义指向成分相邻和不相邻两种类型，来进行分析。

"只"与语义指向成分相邻：

类型1："只"+名词+集合配价R为空P，Q，R配价辖域分布情况如下：

[1] 没有哪个女人能叫他动情使他用心专一不再到处拈花惹草。……只影月让他动了真情。[$СД_P^{синт}$ =x 让他动了真情; $СД_Q^{синт}$ = 影月; $СД_R^{синт}$ = Ф]

[2] 只有共产党能够救中国，只有社会主义能够发展中国。[$СД_P^{синт}$ =x 能够救中国、能够发展中国; $СД_Q^{синт}$ = 共产党、社会主义; $СД_R^{синт}$ = Ф]

[3] 只有熟练的工人能胜任这份工作。[$СД_P^{синт}$ = x 能胜任这份工作; $СД_Q^{синт}$ = 熟练的工人; $СД_R^{синт}$ = Ф]

[4] 只有总统才能授权发动核战争。[$СД_P^{синт}$ = x 能授权发动

---

① 沈家煊：《不对称与标记论》，江西教育出版社1999年版，第95页。

核战争；СД$_Q$^{синт} = 总统；СД$_R$^{синт} = Ф]

[5] 只有学习者积极主动的参与，案例教学才可能取得良好效果。[СД$_P$^{синт} = x 积极主动的参与；СД$_Q$^{синт} = 学习者；СД$_R$^{синт} = Ф]

[6] 只你一个人去行吗？（《现代汉语八百词》用例）[СД$_P$^{синт} = x 去；СД$_Q$^{синт} = 你一个人；СД$_R$^{синт} т = Ф]

[7] 只那些善良的老人，同情他的不幸遭遇。[СД$_P$^{синт} = x 同情他的不幸遭遇；СД$_Q$^{синт} = 那些善良的老人；СД$_R$^{синт} = Ф]

类型2："只"+名词+集合配价 R 不为空

[1] 我不好，你爹也不好，只你娘好！你娘是真疼你的！[СДPсинт = x 好；СДQсинт = 你娘； СДRсинт = 我、你爹和你娘]

类型3："只"+动词+集合配价 R 为空

[1] 我只学过英语／我只到过天津／你只看到事情的一个方面就下结论，太片面了（现代汉语八百词）

其中，"我只学过英语"有两种辖域分布类型，其中一个类型归属于"只"与语义指向成分相邻类别，另一个类型归属于"只"与语义指向成分不相邻类别。

a. 我只学过英语。英语为焦点。（我只学过英语，没学过俄语）

[СД$_P$^{синт} т = 我学过 x；СД$_Q$^{синт} = 英语；СД$_R$^{синт} = Ф]

b. 我只学过英语。学过为焦点。（我只学过英语，没教过英语）

[СД$_P$^{синт} = 英语；СД$_Q$^{синт} = 我学过；СД$_R$^{синт} = Ф]

[2] 二年前，他只认识自己的姓名，签个名要费好大的劲。（老舍《无名高地有了名》）

[СД$_P$^{синт} = 他 x 自己的姓名；СД$_Q$^{синт} = 认识；СД$_R$^{синт} = Ф]

类型4："只" +动词 +集合配价 R 不为空

[1] 我认为主要是：位子没摆正，觉得当了干部成了领导人，就可以只动嘴不动手了。

[СД$_P$^{синт} = 动嘴 = СД$_Q$^{синт} ；СД$_R$^{синт} = {动嘴、动手}]

[2] 先只扫射，而后轰炸。(老舍《无名高地有了名》)

[СД$_P$^{синт} = СД$_Q$^{синт} = 扫射；СД$_R$^{синт} = {扫射、轰炸等}]

[3] 他实践了对首长们的诺言——只去指挥，不去战斗。(老舍《无名高地有了名》) [СД$_P$^{синт} = СД$_Q$^{синт} = 去指挥；СД$_R$^{синт} = {去指挥、去战斗}]

[4] 片面追求升学率的突出的干扰，首先就表现在只重视上一级学校招生考试的那些教学科目，而忽视德育和体育，挤掉美育和劳动技术教育。[СДР^{синт} = 重视 x；СД$_Q$^{синт} = 上一级学校招生考试的那些教学科目；СД$_R$^{синт} = {重视上一级学校招生考试的教学科目、忽视德育和体育、挤掉美育和劳动技术教育}]

[5] 毛泽东在60年代初回顾遵义会议时几次都讲到：当时，我实际只看了《三国演义》，《孙子兵法》并没有看过；当场问他，《孙子兵法》共有几篇，第一篇的题目叫什么？(《人民日报：1995-01-13》) [СД$_P$^{синт} = 看了 x；СД$_Q$^{синт} = 《三国演义》；СД$_R$^{синт} = {《三国演义》、《孙子兵法》}]

[6] 杨妈城府很深，只看孩子不说话。(陈建功、赵大年《皇城根》) [СД$_P$^{синт} = СД$_Q$^{синт} = 看孩子；СД$_R$^{синт} = {看孩子、说话等}]

[7] 法师只提倡议，不管实务。(余秋雨《庙宇》) [СД$_P$^{синт} = СД$_Q$^{синт} = 提倡议；СД$_R$^{синт} = {提倡议、管实务等}]

[8] 只教应试内容，忽视了非应试能力的培养。[СД$_P$^{синт} = СД$_Q$^{синт} = 教应试内容；СД$_R$^{синт} = 教应试内容+非应试能力的培养]

[9] 在工作中只抓热点而忽视整体、只抓要素而忽视系统。[СД$_P$^{синт} = СД$_Q$^{синт} = 抓热点、要素；СД$_R$^{синт} = 抓热点、忽视系统等]

类型5："只" +形容词+ 集合配价 R 为空

第三章 汉俄语焦点副词（逻辑语气词）的实证分析　159

［1］八妗子见八舅那样，心中只慌，竭力劝慰她。（张胜利《八舅》）［СД$_P^{синт}$ = СД$_Q^{синт}$ = 心中慌；СД$_R^{синт}$ = Ф］

［2］他想起来阻止他们，但是他说话都没了劲儿，只轻轻地摆了摆手。（刘流《烈火金刚》）［СД$_P^{синт}$ = СД$_Q^{синт}$ = 轻轻地摆了摆手；СД$_R^{синт}$ = Ф］

［3］他们只呆呆地坐着，好像忘了自己。（老舍《无名高地有了名》）［СД$_P^{синт}$ = СД$_Q^{синт}$ = 呆呆地坐着；СД$_R^{синт}$ = Ф］

类型6："只"+形容词+集合配价R不为空

［1］"李兄，弟弟拌你一句，实话：你比弟弟只强不差。"（王朔《无人喝彩》）［СД$_P^{синт}$ = СД$_Q^{синт}$ = x 强；СД$_R^{синт}$ = {强、差等}］

类型7："只"+数量词+集合配价R为空

［1］他突然用身体猛地向大门撞去，只一下，便听到嗵的一声，房门已经倒在了地上。（张平《十面埋伏》）［СД$_P^{синт}$ = СД$_Q^{синт}$ = 一下；СД$_R^{синт}$т = Ф］

［2］只一会儿，她又闭上眼睛沉沉睡去。（琼瑶《青青河边草》）［СД$_P^{синт}$ = СД$_Q^{синт}$ = 一会儿；СД$_R^{синт}$ = Ф］

［3］他掏出画夹和笔，只几分钟，就把那姑娘画在了纸上，活生生、俊俏俏。（CCL语料库）［СД$_P^{синт}$ СД$_Q^{синт}$ = 几分钟；СД$_R^{синт}$ = Ф］

这种类型句法分布中的数量词一般都表示"数量少"，"只"后面接数词"一"最为经常，因为"一"是最小的正整数，并且"一"的数量经常被虚化为"很少"，通常不表达确定的一个数量。其次，"只"后面也经常接"几"用来表达数量少的含义。

类型8："只"+介宾短语+集合配价R为空

［1］他生活不能自理，也不会说话，只凭嗅觉分辨周围的事

物。(中国儿童百科全书)[СД$_P^{синт}$ = x 分辨周围的事物；СД$_Q^{синт}$ = 凭嗅觉；СД$_R^{синт}$ = Ф]

[2] 他觉得只凭自己来自美国，就理当受到尊重。(老舍《正红旗下》)[СД$_P^{синт}$ = x 理当受到尊重；СД$_Q^{синт}$ = 凭自己来自美国；СД$_R^{синт}$ = Ф]

[3] 他不像清末留学生那样只是以呐喊来惊醒民众，而是通过对史事的因果推出结论，显得格外深沉有力。[СД$_P^{синт}$ = СД$_Q^{синт}$ = 以呐喊来进行民众；СД$_R^{синт}$ = Ф]

[4] 我们只有以这种方式才能消灭敌军。[СД$_P^{синт}$ = 能消灭敌军；СД$_Q^{синт}$ = 以这种方式；СД$_R^{синт}$ = Ф]

类型 9："只"+介宾短语+集合配价 R 不为空

[1] 这会是个很难的决定，幸运的是我不需要做这样的决定，但如果我只能从火箭队和国家队中选择一个，我一定会选择国家队。[СД$_P^{синт}$ = 从 x 选择一个；СД$_Q^{синт}$ = 国家队；СД$_R^{синт}$ = {火箭队、国家队}]

[2] 很多年我不知她的下落，后来才发现她只在夜间出现，天一亮又消失了。(王朔《看上去很美》)[СД$_P^{синт}$ = 在 x 出现；СД$_Q^{синт}$ = 夜间；СД$_R^{синт}$ = {夜间、天亮}]

[3] 只为高分而教育却成了应试教育下的现实，学生的品德如何、修养怎样、生存能力大小、自立能力强弱等这些关系孩子生命的宝贵知识全都被打入冷宫，"缺腿"的教育思想必然造就"缺腿"的孩子。(CCL 语料库)[СД$_P^{синт}$ = 只为 x 而教育；СД$_Q^{синт}$ = 高分；；СД$_R^{синт}$ = {高分、品德、修养、生存能力、自立能力}]

"只"与语义指向成分不相邻：

Only+NP+VP 结构中，only 相关联的语义焦点可以是名词的任意成分，但不能是动词中的成分，焦点辖域在名词内部。NP+only+VP 结构中，only 的语义焦点既可能是动词性词语或其组成成分，也可能是名词性词语或其组成成分，焦点辖域既可能在名词内部，也可能在动词内部。NP+VP+only 结构中，only 的语义家电只可能是动词性词语或其组成成分，而不能是名词性词语或其组成成分，焦点辖域在动词内部。

类型 1："只"+动词+集合配价 R 为空，语义辖域在述位短语的名词性成分：

［1］他只吃中国菜。［СД$_P^{синт}$＝吃 x；＝СД$_Q^{синт}$＝中国菜；СД$_R^{синт}$＝Ф］

［2］我只到过天津。［СД$_P^{синт}$我到过 x；＝СД$_Q^{синт}$＝天津；СД$_R^{синт}$＝Ф］

［3］爹，它们都走了，只叫俺一个人在家看门，等你回来。（冯德英《迎春花》）［СД$_P^{синт}$＝叫 x 在家看门；＝СД$_Q^{синт}$＝俺一个人；СД$_R^{синт}$＝Ф］

［4］只扭了腿腕！（老舍《无名高地有了名》）［СД$_P^{синт}$扭了 x；СД$_Q^{синт}$＝腿腕；СД$_R^{синт}$＝Ф］

［5］这些养殖旋覆花的人，只注重旋覆花的药用价值。［СД$_P^{синт}$注重 x；СД$_Q^{синт}$＝药用价值；СД$_R^{синт}$＝Ф］

类型 2："只"+动词+集合配价 R 不为空，但语义辖域在述位短语的名词性成分：

［1］只许当英雄，不许当孬种。（老舍《无名高地有了名》）［СД$_P^{синт}$许当 x；СД$_Q^{синт}$＝英雄；СД$_R^{синт}$＝｛英雄、孬种｝］

［2］然后，他说明：这次进攻只许胜，不许败！（老舍《无名高地有了名》）［СД$_P^{синт}$许 x；СД$_Q^{синт}$＝胜；СД$_R^{синт}$＝｛胜、败｝］

［3］我只通知了老赵，没通知别人。（《现代汉语八百词》用例）［СД$_P^{синт}$＝通知了 x；СД$_Q^{синт}$＝老赵；СД$_R^{синт}$＝｛胜、败｝］

［4］香皂，我只用力士。（王朔《顽主》）［СД$_P^{синт}$＝用 x；СД$_Q^{синт}$＝力士；СД$_R^{синт}$＝香皂］

［5］只信奉一个神的宗教，如基督教、伊斯兰教等（区别于'多神教'）。（CCL 语料库）［СД$_P^{синт}$＝信奉 x；СД$_Q^{синт}$＝一个神的宗教；СД$_R^{синт}$＝｛一个神的宗教、多神教等｝］

类型3："只"+动词+集合配价 R 为空，但语义辖域在数量宾语：

［1］老大娘只会说几个中国单字（老舍《无名高地有了名》）
[СД$_P$^{синт}老大娘会说 x；СД$_Q$^{синт}=几个中国单字；СД$_R$^{синт}=Ф]

［2］他只买了一本书。[СД$_P$^{синт}他买了 x；СД$_Q$^{синт}=一本书；СД$_R$^{синт}=Ф]

［3］他只讲了两分钟。[СД$_P$^{синт}他讲了 x；СД$_Q$^{синт}=两分钟；СД$_R$^{синт}=Ф]

［4］好了，现在我只问你一句，他是不是跟你约定在铜鼓镇见面的？（廉声《月色狰狞》）[СД$_P$^{синт}问你 x；СД$_Q$^{синт}=一句；СД$_R$^{синт}=Ф]

类型4："只"+动词+集合配价 R 不为空，语义辖域在数量宾语：

［1］布币分成十级，从小布一百到大布千钱，每级实际重量只差一铢，不识字的人根本无法分辨。[СД$_P$^{синт}只差 x；СД$_Q$^{синт}=一株；СД$_R$^{синт}={从小布一百到大布千钱}]

类型5："只"+动词+集合配价 R 为空，语义辖域在数量短语

［1］现在军政大学训练的基本上是军师干部，团的干部只占百分之二十。[СД$_P$^{синт}只占 x；СД$_Q$^{синт}=百分之二十；СД$_R$^{синт}=Ф]

［2］指定检测机构对于医疗器械注册检测与国家强制性产品认证检测相同的检测项目只进行一次检测，收取一次检测费用，不重复检测和收费。[СД$_P$^{синт}只进行 x；СД$_Q$^{синт}=一次检测；СД$_R$^{синт}=Ф]

类型6："只"+动词+R 为空，但语义辖域在数量补语

［1］杨过只看了一遍，早就领会到这一招的精义所在，但武氏兄弟学来学去始终不得要领。[СД$_P$^{синт}只看了 x；СД$_Q$^{синт}=一遍；СД$_R$^{синт}=Ф]

［2］她只动了一下，不是攻击别人，而是给了小云一个耳光，骂了她一声蠢才。[СД$_P^{синт}$只动了 x；СД$_Q^{синт}$ = 一下；СД$_R^{синт}$ = Ф]

类型7："只"+介宾短语+集合配价 R 为空，但语义辖域在介宾短语的宾语：

［1］这一笑只对我才这样，是属于我们俩之间的，就像暗号，秘密。（王朔《看上去很美》）

[СД$_P^{синт}$ = 对 x 这样；СД$_Q^{синт}$ = 我；СД$_R^{синт}$ = Ф]

［2］你们支部只在党内批评教育，为什么不在群众中揭发他的坏处？（冯德英《迎春花》）

[СД$_P^{синт}$ = 在 x 批评教育；СД$_Q^{синт}$ = 党内；СД$_R^{синт}$ = Ф]

［3］类型的概念则处于弱势地位，与类型相关的概念常常处于夹缝之中，只在一定的阶段和范围内使用。[СД$_P^{синт}$ = 在 x 使用；СД$_Q^{синт}$ = 一定的阶段和范围；СД$_R^{синт}$ = Ф]

［4］与大贝勒代善交锋，只战了几个回合，只因人困马乏，一错眼，被绊马索绊倒了，代善一枪扎去，刘遇节被扎死。（CCL 语料库）[СД$_P^{синт}$ = 因 x；СД$_Q^{синт}$ = 人困马乏；СД$_R^{синт}$ = Ф]

［5］朱太未过而立之年，正是风华正茂时，只因怀孕生子，光洁的脸上现出了孕妇难免的"妊娠斑"，星星点点，若隐若现，孩子出生许久还未消退。[СД$_P^{синт}$ = 因 x；СД$_Q^{синт}$ = 怀孕生子；СД$_R^{синт}$ = Ф]

［6］只为中华崛起读书。[СД$_P^{синт}$ = 为 x 读书；СД$_Q^{синт}$ = 为中华崛起；СД$_R^{синт}$ = Ф]

类型8："只"+介宾短语+集合配价 R 不为空，但语义辖域在介宾短语的宾语：

［1］在我国城市化快速发展进程中，只从城市与乡村两个"空间维度"来推进教育一体化是不够的。[СД$_P^{синт}$ = 从 x 来推进教育一体化；СД$_Q^{синт}$ = 城市和乡村；СД$_R^{синт}$ = {空间维度}]

博氏剖析语料库中各种句型中的"только"的句法辖域，从句法辖域的角度来展现焦点结构的内因，从深层语义辖域的角度来解释表层句法分布的规律。这个方法与汉语的语义指向研究有共通之处，但研究层面有所区别，语义指向是句法表层的语义关联，句法辖域是深层语义题元和表层句法题元之间的对应关系。

第三节　逻辑语气词 уже 和 ещё 的语义分析

有关 ещё 和 уже 是语气词还是副词的争议，尚未在语言学界达成统一。德国语言学界关于其对应词语 noch 和 schon 达成了一定程度的共识，认为两者表达时间语义时是副词，而其他情况下，例如表达加强或析出语义时，被看作是语气词[1]。А. О. Мустайоки[2] 在对两者语义进行对比时，为避免因归类产生个人观点的误解，凡涉及名称及归类时，将其称之为"词语（слова）"来进行分析和研究。博氏也将其语义进行了分类，在分析两者表达时间的语义时，归类逻辑语气词。俄语词典（Словарь русского языка С. И. Ожегова., Толковый словарь русского языка. Под ред. Д. Н. Ушакова., Лингвистический энциклопедический словарь 等）在词性标注方面，уже 既有副词义项也有加强语气词的义项，当与时间、数量和范围意义的词语连用时为加强语气词（усилительная частица）。

上文有述，莫斯科语义学派预设观的典型特征是将预设写入词汇语义单位的词典释义[3]。博氏将这一理念贯穿到句法语义领域，将预设作为词汇单位语义的有机组成部分纳入到逻辑语气词的句法释义结构描写，精确阐释逻辑语气词的语义。如：

[1] Ребёнок уже уснул. /小孩儿已经睡着了＝"小孩儿该睡着了"＋"小孩儿睡着了"；其中的"小孩儿该睡着了"为预设成分；

---

[1] Krivonosov L. N, "On circles of conformal space", *Geometry of generalized spaces*, *Uchenye Zapiski Kazanskogo Universiteta*, 123, No. 1, Kazan University, Kazan, 1963, pp. 78–102.

[2] Мустайоки Арто. 2006. Теория функционального синтаксиса: от семантических структур к языковым средствам. М.: Языки славянской культуры.

[3] 张家骅等：《俄罗斯当代语义学》，商务印书馆 2005 年版。

试与否定句"Ребёнок ещё не уснул./小孩儿还没睡着"对比，被否定的只是"小孩儿睡着了"，"小孩儿该睡着了"仍然作为肯定成分保留下来①。

两者语义之间的区别和联系非常微妙，预设在其中发挥着至关重要的作用。博氏指出，ещё 传递出的是前景，ещё 的方向在前，уже 方向在后。如果能用箭头表示时间先后的话，ещё 所定位时间关系是"晚于期待时间"，уже 定位的时间关系是"早于期待时间"或比期待时间来得快。这种"早于""晚于"的比较已经很清楚传递出 уже 和 ещё 语义中都存在"反预期"的要素，两者都表达与预设期望之间的反差，"期望"预设是其语义的必要因素。M. Doherty 指出德语中逻辑语气词 noch（ещё）为肯定/正向预设，schon（уже）为否定/逆向预设。例如：

［2］Ещё в мае мы ели яблоки./在五月我们还能吃上苹果。

意指苹果一般都保存不到五月份。ещё 将 май 与其对比选项 декабрь→январь→февраль→март→апрель 联系到一起，指出五月位于这个级差排序的顶端。表达出"期望"预设（五月一般是已经吃不到苹果了）。

［3］Уже в мае мы ели яблоки./在五月我们就已经吃上了苹果（意指苹果成熟的早）。

逻辑语气词 уже 将 май 与其对比选项 июнь→июль→август→сентябрь 联系到一起，"期望"预设为：在五月苹果还未到成熟期。两个逻辑语气词语义上表现出鲜明的对比和差别。

Ю. Д. Апресян 在分析释义的情态框架（модальные рамки）时，对比了一下两个例证②：

---

① 张家骅等：《俄罗斯当代语义学》，商务印书馆 2005 年版。

② Апресян Ю. Д. 1980. Типы информации для поверхностно-семантического компонента модели《Смысл Текст》. Wien：Wiener Slawistischer Almanach.

［4］ Уже Щерба обращал внимание на необходимость изучения языковых ошибок. /谢尔巴就已注意到了研究语言错误的必要性。

［5］ Еще Щерба обращал внимание на необходимость изучения языковых ошибок. /谢尔巴就已注意到了研究语言错误的必要性。

以上两句中因逻辑语气词不同造成的语义差异不明显，为了找寻该组句子中 уже 和 ещё 之间的语义差别，Ю. Д. Апресян 从另外一组相似句子入手：

［6］ Идея ≪отрицательного языкового материала≫ появилась в лингвистике не сразу, но уже Щерба ее пропагандировал. /《否定的语言材料》的理念在语言学界的产生不是一蹴而就的，但是早在谢尔巴时，他就已经宣扬过这个理念了。

［7］ *Идея ≪отрицательного языкового материала≫ появилась в лингвистике не сразу, но еще Щерба ее пропагандировал. /*《否定的语言材料》的理念在语言学界的产生不是一蹴而就的，但是到谢尔巴那时就已经宣扬过这个理念了。

首先，我们来看不带逻辑语气词的原始命题为：1)《否定的语言材料》该理念在语言学界是逐渐成熟起来的，不是一蹴而就的。2) 往前追溯的话，苏联著名语言学家、作为列宁格勒音位学派创始人的谢尔巴在其理论中已经涉及该理念。所以逻辑语气词的语义只能表达"发生时间早/距离久"的语义，谢尔巴时代在语言学历史上的定位是客观存在的，绝不能跟表达"发生时间晚/距离近"这样的语义的逻辑语气词相搭配。

Ю. Д. Апресян[①]进一步分解了 ещё 和 уже 的语义结构中的语义要素：

---

① Апресян Ю. Д. 1980. Типы информации для поверхностно－семантического компонента модели《Смысл Текст》. Wien：Wiener Slawistischer Almanach.

ещё*P* = ′факт *P* имел место в относительно давнее время *T*; говорящий считает это интересным; говорящий считает, что *T* не является частью того времени *T*′, в котором говорящий мыслит себя′（事实 P 发生相对远的时间 T，说话人对这个时间关系感兴趣，说话人认为 T 超越其想象范围内的一个时间 T′）

уже*P* = ′факт *P* имел место в относительно давнее время *T*; говорящий считает это интересным; говорящий считает, что *T* является частью того времени *T*′, в котором говорящий мыслитсебя′.（事实 P 发生相对远的时间 T，说话人对这个时间关系感兴趣，说话人认为 T 处于其想象范围内的一个时间 T′之内）

从这个语义解释来看，例［6］中，说话人对于谢尔巴已经注意到该理念的事实表示惊讶，在那个久远的年代语言学尚属启蒙时期，谢尔巴就先见性地关注到该理念，是说话人想象范围之外的事实。例［7］也是想要表达事件发生的时间比较久远，但同时传递出该事实处于说话人想象范围之内，这个主观情态与基本命题的客观性发生矛盾。同样的分析也适用于句组［4］和［5］。

［8］Об этом знали уже в средние века.／在世纪中叶时，这就已为世人熟知了。

［9］Об этом знали ещё в средние века.／还早在中世纪中叶时，这就为世人熟知了。

例［8］意指从什么时候开始人们有了这个认知，而例［9］强调的是产生该认知的时间距离说话时刻之久远。同样，

［10］Уже в три года он начал рисовать.／他三岁就开始画画了。

［11］Ещё в три года он начал рисовать.／还在三岁时，他就开始画画了。

两者之间的语义差别在于，уже 强调的是事件发生的时间很早，

еще 强调出的是事件发生的时间距离说话时刻很久。

В. В. Гойдина① 分析了更为简单的例证，以下例证组中的两者呈现出另外的语义差别：

［12］На родине он занимался русским языком. ./在家乡时他学了俄语。

［13］Еще на родине он занимался русским языком. /在家乡时他就已经学了俄语。

［14］Уже на родине он занимался русским языком. /已经都回国了还在学俄语。

В. В. Гойдина② 认为，例［12］陈述句回答的问题是——"他在哪儿学的俄语"，并且给予了回答为：在家乡。而例［13］和例［14］陈述句回答的问题是——"他什么时候学的俄语"，并且，两句给出了不同的答案：例［13］表达的语义为"还在家乡的时候就开始学习俄语，一直持续到现在"；例［14］表达的语义为"当他已经从国外回到家乡的时候，他仍然还继续在学习俄语"。

针对 уже 的语义结构阐释，博氏将 уже 放置于一组表示时间意义的同义句中，对比研究后发现，уже 的加入使得两者失去了同义关系，该组例句为：

［15a］Он пришел в девять часов./他九点来的。
［15b］Когда он пришел, было десять часов./他来时十点。

加入 уже 之后，两个句子就不再是同义句甚至会表达出说话人完全相悖的期望方向。

---

① Гойдина В. В. 1979. Частицы еще, уже, только（и только）в составе обстоятельства времени. Лингво-стилистические исследования научной речи, 110-122.
② Гойдина В. В. 1979. Частицы еще, уже, только（и только）в составе обстоятельства времени. Лингво-стилистические исследования научной речи, 110-122.

［16a］Он пришел уже в десять часов./他十点就已经来了。（来早了）

［16b］Когда он пришел, было уже десять часов./他来时已经十点了。（来晚了或者刚好）

在［16a］句中，拜访者到达时间早于描述者预计的时间。说话人表现出对早到的惊讶。在［16b］句中，来者的时间，是晚于说话人预期的时间，说话人表现出对其迟到的不满。

可以确定的是，两个句子的уже是同一个义项，都属于"уже+数量含义"的同一种用法，说话人预期方向的差别并不是由不同义项而造成的语义差异，而是由不同预设造成的语义差别。针对此类现象，博氏认为，语义差别是由于уже与其他词汇语义单位之间的作用方式发生改变所造成的，应该深入题元层面观察和研究两者的区别。

句子［15a］传递的意义为：事件P（他的到来）发生在时刻t（十点）。将уже加入命题后，事件P预期发生的时间向后推移，推移到比十点要更晚的时间t'。换言之，уже加入了一个预设："说话人预计时间P发生的时间点t'。"可以用下图来描绘出这个关系。实线箭头标明事件P和发生事件的时刻t之间的关系，虚线箭头标明事件P与说话人预期时刻t'之间的关系。

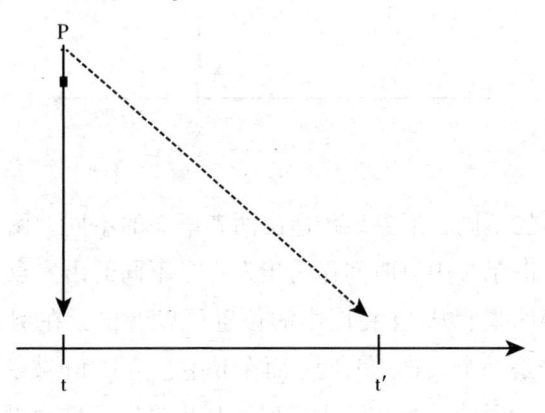

从实线推移到虚线，在уже语义的作用下，出现了另外一个"预期时间点"。Уже传递出预期和实际之间存在差距，Уже传递出了反预期的语义。

再来看句子［16b］Когда он пришел, было уже десять часов. 首

先，参照时间点 t 为："当他到来时"，发生事件 P 为："当时已经十点。"可以看出，在两种情况下，时间和事件的内容发生了置换，数量表达"十点"不再是表时间意义，而是作为一个当时发生的事件，这个置换看起来很微妙，在时间从句的作用下，"当他到来时"成为一个时间参照，在这个时间点下，可以发生"天已经黑了""客人都走了""门已经锁了""女朋友生气了""已经十点了"等事件。

如果用图示 1 来表示［16b］则为："было десять часов"的事件的实际发生时间点（когда он пришел）要早于期待发生时间点。也就是说，"当他到来"这个时间点被说话人看作一个较早的时间点，两者语义冲突，无法成立。［16b］对应的为另外一个图示，因为坐标发生了变化，［16b］传递的预设是，说话人对他到来的期待是早于十点钟的，坐标中在他到来这个时间点上，发生了一个事件"十点钟"和蕴含另一个预设事件"早于十点钟"。用图示标示为：

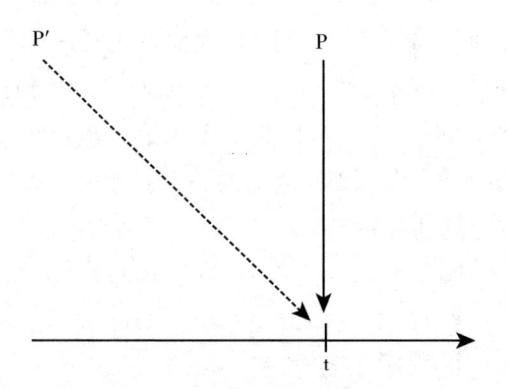

两个图示的不同，形象地传递出两者语义的不同。图示 1 中以事件作为出发点，图示 2 中以时间作为出发点，不同的出发点传递出不同的期待方向。很明显，从 Pt 在图中的位置可以看出，在例 a 中，情景 Pt 被说话人看作是一个较早的时间。而在 b 中，情景 Pt 被说话人看作是一个较晚的时间。因此，当 уже 加入时，如果是以事件为出发点，则期待要低于现实，现实超越期待。如［16a］：情景"他的到来"是被期待晚于十点钟的。如果是以时间为出发点，则期待要高于现实，现实是令人失望的。如［16b］：在"当他到来"的时刻是被期待发生早于"为十点钟"的情景，例如，九点钟、八点钟等。

König 就焦点语气词 уже 进行研究时，就提出过 уже 表达的语义为现实超越期望①。博氏认为，现实超越期望要分两个方面进行研究，无论是从情境的角度出发，还是从时间的角度出发，都是现实与预设期望不符，但分属两种类型，不能笼统地放置于一个平面进行研究，уже 针对的是情景还是时间点，会引发不同的期待预设，进而产生不同的语义。

第四节　逻辑语气词 уже 的语义结构

上一小节的两种语义类型可以命名为：时间坐标型语义和事件坐标型语义。两种类型中 уже 语义配价相同，但语义题元是否相同有待进一步研究。

关于 уже 的语义，时间和事件为两个必须情境参与者，уже 为二价语气词。

Уже（P，t）=

（а）'в течение определенного времени ситуация Р не имела места'；在某一个时间段内情景 P 没有发生；

（б）'можно было ожидать, что в момент t она будет продолжать не иметь места'；可以期待，在时间点 t 该情景持续没有发生；

（в）'ситуация Р начала иметь место в t или раньше и сохраняется в t'．情景 P 从时间点 t 开始发生或者是早于时间点 t 发生后一直持续到时间点 t。

从语义结构阐释来看，уже 具备两个题元，情景 P 和时间点 t。在 В десять часов он уже пришел. 中，两个题元的辖域为：$СД_P$ = он пришел. $СДt$ = в десять часов。在例［16а］—Он пришел уже в десять часов 中，两个题元的辖域也同样为：$СД_P$ = он пришел. $СДt$ = в десять

---

① König. E, *The Meaning of Focus Particles*: *A Comparative Perspective*, London and New York: Routledge, 1991.

часов。虽然，两者实际切分不同，前者述位为 в десять часов，后者为动词 пришёл，但辖域切分一致。

但是，针对［16b］类型，当他来的时候，已经十点了。句子的实义切分发生了变化，"当时已经十点"成为述位。时间点'десять часов'已经转变了角色，不是 СД$_t$ 的组成部分，而是 СД$_p$ 的组成部分。该句中负责完成时间点 t 的内容为：когда он пришел. 而 СД$_p$ = было десять часов. 两者之间的实质性差别在于句子的交际结构。

因此，根据时间点所处的交际结构位置，уже 的语义有两种阐释方式，分别为 P 为述位，T 为述位。

在句子［16b］Когда он пришел, было уже десять часов 中，"十点"占据的位置不是 СД$_t$，СД$_t$ 为'кодна он пришел'。"十点"的意义进入的是 СД$_p$（当时为十点）。也就是说，主位为"当他来的时候"，述位为"已经十点钟"。因此，在该情景下，与事件 P 发生比较关系的时间 P′，为"已经八点钟""已经七点钟"等早于十点钟的时间，P′是说话人期待的时间，到这个时间为止，但可以肯定的是，早于十点钟。

主述位交际结构不同而造成句子语义不同的用法不仅指存在于表达时间意义的语句中，再如：

［17a］Аллея вырублена уже наполовину. /林荫道旁的树已经砍完了一半。

［17b］Он доехал уже до Твери. /他已经到了特维尔。

［17c］Дождь разошелся уже по－настоящему. /雨是真的下大了。

［17d］Сказал ещё раз, уже медленнее. /他再一次讲时，语速已经变慢。

［17e］Температура воды дошла уже до тридцати градусов. /水温已达到 30 度。

以上例证都是时间坐标型（T 述位类型），时间坐标型表示两个情景：期待情景 P′和现实情景 P 之间的关系是，P′在前，P 在后。

第三章 汉俄语焦点副词（逻辑语气词）的实证分析　　173

[17a] 期待情景：砍伐程度没达到一半；现实情景：已经砍伐一半。

[17b] 期待情景：他已经处于位于某地点，但尚未达到特维尔。现实情景：已经抵达特维尔。

可以看出，两个情景中都有一个标尺在发挥作用，两者处于标尺不同的参数位置。博氏提出，两情境的对比是按照一个固定的标尺进行，那么参数语义就可以提取放在释义之内。

设置两个参数的共同 C，将 C 带入到其语义结构式中，就能清晰看出两者的差别。

于是博氏提出了另外一个变体释义结构，该结构拥有三个题元：

уже（C，x，t）

（а）'в течение определенного времени ситуация C（x）не имела места'；在某一个情景得时间段内 C（x）没有发生。

（б）'можно было ожидать, что в момент t будет иметь место ситуацияC（x'）, которая обычно предшествует ситуацииC（x）'；可能期待，在时间点 t 将发生情景 C（x'），该情景先于 C（x）发生。

（в）'ситуация C（x）начала иметь место в t или раньше и сохраняется в t'. 情景 C（x）发生时间始于时间点 t 或者早于 t，但一直持续至 t。

例如：

[17f] В сентябре [t] аллея была вырублена [C] уже наполовину [x]./九月的林荫路已经被砍伐了一半了。

x'的确定要依靠已有的 C 和 x，除此之外，经常还要受到 C 情景改变方向上的影响。这个改变方向在句子（17a）中，是指砍伐的程度只能增不能减，不可逆。所以当我们知道（x）的语义为——"一半儿"的时候，那么 x'只能是"少于一半儿"。在句子（17b）中动词 доехать 也是从起点到终点的单向动词。在（17c）中动词 разойтись 也传递出，雨势只能增强而不能减弱的方向。在很多情境中，x'方向的确定不仅仅是依靠 C，例如：句子（17d）中传递了一个说话的过程，速度可快可慢，其方向的把握单单依靠 C 无法确定，需要副词 медленнее 的帮助，才形成了标尺的方向。

在表达时间语义的句子中，逻辑语气词 уже 存在以上两种语义结构。在分析研究中，有效辨别语义类型，至关重要。类似的例证还有：

[18a] Я понял это уже в Твери. /我在特维尔时就懂了。
[18b] Я вспомнил об этом уже в Твери. /我在特维尔时就已经记起来了。

在句子 [18a] 中，уже 被阐释为："懂了"发生在期待时刻之前；而在句子 [18b] 中，阐释为"记起"动作发生在期待时刻之后。再如：

[19] Он еще здесь (хотя он должен был бы быть уже на работе). /他怎么还在这儿？说话人心里预设他这个时候应该已经在工作了。
[20] Он уже приехал (хотя мы думали, что он приедет попозже). /他怎么已经来了？说话人心里预设的时间要更晚。

除了 уже 和 ещё 之外，только 同属于蕴含级次意义的词语，其语义中也蕴含时间标尺，该标尺能够将句子中的成分进行定位并进行比较。例如：

[21a] Он уже дремлет. /他已经打瞌睡了。
[21b] Он ещё дремлет. /他还在打瞌睡。
[21c] Он только дремлет. /他只是在打瞌睡。

Уже 和 ещё 将例 [21a] 和 [21c] 中带入一个时间标尺，依据该标尺来界定 он дремлет 与期待情景之间的相互关系。Уже 带入的是"早于期待时间"，еще 带入的是"晚于期待时间"。语气词 только 所带入的不是事件，而是特征，是词语 дремлет 所表达出的、与только 相关联的特征。

Уже、ещё 和 только 在句组 [21] 中的表现不能相提并论，因为标尺不同。若要将三者进行有效比较，须放置在同一个标尺之内。因此

我们将 только 也放置在时间标尺之内，拿出新的例句：

[22a] Сейчас уже десять часов. / 现在已经十点了。

[22b] Сейчас ещё десять часов. / 现在才十点。

[22c] Сейчас только десять часов. / 现在刚十点。

该组例句中，ещё 和 только 的语义相近，都表达出"十点为早"的语义。而 уже 表达的是"十点为晚"的语义。

将三者加入另一组句法结构之中，进行对比：

[23a] Он пришёл уже в десять часов. / 他十点就来了。

[23b] Он пришёл ещё в десять часов. / 他在十点就已经来了。

[23c] Он пришёл только в десять часов. / 他十点刚来。

这一系列的句子中，уже 意指"时间尚早"；только 意指"时间已晚"，对比上一组例句，逻辑语气词与时间点之间的关系发生了对调。之前将"十点"设定为早于期望值的语气词，在该组例句中转换为"十点已晚"。Еще 也是指"时间尚早"，但两者语义有区分。уже 指的是他来的时间早于期待时间，而 ещё 指的是还在十点的时候，他已经来了。不仅指出"早于期待时间"这个意义，还指出这个时间点与期待时间之间存在较大的差距，指还在十点的时候，他就来了，怎么那么早。

需要特别指出的是，уже 还可以表达负面评价。换言之，例[23a]的语境不同，уже 的语义会发生变换。例如：

[24a] Он пришел уже в десять часов, и мы успели все обсудить до начала заседания / 他十点就已经来了，我们正好来得及在开会前把所有事情讨论完。【正面评价：十点为早】

[24b] Он задержался на работе и пришел уже в десять часов, когда все собирались расходиться. / 他上班迟到了，十点才到，那时候大家都准备离开了。

【负面评价：十点为晚】

可以用一个图表来展现在以上三种类型语境下三者语义上的相似及相异之处。

слова Типы предложения	ЕЩЁ	УЖЕ	ТО́ЛЬКО
Он уже/ещё/только дремлет.	'поздно'	'рано'	'мало'
Сейчас уже/ещё/только десять часов.	'рано'	'поздно'	'рано'
Он пришел уже/ещё/только в десять часов.	'давно'	'рано'	'поздно'	'поздно'

第五节　逻辑语气词 ещё 与 уже 的语义区分

　　逻辑语气词 ещё 和 уже，两者既不是同义词，也非反义词，但在某些语境下，两者又可以相互替换。逻辑语气词 ещё 和 уже 之间的语义区分是学界一个研究话题，诸多语义学家发表了自己的观点（Апресян 1980，Апресян 1986，Гойдина 1979，Машевская 1976，Моисеев 1978，Мустайоки 1988）。达成共识的是，两者语义均描述过去发生的事件，说话人用逻辑语气词强调出一个主观情态：认为事件发生的时间点和说话人的时间点（此时此刻）之间存在着一段距离，某些情景下，还强调出这段距离之遥远。

　　Ю. Д. Апресян 对 ещё 和 уже 的释义如下：

　　P ещё в T = 'событие P имеет место во время T；P или связанное с ним событие P′ произошло раньше, чем ожидал говорящий；T не совпадает со временем данной речи；T не входит во время говорящего'.

　　P уже в T = 'событие P имеет место во время T；P или связанное с ним событие P′ произошло раньше, чем ожидал говорящий；T не входит во время говорящего'.

　　Ю. Д. Апресян 运用'время говорящего（说话人时间）'这个概念来阐释两者语义。对比两个释义结构，唯一不同的地方是时间点 T 是否进入到说话人自己的时间范畴内。再如：

［25a］Еще в Твери я понял, что еду зря. ／早在特维尔时我就知道白来了。

［25b］Уже в Твери я понял, что еду зря. ／到了特维尔时我才知道白来了。

两个句子都可以理解为距离终点还要走很久，但是有区别：ещё 表明距离终点还远，уже 表明距离起点很近。所以，在句子中存在表示起点的词语时，уже 替换为 ещё 后，句子无法成立。例如：

［26a］Уже через десять минут после добавления цитохалазина некоторые ядра оказываются за пределами клетки. ／加入细胞松弛素后还要十分钟，几个细胞核才就游移到了细胞边缘。

［26b］*①Еще через десять минут после добавления цитохализина некоторые ядра оказываются за пределами клетки. ／加入细胞松弛素后还要十分钟几个细胞核才游移到了细胞边缘。

能够发现，搭配 через десять минут после 提出了一个时间参照点，这个时间参照点不能够和 ещё 进行搭配。其反向搭配为 за десять минут до，за десять минут до 强调所提出的时间点，为比较晚的时间点，但是该词语既可以与 ещё 进行搭配，也可以与 уже 进行搭配。

［27a］Ещё <*уже> за месяц до операции надо начинать готовиться к ней. 早在术前一个月就要开始准备了。／术前一个月才*要开始准备了。

［27b］Ещё <*уже> давно было замечено, что человек смертен. 很久以前就发现，人终有一死。／很久以前才*发现，人终有一死。

如果上下文中没有关于时间起点的描述，且说话人重点在于对说话时间点与事件发生时间点之间的距离的负面评价，那么仅允许搭配

---

① *代表句子不成立。

ещё, уже 不可以进行搭配。

[28a] Я разговаривал с ним давно, ещё вчера, с тех пор многое могло измениться./我老早就跟他交谈过,就在昨天才刚还谈过,到现在从那时起很多事都会变的。

[28b*] Я разговаривал с ним давно, уже вчера, с тех пор многое могло измениться./我老早就跟他交谈过,已经还在昨天的时候就才谈了过,从那时起到现在很多事都会变的。

如果抛弃上下文,很多句子既可以使用 уже,也可以允许使用 ещё。但是语义上存在着差别:

[29a] Уже в три года он начал рисовать./他三岁就开始画画了,уже 表达出从出生到现在之间的事件距离较短的语义,将三岁看作是一个较早的时间。

[29b] Ещё в три года он начал рисовать./还在三岁时,他就开始画画了。ещё 表达三岁与说话时刻之间的距离较长,将三岁看作是很久之前的一个时间。

在一些情形下,уже 可表达突破设定的心理界限,但 ещё 没有蕴含这个语义。例如:

[30] Он здесь /пьян./他在这里,醉的。
[31] Он еще здесь /пьян./他还在这里的时候,就醉了。
[32] Он уже здесь /пьян./他到这里才醉。

句 [31] 表达的是说话人预期他不会在这里的时候醉,"在这儿"不是说话人所设定的界限值。而句 [32] 的语义为:他到我这里的时候才醉的。"在这里"已经越过了说话人心里设定的是"醉"与"不醉"之间的界限。例 [31] 的语义成分包括:

第三章 汉俄语焦点副词（逻辑语气词）的实证分析　179

　　[31] Он еще здесь / пьян. 他还在这里的时候，就醉了。

　　a. Он пьян. /他是醉的。b. Он был пьяным и до момента речи. /他在说话时刻前就醉了。c. Он станет трезвым через определенное время. /他过一段时间会清醒。d. Можно было бы предположить, что он отрезвеет раньше. /可以假定他较早清醒。

例[32]的语义成分包括：

　　[32] Он уже здесь пьян. /他到这里才醉的。

　　a. Он пьян. /他是醉的。б. До момента речи он еще не был пьяным. /说话前他还没醉。в. Для этого состояния он мало выпил. /为了达到这个状态（到这里才醉）他之前有意少喝了。

第六节　焦点副词"才"的语义阐释

"才"在汉语中属于高频副词，搭配范围很广，义项丰富。汉语副词"才"的义项如下：

现代汉语八百词（吕叔湘2013）	1. 刚刚。表示事情在前不久发生。 他才走｜我才从上海回来不久。 2. 表示事情发生或结束得晚。 他明天才能到｜都十二点了，他才睡觉。 3. 表示数量少，程度低；只。 一共才十个，不够分配的｜才星期二，还早呢｜他一个人就翻译了五十页，我们几个人合起来才翻译了四十页。 4. 表示只有在某种条件下，或由于某种原因、目的，然后怎么样。用于后一小句，前一小句常有'只有、必须，要；因为，由于；为了'配合。 只有熟悉情况才能做好工作。
现代汉语词典（第7版）	1. 表示以前不久：你怎么才来就要走？ 2. 表示事情或状态发生、出现得晚：他说星期三动身，到星期五才走。 3. 表示只有在某种条件下然后怎样（前面常常用"只有、必须"或含有这类意思）：只有依靠群众，才能把工作做好。 4. 表示数量小，次数少，能力差，程度低等等。这个工厂开班时才几十个工人｜别人一天干的活儿他三天才干完。 5. 表示强调所说的事（句尾常用"呢"字）：麦子长得才好呢｜我才不信呢！

续表

汉俄虚词词典（秦宇华 2017）	才（副）1. 仅 всего；только；всего только 他参军时才15岁。 Когда он поступил в армию, ему было всего только (всего, только, всего лишь) 15 лет. 2. 刚刚 только；как только；только что；лишь；едва 他才退烧，就去上班了。 Едва упала температура у него, как он уже пошёл на работу. 3. 表示有些晚 только сейчас；так поздно 你怎么才知道？ Почему же ты только сейчас узнал? 你怎么才回来？ Почему же ты так поздно вернулся? 4. 表示条件 только；лишь 只有把自己武装起来，我们才能战胜敌人。 Только вооружившись, мы сможем разгромить врагов. 5. 强调所说的事 уж；же 这才怪呢！ Вот уж удивительно！ 我才不会上他的当呢！ Уж меня-то он не приведёт！ 麦子长得才好呢！ Ну и хорошая же выросла, пшеница！ Уж больно хороша пшеница！
现代汉语虚词词典（张斌 2013）	1. 表时间。 （1）用在动词前面，表示事情刚刚发生。 小王才离开这里。 当"才"用在复句的前一小句时，后面常有"就"、"便"、"又"等副词预支呼应，表示两件事情发生的时间紧密相连。 海云才走，美兰就来了｜才饮长江水，又食武昌鱼 （2）用在动词前面，表示以前并非如此，现在情况有了变化。 事故发生了，他才感到后悔。 （3）用在各种表示时间的词语前面，表示时间早或短。 才十点，还早着哩｜才两个钟头，就干完了一天的活儿｜他到北京才三天。 （4）用在各种表示时间的词语后面，表示时间晚或长。 你半夜才回来，干什么来着｜你怎么现在才想起来？ 2. 表数量。 （1）用在数量短语（包括带数量的动词短语或名词短语）前面，表示少。 这一组才三个人，太少了｜我家才八个平方米｜一天才写了一千字｜买这些东西才十块钱。 （2）用在数量短语（包括带数量的名词短语或动词短语）后面，表示多。 我们校对了三遍才拿去印｜问了好几个人才弄清楚｜十块钱才买这些东西 3. 表语气。 （1）表示强调。 ① 用在形容词前面，强调程度高，句尾经常带"呢"、"哩"等语气助词。 ② 在对比的环境中强调肯定。

续表

现代汉语虚词词典（张斌 2013）	③ 主语或状语前面出现"只有"，后边用"才"，强调对主语或状语所表示的事物的限定。 （2）用在对话中，表示辩驳。 （3）表示轻蔑。句尾经常带语气助词"呢"。 （4）表示勉强。有时跟"算"一起用。
汉语副词词典（岑玉珍 2013）	1. 用在表示时间、数量等词语之后，表示说话人觉得时间长、时间晚或者数量大。 （1）"才"用在表示时间的词语之后，表示说话人觉得时间晚或事件长： 他七点才起床｜我二十岁才上大学。 （2）"才"用在数量词之后，强调数量大： 这本书一百块钱才能买到｜这本书我看了三遍才看懂｜我走了二十里才走到家｜这张桌子很沉，得三个人才能搬动。 （3）"才"和"都"配合使用，构成"都……才……"格式，表示说话人觉得时间晚、时间长或数量大： 都八点了才起床｜都二十五岁了才上大学｜我都跑三圈了，你才来。 （4）"才"连接两个句子，表示某一动作行为或某一情况在另一动作行为或情况之后发生或进行。一般是已经发生或实现了的事情： 雨停了大家才回家｜平时他不锻炼身体，感冒了才想起应该加强锻炼。 （5）"才"前后没有表示数量或程度的词语时，表示说话人觉得时间晚、时间长，一般"才"重读： 你才来，我都等不及了｜他才起床，我们都快下课了。 2. 用在表示时间、数量、程度等的词语之前，表示说话人觉得时间段、时间早或者数量小。只用于已经发生的事情。 （1）"才"用在时间词语之前，表示说话人觉得时间早或时间短： 我才睡了四个小时，还想睡一会儿｜北京到天津坐火车才半个多小时｜现在才八点，不用着急，电影十点才开始呢｜我今天到教室的时候才七点。 （2）"才"用在数量词之前，强调数量小： 这次考试小李才考了 60 分，刚刚及格｜他看起来才二十多岁，实际上已经三十多岁了｜今天上课才来了三个学生，老师很生气｜你进来的时候我才喝了一杯酒。 （3）这一用法的"才"和"就"连用，构成"才……就……"： 他才七点就起床了｜这篇文章我才读了一遍就明白了｜他才吃了一点儿饭就不吃了。 3. 表示强调，句尾常有"呢"。 我的汉语不好，他的汉语才好呢｜那才叫美呢｜他知道了不生气才怪呢。

在"才"的诸多义项中，主要用法是表达时间、数量和程度。在汉语词典中，时间久/时间晚、数量多和时间短/时间早、数量少是当作两种义项来处理的，但博氏是将其处理为一个义项下的两种用法。也就是说，基本语义（表示时间、数量、程度）相同，但方向相反（时间早/晚、时间长/短、数量多/少）的两种语义应该统一在一个义项下来分

析。国内学者张谊生赞同博氏的理念，提出应从更高的语义层次上统一两个义项，并称之为"才"的主观增值强调用法和主观减值强调用法。同时，张谊生提出，在词性方面，"才"也不应该界定为一般意义上的时间副词，将其归为评注性副词更为恰当。"才"的主要语义贡献并不是表示事件或行为发生的时间，而主要是强调说话人对所陈述的事态在时间、数量、范围等方面的主观评价。"才"的主观评价会有"减值"和"增值"两种相反的倾向，所以"才[1]"又可以分为相对的两个方面——减值强调和增值强调①。减值强调时间短、数量少；增值强调时间久、数量多。对于减值强调和增值强调，有的学者使用不同的术语，认为增值强调为主观大量，减值强调为主观小量。

张谊生提出，同一个"才[1]"可以表示方向完全相反的两种主观评价，同样一个数量既可以被看作是高级次数量值，也可以被看作是低级次数量值。这跟博氏研究 уже 语义上既可以表示主观大量，也可以表示主观小量的理念达成一致。博氏从辖域的角度解释了主观评价倾向的决定性因素，是句子的交际结构不同，分出两种类型时间坐标型和事件坐标型。张谊生也认为，"从交际的角度来讲，句子的信息焦点谓语'才'之后是减值强调，位于'才'之前是增值强调。"② 例如：

[1] 你怎么才来（现代汉语八百词）。[主观大量]
[2] 你怎么才来就要走（现代汉语词典第7版）？[主观小量]

《现代汉语八百词》指出，例[1]表示"事情发生或结束得晚"，例[2]表示"刚刚，表示事情在不久前发生"。划分为两个义项的词语处于同样的句式中，却表达相反方向的语义，这在一定程度上违背了词典义项划分的基本原则。词典义项划分看重区别性特征，所谓区别性特征，是指义项在真实语料中赖以体现其意义内涵同时又能区别于其他义项的表达形式，是能被计算机所识别的形式化的产物，主要包括词类、句法组合、语义类搭配等。"才"在以上例句中的唯一差别是主观

---

① 张谊生：《现代汉语副词研究》，商务印书馆2014年修订版，第97页。
② 张谊生：《现代汉语副词研究》，商务印书馆2014年修订版，第97页。

评价的方向，在其他方面都保持一致。按照博氏的看法，以上两种语境下的"才"都表达同一类型的语义——"现实超越预期"，只是细分为两个方面，要么表达预期早于现实，要么表达预期晚于现实。在词典释义中应该在同一义项的前提下，标示出不同语境中的不同预期方向。从语句的交际结构来看，"你怎么才来"关注的是"来"之前发生了什么而使得比预期时间晚到；"你怎么才来就要走"关注的是"来"之后发生了什么而使得比预期时间早走。进一步分析发现，例［1］中的"才"跟博氏分析的例句"你十点钟才来"是一个类型，是"你怎么现在才来"的省略句，句子的信息焦点在于现在和期待时间之间的差距，期待要早于现在。例［2］可以转换为另外一个同义句"你才来，怎么就要走"，句子的信息焦点在于"怎么就要走"，两句中"才"的信息焦点不同，语句的交际组织结构不同，这是产生主观评价差异的语义原因。例［1］中问话人所关心的是为什么会这么晚来，"才"强调距离预期时间之长；例［2］中问话人关心的是为什么这么快就要走，"才"强调距离预期时间之短。

而以下两个语境中的"他才走"属于两个不同的义项：A. 他才走（《现代汉语八百词》）。B. 我在计算谁来看我，谁不来看我，等他们都来看过了，我才走。（CCL语料库）

A 句中的"他才走"意思为"他刚走"，意指动作发生时间距离谈话时间较短，是增值强调。B 句中的"才"并不做增值或减值强调，而是强调"排他性、唯一性"。满足"等他们都来看过了"这个是唯一性条件时，他会走。这是"才"的另外一个义项。

表达"增值强调/减值强调"的"才"普遍存在于语言事实之中，并常常形成截然相反的语义倾向。例如：三个人才能干完｜干完所有活儿才用了三个人；三点才起床｜起床才三点；问了好几个人才弄清楚｜才问了几个人；我们校对了三遍才拿去印｜才校对了三遍；我走了二十里才走到他家｜才走了二十里路。

可以发现，表达减值强调的"才^1"通常后指，"才"的焦点关联成分位于"才"的后方，一般与表示时间、数量和程度的词语相关联。表达增值强调的"才^2"通常前指，"才"的焦点关联成分位于"才"的前方，一般与表示时间、数量和成都的词语相关联。

第七节　表示时间、数量的焦点副词"才"的句法分布

1. 在表示时间短/时间早的句式中，"才^1"直接修饰谓词性词语。

　　[1] 李成娘才教训过金娃，起色还没有转过来。（赵树理《传家宝》）
　　[2] 我昨天才说过要放弃你，为什么今天又去关心你的事情？（CCL语料库）
　　[3] 小王才离开这里。

2. 在表示数量小的句式中，"才"直接修饰充当谓语的数词，数量词组，也可以修饰含有数量词组的动宾、动补短语。

　　[1] 王利发才十七？（老舍《茶馆》）
　　[2] 当时我才十六岁，如果说参加革命，又太年轻，如果说静止不动，又嫌太大。
　　[3] 现在才八点，不用着急，电影十点才开始呢。
　　[4] 我才睡了四个小时，还想睡一会儿。
　　[5] 这次考试小李才考了60分，刚刚及格。（《汉语副词词典》）
　　[6] 今天上课才来了三个学生，老师很生气。（《汉语副词词典》）
　　[7] 你进来的时候我才喝了一杯酒。（《汉语副词词典》）
　　[8] 打扮好了，一共才花了两块二毛钱。（老舍《骆驼祥子》）
　　[9] 才七岁的一个孩子，就有这么大的气性。（杨朔《海天苍苍》）
　　[10] 我的水，甜又美，喝下去肚子不闹鬼。我的水，美又甜，一挑儿才卖您五十元。（老舍《龙须沟》）

3. 在表示减值强调时，"才"经常会与"就"连用，构成"才……就……"：

他才七点就起床了｜这篇文章我才读了一遍就明白了｜他才吃了一点儿饭就不吃了

"才"用于表达数量减值时，在焦点敏感算子的作用下，"才"引入一个拥有级次蕴含的选项集合，把"才"所关联的数量放置在该级次较低的位置。"才八点""才睡了四个小时""才考了60分""才来了三个学生"等都放置在一个较低级次排序上，根据某个标尺来将这些数量放置在较低的位置上并与预期相对比，从而达到"才"所引入的主观减值强调。正因如此，"才考了满分100分""一整天才睡了24个小时"这样的表达都不符合常理。

4. 表增值强调"才^2"

表示增值强调"才^2"通常前指，并主要位于表示时间和数量的词语之前。

在表示时间迟的语义时，"才^2"前指表达时间的词语。可能是时间名词、时间代词、数量短语、动词短语。

时间名词：

［1］半天才做完他明天才能到｜他说星期三动身，到星期五才走。我二十岁才上大学｜哥哥研究生毕业以后才结婚。(《现代汉语虚词词典》)［时间晚　主观大量］

［2］他明天才能到｜都十二点了，他才睡觉。(《现代汉语八百词》)［时间晚　主观大量］

他说星期三动身，到星期五才走。[《现代汉语词典（第7版）》]［时间晚　主观大量］

［3］我二十岁才上大学。(《现代汉语虚词词典》)［时间晚　主观大量］

［4］哥哥研究生毕业以后才结婚。(《现代汉语虚词词典》)［时间晚　主观大量］

[5] 犯的事小，她等到第二天早晨我睡醒时才教训我。（CCL语料库）[时间久　主观大量]

[6] 十块钱才买这些东西。（《现代汉语虚词词典》）[数量多　主观大量]

时间代词：我这才意识到｜好长好长时间，我们四爷才又是鼻涕又是泪地从小跨院里出来，这才想起进我们屋，给我母亲请安……

数量短语：

[1] 早上八点上班，下午三点十分才来。[时间晚　主观大量]

[2] 一年、两年，至少有三四年；一滴汗、两滴汗水，不知道多少万滴汗，才挣出那辆车。（老舍《骆驼祥子》）[时间久　主观大量]

[3] 他懒得去点灯，直到沿路的巡警催了他四五次，才把它们点上。（老舍《骆驼祥子》）

[4] 我们校对了三遍才拿去印。（《现代汉语虚词词典》）[数量多　主观大量]

[5] 我走了二十里才走到他家。（《现代汉语虚词词典》）[数量多　主观大量]

[6] 问了好几个人才弄清楚。（《现代汉语虚词词典》）[数量多　主观大量]

[7] 这篇课文我们用了八节课才学完。（《现代汉语虚词词典》）[数量多　主观大量]

表示"时间"晚时，其语义是承前启的，一般"才"前面有一个表示时间的词语。你半夜才回来。｜七点上班，哪个工人十点十分才进车间？（达理《亚细亚的故事》）"才"表示数量关系时，其语义也是承前启后的，表示数量词语也位于"才"之前。一年、两年，至少有三四年；一滴汗、两滴汗水，不知道多少万滴汗，才挣出那辆车。（老舍《骆驼祥子》）

在"才"表达时间和时间关系方面，也可以参照博氏理论成果，分别以事件为参照和以时间为参照，表达现实值低于预期值、现实值高于预期值来区分"才"的不同类型。

1. "才"以事件为参照,表示"现实值低于预期值"表达"时间比预期发生得晚,发生得慢,发生得迟"。预期时间小于现实时间。

[1] 鲁庄公看到齐军败退,忙不迭要下令追击,曹刿又拉住他说:"别着急!"说着,他跳下战车,低下头观察齐军战车留下的车辙;接着,又上车爬到车杆子上,望了望敌方撤退的队形,才说:"请主公下令追击吧!"(《中华上下五千年》)

[2] 这下可把唐玄宗难住了,他怎么舍得杀这个宠爱的妃子呢?他低着头站了半晌,才说:"贵妃住在内宫,怎么知道杨国忠谋反呢?"(《中华上下五千年》)

[3] 黄自先显然是有顾虑的,犹豫良久,才说:"确实很重。"

[4] 很多同学都是到了考试才去问教授,结果教授办公室的门口排起了长龙,教授就是想给每个人都仔细地讲,也没有时间呀。

[5] 临打仗才去制造武器。比喻事到临头才想办法。(《中国成语大辞典》)

2. "才"以时间为参照,表示现实值低于预期值,表达时间比预期发生得晚、发生得慢、发生得迟、发生得久。预期时间小于现实时间。

[1] 要是拉白天,一早儿出去,三点钟就回来;要拉晚儿呢,三点才出去,夜里回来。(老舍《骆驼祥子》)

[2] 他妻子早上六点半给娃娃烙上馍馍去耕地,晚上五点才回来做饭,三十亩地,一亩地耕三遍,全靠妻子一个人忙活。(CCL语料库)

[3] 有一年大年三十睡得晚了,大概是凌晨四五点才睡。(CCL语料库)

[4] 成都的机场路,去年才正式通车。(CCL语料库)

[5] 我从小就知道梅兰芳,但去年才知道梅兰芳的故乡在哪里。(《人民日报》1996年2月)

[6] 赵祯国知难而进,每天早晨6点就到车间,晚上半夜才回

家，一干就是十七八个小时。(CCL 语料库)

[7] 但由于海上风高浪急，搜索行动遇到很大困难，直至今天上午才在附近一个小岛上找到 4 人，下午又在另一小岛上找到其余两人。6 人目前身体状况良好。(新华社 2002 年 3 月新闻报道)

[8] 我也不是过不了没有钱的日子，诶，前两年我不也是个穷小子嘛。不就这二年才有点儿钱嘛，这都无所谓。(《编辑部的故事》)

3. "才"以时间为参照，表示现实值高于预期值，表达时间比预期发生得早，发生得快。预期时间大于现实时间。

[1] 这才几点钟啊，还没吃午饭呢，你就空肚喝酒……伤胃不！(陈建功《皇城根》)

[2] "这天怎么这么热呀，才几月份。"她嘟嘟囔囔地抱怨。(王朔《动物凶猛》)

[3] 次日清晨才五点半，老婆推醒我说："去晨跑吧。"(《读者》)

[4] 我让他看表，这会儿才五点四十分。(高行健《灵山》)

[5] 当我们在北京时间零点新年钟声中互相祝贺的时候，美国华盛顿才是 12 月 31 日上午 11 点，英国伦敦正是 31 日下午 4 点；而日本东京已经是 1 月 1 日凌晨 1 点，那里的人们已经迎接过新年了。(《人民日报》：1995-01-01)

第八节　表达时间意义的"才"与"就"

"才"和"就"这一对副词在表达数量、时间语义时，经常呈现出很多对立或一致的地方。正如俄语 уже 和 ещё 之间微妙的语义差异，在表达数量、时间等含义时，"才"和"就"两个副词经常被放置在相同或近似的语境下做对比性分析，两者在表达数量和时间含义的语境下有时呈现反义关系，有时呈现基本同义关系。在表达时间、数量含义方面，уже 和 ещё 在汉语中并不能完全对应"才"和"就"之间的关系，只有在部分语境中可以完全对应 уже 和 ещё 表达出的时间关系，例如：

他九点就到公司了/他九点才到公司；他1950年就到北京来了/他1950年才到北京来了等。但是，从现实情景和期待情景之间的关系来考察两者的关系时，两者都表达预期偏离现实，但两者的期待方向相反。在表达时间意义时，"就"先于预设期望值，在数量意义时，"就"少于预设期望值。而"才"正好相反。"就"增添肯定语义，它所引入的期待值为递增，现实指数超越了期待指数；而"才"增添的是否定语义，它所引入的期待值为递减，现实指数要低于期待指数。

表达时间方面，以事件为参照，"就"既可以表达实际时间比预期发生的早、快，也可以表达实际时间比预期时间发生得晚、慢。例如：

1. "就"以时间为参照，表示现实值高于预期值，表达时间比预期发生得早，发生得快。预期时间大于现实时间。

[1] 刚满十三岁就死了父亲，跟随寡母过着清寒的日子，小小年纪就不得不辍学去到一家杂货铺当学徒。

[2] 在澳门，曲棍球有着较好的群众基础，许多小孩子在十二三岁就开始玩曲棍球。

[3] 在宫内，一生下来是王府，三岁就进宫当皇帝，一眼看到的就是高墙，什么，紫禁城的高墙。(《故宫》解说词)

[4] 李鹏先生在水电部任职时，我们就认识了，我们的友谊一直保持至今。

[5] 1963年，我第一次见到纳赛尔。但我觉得似乎很久之前我们就认识。

[6] 我刚刚去找水，一转头就发现他在这边鬼鬼祟祟的。

2. "就"以时间为参照，表示现实值低于预期值，表达时间比预期发生得晚，发生得慢。预期时间小于现实时间。

[1] 我们认识时就已经是抗战时期了，相互了解是更晚时候的事了。

[2] 和丈夫出国时，就三十出头了。

[3] 他参加工作就三十好几了，所以很晚。

"就"还有很多其他的义项，比如表达两个事件间隔短。例如：很多事情转头就忘，这就是脑早衰的迹象！｜他极快的立起来，扯起骆驼就走（老舍《骆驼祥子》）。｜才买回来就砸了，多可惜。（侯学超《现代汉语虚词词典》）。再如，某事件很快就要发生。我就去。｜（吕叔湘《现代汉语八百词》）寨克什一听，赶忙说："俺这就走！"（李文澄《努尔哈赤》）在这些义项上，表达时间的语义更强，强调事件发生的快，而事件发生与说话者预期之间的关系不在这些义项中作为显性语义表达。

　　国内很多学者在分析"才"的焦点敏感属性及语义分析时，经常把"才"和"就"两个焦点副词放在一起做比较研究。Paris（1981/1985）认为，"才"含否定语义，它引入的期待值是递减的（a decreasing value）；"就"含肯定语义，引入的期待值是递增的（an increasing value）[1]。白梅丽[2]认为"才"是负的或者标志减值；"就"是正的或者标志增值。陈小荷[3]认为，"就"不管是前指还是后指，都是帮助表示主观小量，"才"前指时帮助表示主观大量，后指时帮助表示主观小量。张旭[4]考查了"才"的现实语境和预期语境之间的关系，"就"传递的关系是现实语境值低于预期语境值，"才"传递的是现实语境值高于预期语境值。目前学界达成的共识是，作为焦点敏感算子的"才"和"就"在表达数量、时间、程度上往往呈现对立分布的关系。

　　"就"强调时间短，"才"强调时间长。

　　　　[1] a. 三两天就能回来。[时间短] 主观小量
　　　　　　b. 三两天才能回来。[时间长] 主观大量

　　"就"强调动作快，"才"强调动作慢。

---

[1] 杨小璐：《现代汉语"才"与"就"的母语习得》，《现代外语》2000年第4期。
[2] 白梅丽：《现代汉语中"就"和"才"的语义分析》，《中国语文》1987年第5期。
[3] 陈小荷：《主观量问题初探——兼谈副词"就"、"才"、"都"》，《世界汉语教学》1994年第4期。
[4] 张旭：《"就"和"才"的语用过程》，《天津师大学报》（社会科学版）1999年第2期。

[2] a. 稍作迟疑就向下跳去。[时间快] 主观小量
　　 b. 稍作迟疑才向下跳去。[时间慢] 主观大量

"就"强调容易,"才"强调艰难。

[3] a. 三言两语就把他打发走了。[难度低] 主观小量
　　 b. 好说歹说才把他打发走了。[难度高] 主观大量

再如:我要是拉白天,一早儿出去,三点钟就回来;要是拉晚儿呢,三点才出去,夜里回来(老舍《骆驼祥子》)。该句如果去掉"才"和"就",主观情态语义失了不少,句中只传递事实语义,早班和晚班分别几点出去,几点回来。因为有了"就"和"才",下午三点钟被赋予了新的语义,分别被视作是"早"或"晚"的一个时刻。在早班中,三点就能结束,主观上强调时间早,轻松。在晚班中,三点才能上班,主观上强调时间晚,艰难。

"当语义右向关联时,'才'和'就'既可以指向数量成分,还可以指向名词性成分、动词性成分。我才写了个开头 | 我就写了个开头。我才看见第一个人,还没问他的名词 | 我就看见第一个人,还没问他的名字。"(蒋静忠)

"就"和"才"右向关联时,都做减值强调,但也有细微语义差异。

[4] a. 我就吃了一小碗面。
　　 b. 我才吃了一小碗面。
[5] a. 他就扫了一眼,怎么全都记住了。
　　 b. 他才扫了一眼,怎么全都记住了。

两组例句都表示减值强调,分别强调"吃得少""看得少"的主观小量。但仔细分析后发现,主观强调存在一些实质上的差别。[4] a "我就吃了一小碗面"与"我只吃了一小碗面"同义,意指从语境中可以加工的选项集合(可以吃的其他东西)中,析出唯一项"一碗面"。

这里强调的是唯一性和排他性。"我才吃了一小碗面"强调的是吃面数量少，只吃了一碗面而已，没吃第二碗面，但是否同时吃了其他东西，并没有提及。[4] b 句强调的重点在于"一小碗面"这个数量为少量，而是否为某条件下唯一吃的食物，并不做明确。换言之，"才"的语义功能是排他性聚焦，"就"为一般性聚焦。[5] a 与 [5] b 的关系也是如此，表层语义基本一致，但主观倾向语义略有不同。[2] a 表示出说话人对"他"过目不忘的赞叹之情，[2] b 则表示说话人对"他过目不忘"的不信任。

[4] a. 我就吃了一小碗面（没吃别的）。
　　b. 我才吃了一小碗面（且还没正式开始吃呢）。

我就吃了一小碗面 ≈ 我只吃了一小碗面。其中选项集合为"该语境下可能吃的东西"，这个集合不是有序集合，句子断言的是其中一个选项"一小碗面"。加上"才"之后，除了表达出"一小碗面"的唯一性之外，还增加了一些主观情态（嫌少的情态语义）。

"在"在表达现实值和预期值之间的差距时，学界达成的普遍共识为，"就"不论是前指还是后指，都是表示主观小量/减值强调，"才"前指时表示主观大量/增值强调，后指时表示主观小量/减值强调。但汉语"才"在时间晚的语义上发展得比较充分，表达"时间久"的语义明显少于"时间晚"的语义。而"就"则是在时间短的方向上发展得更为充分，表达"时间早"的使用频率要明显少于"时间短"。

汉语中的"才"和"就"之间的对立统一关系与"уже"和"ещё"之间在表达时间上的对立统一有相似之处，也有区别。运用博氏的事件轴和事件轴理论加以梳理，得出，"才"和"就"、"уже"和"ещё"都是表达实际超越了预期，应该统一在一个义项之下进行研究，而不是分属两种义项。但要在一个义项内按照增值强调和减值强调结合句法分布来进行细分并展现在词典释义之内，当然更为详尽的阐释模式是将"时间轴"和"事件轴"作为内部进一步划分子类的标准，以呈现出增值强调和减值强调产生的内因。

第九节　逻辑语气词 даже 的语义特点

　　逻辑语气词 даже 的焦点敏感功能在英语、德语和俄语中都是学界研究的一个热点问题。俄语学界对于 даже 的关注点集中在，第一，даже 引入特定的预设集合选项，通过改变句子预设来影响句子语义。第二，даже 是焦点标记词，一般紧邻句子的语义焦点，句法位置相当灵活，可以位于各种句法成分之前，突出所要强调的内容。第三，даже 是逻辑语气词中包含级次语义的典型代表，даже 不仅引入特定的语用标尺，并且会在语用标尺上按照一定标准对焦点激发集合成员进行排序。第四，даже 表达主观化反预期的语用意义。

　　莫斯科语义学派对词汇单位意义进行语用层面释义描写，参与释义的语用因素包括超音质特征、语句交际结构、说话人主观预设、观察者视角等。

　　例如：Даже[1]，частица усилительная. Употребляется для выделения и усиления слова или словосочетания, к которому относится (ставится обычно перед выделяемыми словами).

　　[даже（甚至）1，加强语气词。用于区分和加强（выделение и усиление）其所属的词或者词组（通常置于被标记词语之前）]。

　　-то[1]，частица выделительная. Употребляется для подчеркивания и выделения в предложении слова, к которому относится (МАС). [-то（就连……都）1，区分语气词，用于句中强调和区分（подчеркивание и выделение）其所属的词语]。

　　上述两个语气词原文注释中唯一的区别在于把第一个注释中的"区分和加强（выделение и усиление）"换成了第二个注释中的"强调和区分（подчеркивание и выделение）"，仔细对比发现，"强调（подчеркивание）"和"加强（усиление）"没有任何区别。从释义来判断，两个语气词是近义词。但在一些语境下两者非但不是近义词，还表现出反义词的倾向。试比较①Даже старики пришли на митинг（甚至老人们都来游行了）②-Старики-то пришли на митинг.（就连老人们都来游行了）。

两个句子中的命题是一致的（老人们来游行了）。从其中一个命题向另一个命题转变时，唯一变化的是说话人的主观判断，即说话人对情况的评价。如果说话人使用语气词 даже（甚至）1，那就意味着 a) 老人们来游行了；b) 其他人来游行了；c) 说话人没想到老人们会来游行；而如果说话人使用语气词 -то（就连……都）1，这就意味着 a) 老人们来游行了；b) 其他人没有来游行；c) 说话人知道老人们会来游行；d) 说话人没想到其他人不会来游行。两个同形异义句的主要差别在于说话人的预期。例①中说话人主观预设老人们不回来，而例②中说话人主观预设其他人不会来，是两个完全相反的方向。

两个语气词的元语言释义如下：

Даже A1 A2："生物或者客体 A1 做 A2、处于状态 A2 或者具有特性 A2；其余生物或者客体 A3 做 A2、处于状态 A2 或者具有特性 A2；说话人没想到 A1 会做 A2、会处于状态 A2 或者会具有特性 A2。"

A1-то A2："生物或者客体 A1 做 A2、处于状态 A2 或者具有特性 A2；其余生物或者客体 A3 不做 A2、不处于状态 A2 或者不具有特性 A2；说话人认为 A1 会做 A2、会处于状态 A2 或者会具有特性 A2；说话人没想到 A3 不会做 A2、不会处于状态 A2 或者不会具有特性 A2。"

在 даже 的语义中，预设发挥非常重要的作用。俄语言学家 Т. М. Николаева 因其在影响句子预设方面的特殊作用，将 даже 称之为预设语气词①。Krifka. M② 明确地指出，焦点化算子（focusing operators）除了会给句子中的某些句法成分赋予焦点身份，从而把句子的语义表达区分为焦点部分和背景部分之外，通常还会引入特定的预设。例如：

[1] a. John only kissed [Mary]$_F$ [约翰只吻了玛丽]
陈说：John didn't kiss anyone else. [约翰没有吻其他人]
预设：John kissed Mary. [约翰吻了玛丽]
b. John even kissed [Mary]$_F$. [约翰居然吻了玛丽]

---

① Николаева Т. М. 1985. Функции частиц в высказывании（на материале славянских языков）. М.：Наука.

② Krifka, "Focus and presupposition in dynamic interpretation" *Journal of Semantics*（10），1993，pp. 269-270.

陈说：John kissed Mary.［约翰吻了玛丽］

预设：It was more likely that John kissed someone else.［很有可能约翰还吻了其他人］①。

例［1］中，焦点化算子 only 和 even 分别引入了不同的陈述和预设。焦点算子 even 引出一个表示某种事件的可能性大小的标尺，按照语义强度呈现线性序列。比如：可能性最小（约翰吻了玛丽）→可能性稍大（约翰吻了琳达）→可能性较大（约翰吻了雷妮）→可能性更大（约翰吻了苔丝）→可能性最大（约翰吻了梦露）②。

Jackendoff 用标准意义（standard meaning）、预设架构及预设集合（presuppositon set）这三项来表达焦点句的意义。他认为所有句子在加进焦点后，都会得出两个解释项：标准意义及预设架构。标准意义中的焦点常量以自由变量 x 代替后，便可得出预设架构。例如：

　　a.［2］Sue only introduced［Bill］$_f$ to John.／苏只介绍了比尔给约翰。
　　b.（i）标准意义：INTROD（BILL）（JOHN）（SUE）；
　　　（ii）预设架构：INTROD（x）（JOHN）（SUE）
　　c. 预设集合：λx［INTROD（x）（JOHN）（SUE）］

把标准意义中的焦点常量 Bill（比尔）以自由变量 x 代替，便可得出预设架构（bii），即 Sue 向 John 介绍了某个人。预设架构中的自由变量 x 在经 λ 抽象后会给出预设集合，即"苏向约翰介绍的所有的人"组成的集合③。

博氏认可预设集合的概念，并着重研究预设集合与析出内容之间的关系。逻辑语气词的语义更多表达的是一种关系，是情境内涉及的成员和成员集合之间的潜在联系，如何将这些"潜在联系"写入语义结构，

---

① 袁毓林：《汉语句子的焦点结构和语义解释》，商务印书馆 2012 年版，第 37 页。
② 袁毓林：《汉语句子的焦点结构和语义解释》，商务印书馆 2012 年版，第 37 页。
③ 李宝伦等：《对焦点敏感的结构及焦点的语义解释（上）》，《当代语言学》2003 年第 1 期。

是博氏在进行每一个语气词分析时所要解决的难点。

博氏指出，如果句子内词语预设之间存在逻辑推理上的矛盾，句子就无法成立。例如：在全国人民都熟知姚明是 NBA 全明星队员的前提下，"姚明"就不仅是一个名字，包含更多附加意义。如果在句子"姚明会打篮球"中加入逻辑语气词 даже，形成"连姚明都会打篮球"的语义，与"姚明"的指称意义会发生冲突。类似的例证还有：

[3a] Учителя математики знают таблицу умножения. 数学老师知道乘法表。

[3b] *Учителя математики знают даже таблицу умножения. 连数学老师都知道乘法表。

也就是说，我们不能说，"连博士都不会写字""连体操冠军都不会前空翻""连特级厨师都不会炒菜"，我们可以说，"连三岁小孩儿都可以背乘法表，你不会"，但不能说"连数学老师都能背乘法表，你不会"。даже 表达反预期的预设，一定不能和常识相悖，даже 在句中所搭配词语是有限制的，限制在于 даже 的语义预设中传递了一个成员与成员之间的级次语义，那么如果在级次排序上，所搭配词语与排序的规则发生了矛盾，那么语义就必然无法成立。

要分析 даже 的语义结构，依照博氏选择句式的标准和选择，通常句子越简单，配价内容越完备，是越容易作为辖域分析的标准公式的突破口。博氏找到一个最简单的例证，在该例证中，预设选项集合、级次蕴含和主观化反预期都展现在语义阐释模式之中。

[4] даже Ива́н сегодня опоздал на работу. /连伊万今天都迟到了。

даже 的辖域为 Иван。该句语义阐释为：

(a) Иван сегодня опоздал на работу；伊万今天上班迟到。
(b) Некоторое множество людей сегодня опоздало на работу；

某一个集合的人群今天上班迟到。[预设集合选项]

（c）Иван был последним человеком из тех людей, о которых можно было бы предположить, что они сегодня опоздают на работу；该集合内的人，伊万是被认为最不可能今天上班迟到的人。[伊万在标尺中处于级次最低点，实施谓词行为的可能性最低]

（d）ожидалось, что Иван сегодня не опоздает на работу. 在说话人的预设期待中，伊万今天不会上班迟到。[даже 表达出反预期的语用语义]

基于语义结构的分析博氏发现，对 Даже 语义预设发挥重要作用的三个因素：预设交替项、级次蕴含和主观化反预期。

关于"预设交替项""焦点激发选项""对立选项"描述的都是焦点敏感算子所激发的选项集合，只是不同语义学家所用的术语不一致，内涵是一致的。在 только 语义分析章节，我们使用了焦点激发选项集合，而在 даже 语义分析这章使用预设交替项，原因在于：国内文献在对 только 进行形式化语义分析领域，大多使用焦点激发选项集合这个术语，强调焦点与选项集合之间的关系。而在 даже 形式化语义分析中，俄国学者多认可预设交替项这个说法，强调 даже 语义中预设，侧重点不同。

一 逻辑语气词 даже 语义中的语用预设

关于预设交替项（alternative）俄语言学家 Н. А. Торопова 称之为对立选项（противочлен）、Karttunen, Peters 称之为存在蕴含（импликатура существования），袁毓林汉译为预设交替项。虽然术语表达有所区分，但内涵一致。从聚合的角度来看，每一种焦点不论其范围大小，都有一系列潜在的成分跟这个焦点成分构成对比和替换关系。例如：你必须认真地读三遍。这句话中，"三遍""读三遍""认真地读三遍"都有可能是焦点，跟焦点"三遍"发生潜在对比关系的是"四遍""五遍"等，跟焦点"读三遍"发生潜在对比关系的是"听三遍""写三遍"等，跟焦点"认真地读三遍"构成潜在对比关系的是"草草地读三遍""漫不经心地读三遍"等。由这种跟焦点成分具有替换关系的成分构成的集合为焦点域（focal domain）。相应地，处于同一焦点域中的一组交替项（alternative）构成了某个焦点域的值（value）。由于预设是通过用上位词语替换焦点而得到的，因为焦点一定是预设集合的成员，即 Focus ∈ λxPresupp$_s$ (x)。

同时，语气词 даже 的交替项预设成员之间会按照一定的语用标尺进行排序，形成级次关系。даже 所预设的级次意义是对客观世界实施主观的级次化操作，从而赋予客观世界一种主观的级次意义[①]。袁毓林在分析"甚至"时，也表示，"甚至"的焦点算子功能为：引出一个跟语境相关的语用量级标尺，并指示其所约束的焦点处于量级衍推序列上的最低点（袁毓林 2012：240）。Fauconnier（1975）认为：语用量级标尺是"甚至"句的语用预设，根据尺度原理（scale principle）——如果一种属性对于某个尺度（scale）S 上的 x_i 是适用的，那么它对于 x_j 将也是使用的；条件是 $x_i < x_j$。可以用命题形式记做 R (x_i) →R (x_j)，其中→R 读作"语用蕴含（pragmatic entail）"。并且如果 α 是最低点，那么 R (α) →∀xR (x)[②]。根据蕴含关系的传递性，也就是说，如果 R 对于 S 上最低的元素是使用的，那么它适用于 S 上所有的元素。

二　逻辑语气词 даже 语义中的级次蕴含

所谓语义量级是指，在同一语义辖域内，具有共同特征的一组词，在程度、范围、时间等方面呈现一定的梯度性对比差异。这些词之所以能够汇聚在同一语义辖域内或是因为本身语义上具有相关性，或是在语义上无相关性，但特定的语境赋予了它们共同的语义特征。袁毓林将语义量级称为"语用标尺"。他认为，"甚至"所约束的焦点正好是句子的信息焦点，句子的交际信息结构是由语境等语用因素决定，量级标尺上的各个级次信息是从语境中推导得知，离开语境"语义量级"无法存在，所以称之为"语用量级标尺"更准确。

[①] 杨家胜：《级次与标准理论的语言学研究》，博士学位论文，黑龙江大学，2007 年，第 65 页。

[②] 袁毓林：《汉语句子的焦点结构和语义解释》，商务印书馆 2012 年版，第 181 页。

第三章 汉俄语焦点副词（逻辑语气词）的实证分析　　199

根据 Ekkehard König[①], Horn（1972）, Gazdar（1979）把量级定义为[②]：

Aset of contrastive expression of the same category, which can be arranged in a linear order according to their semantics strength.（量级就是一组具有比较关系的同类表达式，这些表达式能够根据它们的语义强度组成线性序列。）一组表达式<e_1, e_2, e_3……e_n>满足如下条件时就是一个量级：a. 在句法框架 S（e_x）中，如果用 e_2 代替 e_1，我们就能得到一个合格的句子。b. S（e_1）推衍（entails）S（e_2），S（e_2）推荐 S（e_3），以此类推，但是反之则不然。

量级定义的关键词是"同类表达式""语义强度"和"线性序列"。"同类"指出预设交替项与焦点选项之间的关联，"线性序列"指出预设交替项集合内部成员之间的级次关系。"语义强度"指出"线性序列"排序规则。也就是说，"даже"类的焦点敏感算子是可以通过约束焦点达到激发焦点域的效果，被"даже"约束的焦点是从一个线性序列中依据语义强度而挑选出来的。

在众多的俄语语气词中，даже 是蕴含级次意义的典型代表。在句子预设中，даже 传递出焦点和预设交替项在期望值线性序列中的级次[③]关系，这种级次关系反映在某种特征的显性强度上，全部具有该特征的成员在特征显性强度方面可以按照等级排列起来，形成一个量级标尺。例如：

[1] Задачу решил Иван и даже Петр. /这个问题不光伊万解决了，甚至连彼得都解决了。

该句中的两个人物按照"被期望有能力完成任务"进行了排序，"彼得"获得了较小的期望值，"伊万"获得了较大的期望值。当句子

---

① König E, *The Meaning of Focus Particles：A Comparative Perspective*, London and New York：Routledge, 1991, p. 73.

② 殷何辉：《焦点敏感算子"只"的语义研究》，中国出版集团公司 2017 年版，第 77 页。

③ 除"级次"外，国内学者也使用"梯级""量级"术语表达 scale, шкала。翻译不同，但内容相同。

中去掉 даже 之后，该序列自然消失。因此，在 даже 的语义中包含期望值的排序，这是 даже 语义中的必要因素。再如：

　　　　[2a] На занятия пришёл даже Иван. /连伊万都来上课了。

　　指的是，在全部具有这一特征（应该来上课）的学生中，伊万来上课的可能性最小，因此他处于该标尺最弱势的位置上；而其他学生来上课的可能性都不同程度地高于伊万，他们在标尺上都相应地处于比伊万更强势的位置。该句传递出的语义是："连最不可能来的伊万都来上课了，其他人更不用说了，肯定都来了。"语气词 даже 激发了一个潜在的选项集合（其他来上课的同学），同时激发该选项集合内成员的级次序列（伊万处于序列最低端）。даже 语义关联的成分是一个主观极量，处于呈序列化系列的语用量级标尺的一端，可能是主观极大量，也可能是主观极小量。
　　级次意义也是 даже 区别于 только 的最为显著的特征，若替换例 [2a] 中的 даже 为 только，得出：[2b] На занятия пришёл только Иван/来上课的只有伊万。两个语句具有完全相同的命题——"伊万来上课"，только 也激发预设交替项集合，但是不激发期望值预设和期望值级次排序。也就是说，在例 [2b] 中，только 析出的焦点成分（Иван）和预设交替项成分（другие люди）之间不存在特征强度方面的级次关系，而只是一种对立关系。两者可以进一步阐释为：

　　　　[2a′] На занятия пришёл Иван, и существуют люди, которые отличаются от Ивана и пришли на занятия, и вероятности явиться на занятия у Ивана меньше, чем у других. /伊万来上课了，还有一些伊万以外的人也来上课了，与此同时，伊万来上课的可能性小于其他人来上课的可能性。

　　　　[2b′] На занятия пришёл Иван, и не существуют люди, которые отличаются от Ивана и пришли на занятия. /伊万来上课了，除他之外，没有其他人来上课。

全面而深度剖析语句〔2a〕的意义，可以尝试区分成为以下几个方面：

〔2a〕На занятия пришёл даже Иван. ╱甚至连伊万都来上课了。
i. На занятия пришёл Иван. ╱伊万来上课了。
ii. На занятия пришли и некоторые другие люди. ╱另外也有一些人来上课。
iii. Иван является последним человеком из тех людей, о которых можно было бы предположить, что они придут на занятия. ╱伊万在所有被预设可能来上课的人中是来的可能性最小的那一个。
iv. реальное положение превосходит ожидание ╱事实超越预期。

在所有包含 даже 的句子，包含焦点和预设交替项按照某标尺进行排序的级次语义，并且焦点和预设交替项按照某种规则进行排序。如果焦点和预设交替项打破了该级次排序规则，则语义无法成立。例如：* Я смеюсь и даже улыбаюсь. "大笑"和"微笑"之间的排序规则与 даже 的排序顺次相矛盾，该句则无法成立。

事实证明，在无法兼容"级次"语义的句子中，даже 无法进行有效搭配。例如：

〔3〕Боре не просто нравится Маша, он её даже любит. ╱鲍利亚不只是喜欢玛莎，甚至是爱她。
〔4〕* Боря не просто любит Машу, она ему даже нравится. ╱鲍利亚不只是爱玛莎，甚至是喜欢她。
〔4′〕Боря не просто любит Машу; она ему даже обожает. ╱鲍利亚不只是爱玛莎，甚至是崇拜她。

以上例句中的三个动词之间的级次关系为：нравиться〔喜欢〕—любить〔爱〕—обожать〔崇拜、狂热喜欢〕。三个感情程度的词语按照深浅排序，喜欢最次之，爱居中，崇拜最甚。如果 X 爱 Z，那自然喜欢 Z，反之则不然。如果 X（崇拜、狂热爱着）Z，那么 X 一定是爱 Z 的。

同样的语义量级包容关系也呈现在 улыбаться（微笑）和 смеяться（笑）之间。按照程度量级关系，смеяться>улыбаться，比如：

У меня несчастье каждый день, а я улыбаюсь, даже смеюсь. /我每天都面临不幸，但是我微笑面对，甚至大笑，狂笑。

以下语境因缺少语义量级序列或因语义量级序列关系不清晰都很难与 даже 相搭配。

*Даже któ-то хочет позвонить в Ленинград.

*Я даже нигдѐ не могу отыскать Вас.

*Учитель хотел вызвать к доске даже всѐх учеников класса.

*Это была даже тá девушка, с которой я познакомился на концерте.

*Петр выделяется даже среди ребят своим ростом.

三 逻辑语气词 даже 最简辖域

1972 年 Jackendoff 继承了 Chomsky（1971）在表层结构中解释焦点的思想，给出 even 的辖域定义为：

If even is directly dominated by a node X, X and all nodes dominated by X are in the range of even. Association with focus will be able to take place only if the focus is within the range of even [如果 even 受节点 X 直接支配，那么 X 和 X 支配的所有节点都在 even 的辖域中，只有当焦点在 even 辖域之内时，才会发生与焦点的关联。]①

该辖域定义表明，焦点一定位于 even 的辖域之内。但是没有明确焦点和 even 之间的语义关系，更没有表明 even 语义中的级次蕴含和预设交替项。

博氏认为，"级次蕴含"和"预设交替项"是 даже 语义分析中的关键要素，必须写到语义阐释模式中，并基于传统语义阐释加工出了自己的语义阐释模式为：

даже（Q, R, P）=

(a)'во множестве R существует объект（или объекты）Q', отли-

---

① Jackendoff. R, *Semantic Interpretation in Generative Grammar*, Cambridge: The MIT Press, 1972, p. 249.

чный от Q，такой，что он обладает свойством P или мог бы им обладать'/在даже所区分出的对象集合R中，Q'有别于Q，它（它们）具有或者可能具有属性P；

（b）'можно было с бо́льшим основанием ожидать，что Q' будет обладать свойством P，чем того，что им будет обладать Q'［EXPECT（P_Q'）>EXPECT（P_Q）］/说话人有充分理由预期，Q'比Q拥有属性P的可能性更大。换言之，说话人对Q'的预期指数要大于Q①。例如：

　　Над прошедшим даже боги не властны./连上帝都无法主宰过去。

　　（a）'боги（Q）не властны над прошедшим'/上帝Q无法主宰过去；

　　（b）'некоторые существа Q'，отличные от богов，не властны над прошедшим'/区别于上帝的其他存在Q'，也无法主宰过去；

　　（c）'можно было с бо́льшим основанием ожидать того，что Q' будут не властны над прошедшим，чем того，что над прошедшим будут не властны боги'［EXPECT（P_Q'）> EXPECT（P_Q）］/有充分理由预期，在无法主宰过去这个能力的排序上，Q'是高于上帝的；

　　（d）'можно было ожидать，что боги будут властны над прошедшим.'/可以预期，上帝将能够主宰过去②。

莫斯科语义学派在对词语进行释义过程中，释义内容包含说话人评价等语用意义。所以，даже释义结构中的c和d都包含说话人的主观评价，特定的语用评价意义成分被写进了语义结构。这是莫斯科语义学派元语言释义的特点之一，莫斯科语义学派的元语言释义结构中包含各种主观情态，价值评价等与"人"有关的语义要素，从даже释义结构

---

① Богуславский И. М. 1996. Сфера действия лексических единиц. М.：Школа《Языки русской культуры》.

② Богуславский И. М. 1996. Сфера действия лексических единиц. М.：Школа《Языки русской культуры》.

中可以看出，语用标尺上的量级级次含义构成了 даже 语义关键要素，不可忽略。

值得注意的是，该模式下，不仅"级次蕴含"和"预设交替项"得以体现，同时反预期的语义也通过形式化手段表达：[EXPECT (P_Q') >EXPECT (P_Q)]，博氏把 даже 引入的主观评价加入到语义阐释，表达出说话人对某种情况的发生感到出乎意料。"紧跟 даже 之后的成分对听说双方来说都是意想不到的信息，而"意想不到"则表明该成分是述位或包含述位。①

逻辑语气词 даже 语义结构包含了语用量级标尺，指出 Q 与 Q′在该语用量级标尺上进行排序，排序的规则为：说话人对 Q 和 Q′能够拥有功能 P 的预期值，并且 Q 处于该尺度上的最低点，对于"不能主宰过去"这种属性来说，"上帝"具有这种性质的可能性最小，即"上帝"处于"不能住在过去"这种可能标尺的最低点。根据蕴含关系的传递性，能力弱于上帝的所有人都不能主宰过去，可以用命题形式记做 R (x_i) →R (x_j)，其中→R 读作语用蕴含（pragmatic entail）。如果 α 是最低点，那么 R (α) →∀xR (x)，也就是说如果 R 对于 S 上最低的元素 α 是使用的，那么根据蕴含关系，它适用于 S 上所有的元素。这是 даже 释义的逻辑机制。

四　逻辑语气词 даже 的非常规辖域类型

在俄语中，简单句组合成为一个整体的复合句，并非简单的语义叠加，过程较为复杂。В. В. Виноградов 指出："简单句做成组成成分进入到复合句，不可避免会产生重音挪移，有时也伴随句子结构的改变。"② 博氏认为，如果想要明确主从复合句内部主句和分句之间的语义关系，最有效的方式也是深入到语义结构内部进行探究。在带有 даже 的主从复合句中，找到 даже 的辖域也就找到了 даже 语义与主从句之间的关系。博氏延续一贯的分析方式，以点带面，从单个例证入手，展示词汇

---

① Богуславский И. М, Крейдлин Г. Е. 1975. Лексема даже. Семиотика и информатика, (6): 102–115.

② Виноградов В. В. 1975. Избранные труды. Исследования по русской грамматике. М.: Наука.

单位内部的语义运作机制。例如：

[1] Я думаю, что Иван может поднять этот камень. /我认为，伊万能举起这块石头。

其中，从句 S 为 Иван может поднять этот камень. В. А. Белошапкова 认为，在复合句中，从句 S 失去了交际层面的完整性和重读，但是保留了原句 S 的句法结构和语义结构[1]。换言之，将任何一个简单陈述句 S，放置于 Я думаю, что S 的结构中后，其语义结构和句法结构没有发生变化。那么，如果遵循该思路分析复合句例 [1]，就可以拆分为分析两个部分进行单独的语义分析：Я думаю, что S 和 Иван может поднять этот камень。

博氏运用辖域分析法有力地反驳了 Белошапкова 的观点，指出在从句中包含逻辑语气词 даже 的情况下，从句的语义分析要放置在主句的框架内，不能进行单独语义分析。

[2] Даже Иван может поднять этот камень. /甚至连伊万都能举起这块石头。

该句语义最为接近的描述方式为：石头足够轻，即使对于被认为是力量相对弱的人，如伊万，也能够举起。

依据上一章节 даже 题元结构：$СД_Q$ = Иван；$СД_P$ = может поднять этот камень. 例 [3] 的语义结构为：

[2'] (a) 'Иван может поднять этот камень' /伊万能举起这块石头；

(b) 'другие люди могут поднять этот камень' /其他人也能举起这块石头；

(c) 'можно было с большим основанием ожидать того, что

---

[1] Белошапкова В. А. 1981. Современный русский язык. М.: Высш. школа.

эти люди могут поднять этот камень, чем того, что его может поднять Иван'. /有更充分的理由预测，与伊万相比较，其他人更容易举起这块石头。

将例［2′］作为从句放置于复合句。得出：

［3］Я думаю, что даже Иван может поднять этот камень. /我认为，甚至连伊万都能举起这块石头。

看得出，从句的语义阐释没有改变，伊万仍被看作是力量较弱的人，石头也依然被认为是很轻的重量。例［3］的语义结构与例［2］基本相似，只有 a 点有差距：

［3′］（a）'я думаю, что Иван может поднять этот камень'/我认为，伊万能举起这块石头。

（b）'другие люди могут поднять этот камень'/其他人可以举起这块石头。

（c）'можно было с большим основанием ожидать того, что эти люди могут поднять этот камень, чем того, что его может поднять Иван'. /有更充分的理由预测，与伊万相比较，其他人更容易举起这块石头。

这种情况下，我们可以认为两者语义是简单相加。
但是，若将主句转变为否定句：

［4］Я не думаю, что даже Иван может поднять этот камень. / /我不认为，甚至连伊万都能举起这块石头。

主句中否定的辖域是全句语义的重点，如果主句语义全部管辖从句的话，那石头就应该变成很重，伊万被视为力量很大的人。应阐释为：这块石头如此之重，连伊万这么强壮的人都搬不动。该语义阐释下句子应该为：

[5] Я думаю, что даже Иван не может поднять этот камень. / 我认为，甚至连伊万都不能举起这块石头。

该句中 СД$_Q$ = Иван，СД$_P$ = не может поднять этот камень.

语义结构为：(a) 'я думаю, что Иван не может поднять этот камень' / 我认为，伊万不能举起这块石头。

(b) 'другие люди не могут поднять этот камень' / 其他人也不能举起这块石头。

(c) 'можно было с большим основанием ожидать того, что эти люди не могут поднять этот камень, чем того, что его не может поднять Иван' / 有更充分的理由预测，跟伊万相比较，其他人更在不能举起这块石头。

把两句放在一起进行对比分析，我们发现，例 [4] 和例 [5] 并不是同义句。

[4] Я не думаю, что даже Иван может поднять этот камень.

[5] Я думаю, что даже Иван не может поднять этот камень.

但是，去除 даже 这个词语之后，两个句子变为同义。在全称否定句中，从句中否定语气词 не 可以提升到主句之中，这种现象称之为否定提升（подъём отрицания）。因此，两个句子的语义阐释是同构的。

[6] Я не думаю, что Иван может поднять этот камень. = Неверно, что Иван может поднять этот камень.

[7] Я думаю, что Иван не может поднять этот камень. = Неверно, что Иван может поднять этот камень.

但是在句组例 [4] 和例 [5] 中，不能运用否定提升的理论来解释。该组语句只是多了逻辑语气词 даже，就完全改变了同义关系，由此看来 даже 语义在这两个句子中与主句中的 не 发生了不同的化学反应，这是导致两者语义出现实质性差别的原因。复合句语义是主句和从句语义的叠加的观点就要重新考量。博氏推测语义差异的原因在于，从句中的 даже 作用到了主句的语义之上，改变了整个语句内部运作机制所致。

形式化例［3］和［4］的语义结构为：

［3］Я думаю, что даже Иван может поднять этот камень.

［3'］（a）'я думаю, что Иван может поднять этот камень'；／我认为，伊万可以举起这块石头。

（b）'другие люди могут поднять этот камень'；／其他人也可以举起这块石头。

（c）'можно было с большим основанием ожидать того, что эти люди могут поднять этот камень, чем того, что его может поднять Иван'．／有充分理由预期，其他人比伊万更有可能举起这块石头。

［4］Я не думаю, что даже Иван может поднять этот камень.

［4'］（a）'я думаю, что Иван не может поднять этот камень'；／我认为，伊万不能举起这块石头。

（b）'другие люди не могут поднять этот камень'；／其他人也不能举起这块石头。

（c）'можно было с большим основанием ожидать того, что эти люди не могут поднять этот камень, чем того, что его не может поднять Иван'．／有充分理由预期，较之伊万，其他人更不可能举起这块石头。

两个句子中都存在焦点"伊万"的预设交替项配价 Q'。焦点和预设交替项所具备的属性完全相反。

在该句中去掉 даже：Я не думаю, что Иван может поднять этот камень.／我不认为伊万能举起这块石头。

该句语义结构为：

a.'я не думаю, что Иван может поднять этот камень'／我不认为伊万能举起这块石头。

b.'существуют другие люди Q'，такие, что я не думаю, что они могут поднять этот камень'／存在其他人 Q'，同样，我也不

认为他们能够举起这块石头。

c. 'можно было с большим основанием ожидать того, что эти люди будут обладать данным свойством (а именно, тем свойством, что я не думаю, что они могут поднять этот камень), чем того, что им будет обладать Иван'. 有充分理由预期, 在具备属性"我不认为能举起这块石头"方面, 其他人的可能性要高于伊万。

Karttunen-Peters 1979[①] 对于句型: It is hard for me to believe that Bill understand even《Syntactic Structure》的分析中, 如果按照 even 为窄辖域, 语义为:《句法分析》这本书很难理解, 比尔很难看懂。如果 even 为宽辖域类型: 语义为:《句法分析》这本书很简单, 说话人很难相信, 比尔居然看不懂这本书。上文有述, 主从句的语义可以简单阐释为: 主句语义+从句语义。也就是说, Иван может поднять этот камень. 该句语义可以单独阐释后, 加入 Я думаю, что S 的主句框架之内。同理, 例[4] —Я не думаю, что даже Иван может поднять этот камень 可以拆分为: 'Я не думаю, что + {даже [Иван может поднять этот камень]}' = 'неверно, что даже Иван может поднять этот камень'. Даже Иван может поднять этот камень 全句发生否定。

基于以上情况的分析, 博氏进一步找寻出类似的否定语境, 在这些否定语境中, 首先, 说话人的评价都是负面的、消极的, 其次, 复合句的辖域规则不能简单按照主句和从句进行相加的规则进行。

第一类: 谓词带有以下词语的句子之中: исключено, мало, вероятно, сомневаюсь, вряд ли, едва ли, не уверен, трудно поверить, проблематично, вряд ли можно надеяться<быть уверенным>, наивно<грубо>рассчитывать 等。

第二类: 带有否定评价谓词 жалеть, раскаиваться:

[8a] Я раскаиваюсь, что даже ↓ подошел к нему/我甚至走近了他, 这点我很后悔。[意指 подойти—это мало, 靠近他被设定为

[①] Kartunnen. L., and Peters. S, "Conbentional Implicature", *Syntax and Semantics* 11: *Presuppositon*, New York: Academic Press, 1979.

低层级行为，甚至连靠近他也不应该］

［8b］Я жалею, что даже открывал эту книгу./我甚至打开了这本书，我觉得很可惜。［意指 открыть книгу—это мало 打开书被设定为低层级行为，甚至连"翻开书"这个简单动作也不该做］

第三类：带有'недостаточно'语义的词语。

［9］Одного урока недостаточно <не хватит, мало>, чтобы эту тему усвоили даже самые сильные ученики. 即使对于成绩最好的学生来讲，用一课时也不够掌握这个主题。

第四类：带有 ли 的疑问句。

［10a］Смогут ли даже самые сильные ученики усвоить эту тему?/成绩最好的学生就能掌握这个主题吗？

［10b］Неизвестно <интересно, кто знает, поставим вопрос>, смогут ли даже самые сильные ученики усвоить эту тему./谁知会不会连成绩最好的学生都掌握不了这个主题。

第五类：带有'нет''мало'等表示"没有""少""不多"等意义的词语。例如：нет, отсутствовать, мало, немного, редко, не имеется, трудно найти 等。

［11a］［Это очень сложный задачник.］В нем нет <очень, мало> таких задач <трудно найти такие задачи>, которые могли бы решить даже самые сильные ученики./［这本习题集很难。］就连成绩最好的学生都无法<很难>在其中找到能解出的题目。

在五类语境中，(1) 动词 жалеть 惋惜、后悔/раскаиваться 后悔表达出，主体否定评价某一情景，且希望该情境未发生；(2) 带有'недостаточно'语义的谓词语义中同样带有否定成分'если у X-а будет

Y，то X не сможет выполнить Z'；(3) 带有一般疑问句 ли 类型的句子中，在问句中已经包含否定成分 'сообщи, что имеет место —P или не P'。除此之外，该句中隐含着另外一个否定成分，是由否定和 даже 搭配后所传递出的否定语义。将 даже 从该句中删除，这种质疑性的否定语义就会消失：Смогут ли самые сильные ученики усвоить эту тему？该句只是询问信息，说话人没有把握判断，对于情景 P 是发生还是未发生，因此发出询问。而在［10a］中清晰传递出说话人对于肯定回答的质疑。说话人非常有把握地提出怀疑，认为即使最厉害的学生也驾驭不了这个主题。(4) 第五类中，мало，много 等语义可以表达 'меньше 少于'、'больше 多于' 的语义：мало = меньше нормы，много = больше нормы，широкий = имеющий ширину больше нормы，узкий = имеющий ширину меньше нормы [1]。

博氏指出，даже 的形式语义阐释要比 только 更难，在实际语言运用中，最简辖域和变体辖域都是给 даже 的形式语义分析做方法论上的参考，在接下来的研究中，博氏继续依托语料库探索更多具有代表性的特殊情形，将各种特殊情形都能够纳入辖域规则系统之内，进一步充实积极集合词条中 даже 的词条释义。

五　даже 与 только 语义辖域的异同

两个逻辑语气词都是三价语气词，三个配价完全一致：焦点成分、焦点激发选项集合和焦点激发条件。同时，三个配价语义辖域建立规则也完全一致。基于相同的配价结构，三个配价的辖域分布特点也呈现出很多共同点。

1. 两词语都为浮游辖域副词。

И. М. Богуславский[2]，Ю. Д. Апресян[3]，Крейдлин[4] 等学者明确指

---

[1] Апресян Ю. Д. 1974. Лексическая семантика：синонимические средства языка. М.：Наука，368.

[2] Богуславский И. М. 1998. Сфера действия начинательности и актуальное членение：втягивание ремы. Семиотика и информатика. М.：Языки рус. Культуры.

[3] Апресян Ю. Д. 1980. Типы информации для поверхностно - семантического компонента модели 《Смысл Текст》. Wien：Wiener Slawistischer Almanach.

[4] Богуславский И. М，Крейдлин Г. Е. 1975. Лексема даже. Семиотика и информатика，(6)：102-115.

出，даже 在意上的一个重要特点是：它经常附在述位成分或包含述位的成分之前，Крейдлин 认为 даже 是述位标记词（рематизатор），具有浮游辖域类型词特征。例如：

［1a］Даже Пётр забыл нам позвонить.／连彼得都忘了给我们打电话。

даже 的辖域是 Пётр，为句子述位。

［1b］Петр забыл даже нáм позвонить.／彼得居然连我们都忘了给打电话。

даже 的辖域为 нам，нам 为句子述位 позвонить нам 的组成部分。

［1c］<Петр не только забыл, что он должен был зайти к нам>, он даже забыл нам позвонúть.／［不仅忘了他应该来找我们］，他甚至忘了打个电话告知我们。

даже 的辖域为 забыл нам позвонить. 述位为 позвонить.

2. 两词语句法浮动性较强。

从句法位置的浮动性来看，даже 的句法位置较为灵活，几乎可以关联句子中任一语义成分以及可以关联静词性词组。如：

主语 Даже мать с трудом узнала вернувшегося из армии сына.／就连母亲也难以认出从军队回来的儿子。

谓语：Он даже слышать не хотел о своей дочери.／他就连听都不想听自己女儿的事儿。

补语：Неожиданно для всех он оказался человеком спокойным и даже добродушным／出乎大家的意料，他居然是一个冷静甚至善良的人。

定语：Это был хороший, даже слишком хороший подарок／这是一件很好甚至可以说是太好的礼物。

状语：Но куклы, даже в эти годы, Татьяна в руки не брала.／但哪怕是这些年，塔吉亚娜也没碰过洋娃娃。

名词词组：Луна сквозь черные тучи не обозначалась даже слабым

просветом./月亮穿过乌云，甚至连一丝微光都看不到了。

3. 两词语在句法位置上都与 $СД_Q^{синт}$ 成分相邻。

4. $СД_R^{синт}$ 和 $СД_Q^{синт}$ 之间的关系是包含和被包含的关系。例如：［2］ Эта задача по силам даже слабым ученикам <только сильным ученикам>. 在例［2］中，$СД_R^{синт}$ = ученики，而 $СД_Q^{синт}$ = слабые<сильные> ученики：'из всех учеников［R］эта задача по силам даже слабым ученикам <только сильным ученикам>［Q］'.

5. 在一定的语境下，语气词 даже 和 только 都可以移动至前置词之前。例如：［3a］даже ради тебя я на это не пойду.

［3b］Я пойду на это только ради тебя.

［3c］* Ради даже тебя я на это не пойду.

［3d］* Я пойду на это ради только тебя.

在很多语言中，表达"只有、仅有，只"含义的语气词可以在两种位置间自由活动，但是，有些情况下，句子意义会发生改变。例如，德语中的语气词 nur（König 1991：109）：

［4a］Nur mit ＄100 in der Tasche geht er in dieses teure Restaurant

'только со ста долларами в кармане（= не меньше）он пойдет в этот дорогой ресторан'.

［4b］Mit nur ＄10 in der Tasche geht er in diesed teure Restaurant

'Только с десятью долларами в кармане（= всего лишь）он идет в этот дорогой ресторан'

6. 两个语气词的配价 P 和配价 R 的句法辖域可以为空集。当配价 R 的语义辖域是广义上的一个集合 U（通过该上下文背景说话人和受话人加工出的集合），而配价 P 的语义辖域是——"发生"这个行为。［5］Тихо вокруг. Даже птицы не поют 中：$СД_Q^{синт}$ = птицы не поют，$СД_R^{синт}$ = ф，$СД_P^{синт}$ = ф；$СД_Q^{сем}$ = 'птицы не поют'，$СД_R^{сем}$ = 'U'，$СД_P^{сем}$ = 'иметь место'。因此，从例［5］语义阐释之中可以分析出一个"情景集合"，该集合与集合"鸟儿不鸣叫"同类，同时，该集合也事实上存在并发生着。这个集合内的情景可能有'не шумели деревья'，'никот не разговаривает'，'не слышно шума моторов'等。在这些情景下，说话者对'птицы не поют'的期待的实现程度更有把握。

六 逻辑语气词 даже 辖域建构规则

基于 только 辖域分析，博古斯拉夫斯基指出了 даже 辖域表现的若干规则。在 Даже 常规语义框架内，其辖域规则包括：

（1）变量 Q 的句法辖域就是与 даже 相关联且位置在其之后的静词性词群。

（2）对于变量 Q 的句法辖域确定，需要拿出另外一个句子 S′，用变量来替换该句中的 $СД_Q^{синт}$，的位置。如：над прошедним даже боги не властны，СДРсинт = над прошедним x не властен，如果进入 $СД_Q^{синт}$ 的是一系列的同类成分。所有这些成分都要作为变量被替换。如：Задача решили Петр，Николай и даже Иван 中 $СД_Q$ = Иван，$СД_P^{синт}$ = задачу решил x. 而与 Q 相对应的 Q′ 是 Петр 和 Николай。

（3）如果语气词 даже 位于主从复合句的从句位置。那么主句并不参与到 P 的句法辖域之中：如 Иван не знает, что над прошедшим даже боги не властны.

如果句子主句参与到 $СД_P^{синт}$ 之中，那么，$СД_P^{синт}$ = Иван не знает, что над прошедшим x не властен。даже 的释义结构中包含成分 'имеются объекты, отличие от богов, про которые Иван не знает, что они не властны над прошедшим'。事实上，Иван не знает, что над прошедшим даже боги не властны. 并没有传递出这样的语义信息。因此，如果语气词 даже 位于主从复合句的从句位置。那么主句并不参与到 P 的句法辖域之中。类似的方式同样会发在带有词语 даже 并列句的 P 的句法辖域。如：Лето было дождливым, и даже неприхотливый укроп не уродился. $СД_P^{синт}$ = x не уродился（а не：лето было дождливым, и x не уродился）。

（4）$СД_R^{синт}$ 的三种可能方式：

l 集合 R 最常见的辖域类型为空集：$СД_R^{синт}$ = ф。在 $СД_R^{синт}$ 为空集的情况下，相对应集合 R 的语义辖域需要从上下文中由说话者自行分析得出。

l 如果 $СД_Q^{синт}$ 中的一个成分带有对照重音，那么 $СД_R^{синт}$ 为 $СД_Q^{синт}$ 中

除去重读的其余部分。也就是说在 Эта задача по силам даже слабым ученикам 中对照重音落在 слабые 之上，那么 $СД_R^{синт}$ = ученики。

l 如果 $СД_Q^{синт}$ 之中是一系列同类成分，用连接词或者不带连接词的方式表达出的一系列成分，那么 $СД_R^{синт}$ 为全部同类成分。如：Задача решили Петр，Николай и даже Иван 中，$СД_R^{синт}$ = Петр，Николай и Иван。

第十节　焦点副词"甚至"的语义结构

"甚至"是与 даже 语义的焦点副词，两者语义结构很多情况下一一对应。

关于"甚至"的词性，学界主要有三种观点，连词论、副词论和兼词论（详见下表）。《现代汉语词典》和《现代汉语虚词词典》将其看作为连词，认为"甚至"只有连词一种词性，强调突出、表达递进关系；《汉语副词词典》、张谊生、史金升等学者认为"甚至"只是副词，只是按照语义归为哪一类副词，持不同观点；而吕叔湘和袁毓林等学者将其看作是兼词，兼有连词和副词两种词性。作副词时标记语义焦点成分。作"连词"放在并列的动词、形容词、名词等的最后一项之前，突出该事项（吕叔湘，1999）。兼词论的观点得到了很多学者的支持［《现代汉语虚词例释》（1996）、赵敏（2004）、周静（2004）、张娜（2007）、代晶（2009）、范立珂（2009）、刘红妮（2012）等］。在"甚至"关联句法成分方面，做副词时"甚至"可以位于主语之前，也可以位于谓语之前。做连词时，可以放在并列的名词、形容词、动词、介词短语、小句最后一项①。

关于"甚至"的词类，学界权威词典和文献资料中的界定如下：

吕叔湘《现代汉语八百词》（2013）	［副］强调突出的事例。后面常用"都、也"配合。有时可放在主语前。 ［连］放在并列的名词、形容词、动词、介词短语、小句的最后一项之前，突出这一项。
《现代汉语词典》（第5版）	［连］强调突出的事例（有更进一层的意思）。

---

① 吕叔湘：《现代汉语八百词》北京：商务印书馆1999年增订本。

张斌《现代汉语虚词词典》	［连］表示递进关系。连接并列的词或短语，放在最后一项的前边。
岑玉珍《汉语副词词典》	［副］强调突出的事例或最不可能发生的事。常与"都、也"配合使用。
张谊生（2000）	评注性副词
史金生（2003）	语气副词
袁毓林（2012）	1. 副词 S_1：NP+甚至 VP（甚至+谓语） 2. 副词 S_2：NP+VP_1+甚至 VP_2（甚至+并列谓语） 3. 介于副词连词之间 S_3：S'_1…+甚至 S'_2（甚至+几个分句） 4. 连词 S_4：X_1…+甚至 X_2（甚至+并列体词性成分或谓词性成分）

第十一节 "甚至"的反预期标记功能

吴福祥①提出，汉语中副词和连词是最常见的反预期标记，英语副词也是最常见的反预期标记，包括：

英语常见反预期标记

标记	释义	典型使用域
too（太）	超过合适的度	任何域
nevertheless（然而，尽管）	与预期相反	任何域
only（只有）	少于合适的度	数量
already（已经）	早于预期开始	时间
not yet（还没）	晚于预期开始	时间
still（仍然，还是）	晚于预期结束	时间
No longer（不再）	早于预期结束	时间

对反预期标记的研究始于德国语言学家 Heine，他认为人类语言都有区别符合常规与偏离常规情状的表达手段，偏离常规的就是反预期

---

① 吴福祥：《试说"X 不比 Y·Z"的语用功能》，《中国语文》2004 年第 3 期。

(Heine et al. 1991：192；Traugott & Dasher 2002：157)[①]。把反预期标记称作反意标记（adversativity），认为是说话人或作者用以标示他们表达的信念或观点与自己或他人预期相反的特殊标记。吴福祥（2004）认为很多语言常常用一些专门的语法手段来标示反预期信息，这类语法手段就叫作反预期标记。汉语中表达反预期的副词有：并、还、也、反而、甚至、倒、反倒、竟然、居然、偏、偏偏、其实等。反预期标记的是与预期相反的新信息，同时表达反预期的主观态度，在辖域表现方面，反预期副词都属于浮游辖域副词，可以出现在句首、句中和句尾三个位置。副词如"并、还、也、反而、甚至、倒、反倒、竟然、居然、偏、偏偏、其实、却"等多位于句中[②]。

焦点副词"甚至"的语义模式

有关"甚至"的形式化语义，国内学者接受 Rooth（1985）的观点，将"甚至"作为焦点敏感算子来进行其语义的形式化。焦点的一般功能是引出一组焦点关联选项集合，焦点落在不同的成分上，就引出不同的关联选项集合，集合的成员和规模一般从语用环境中推导得出，焦点关联选项集合时焦点的取值范围或论域，"甚至"就是通过它所约束的焦点所预设的焦点取值范围按照量级来建立其语用标尺，焦点关联选项集合各个元素按照可能性大小进行排序。所以，"甚至"要求其所约束的焦点为标尺量级上的最低点，如果与"甚至"所约束的焦点语义与量级排序方向发生冲突，则违反"甚至"的句法、语义限制条件。例如：* 如何合理地管理和使用如此庞大的资金资源，对个人、对家庭甚至对国家来说都不是一件轻松的事情。在"管理和使用庞大的资金资源"的难易度方面，个人、家庭和国家之间的量级排序关系：从不轻松到轻松依次为：个人→家庭→国家。违背量级排序方式则会产生语义矛盾。

就"甚至"是如何建立语用量级标尺这个问题，国内学者袁毓林做了深度研究，他认为，（1）"甚至"右向约束一个语义焦点。（2）"甚至"约束的焦点既是信息焦点，也是语义焦点，在"甚至句"中甚至

[①] Traugott, Elizabeth Closs and Richard B. Dasher, *Regularity in Semantic Change*, Cambridge：Cambridge University Press，2002.

[②] 陆方喆、曾君：《反预期标记的形式与功能》，《语言科学》2019 年第 1 期。

所关联的焦点兼具两个功能。(3)焦点选项集合构成了焦点域,焦点选项集合中的各个元素之间具有交替和对比关系。(4)焦点落在不同的成分上,根据语境的相关性推导出不同的焦点选项集合,选项集合是焦点的取值范围。(5)"甚至"所建立的量级标尺使得选项集合中的元素依照标尺量级进行级次排序,焦点成分处于标尺量级的极点,量级标尺的建立依赖语境,是语境衍推出的选项集合排序形成标尺,因此,这个量级标尺是语用量级标尺。

根据以上五点认知,就较为容易理解到,"甚至"为什么会用在并列式谓语的最后一项,在并列谓语结构中,清晰展现了甚至所引入的量级标尺,各元素在标尺上呈现顺序性的递进关系,例如:

[1] 由于缺少对大江大河较高水平的治理,农业抗灾能力停步不前,甚至有所倒退。[停步不前→有所倒退]

[2] 美国方面却不顾这些有目共睹的基本事实,在中、美只是产权谈判中不断提出无理要求,甚至对中国的司法、立法程序横加干涉。[提出无理要求→横加干涉]。

在该类型的句子中,"甚至"不仅把几个并列句链接到一起,还表示出几个谓语之间的在级次上的层层递进的关系。"甚至"的语义特点在并列句中体现得尤为明显。袁毓林认为该句型最适合作为形式化分析的切入口,并将该句型语义结构阐释为:"甚至"句 S:"NP +VP1...+VPn-1+甚至 VPn"的意义结构为:

a. 焦点:

(i) 焦点算子是"甚至";

(ii) 受焦点算子约束的焦点成分是"VP_n";

(iii) 焦点域是由"$VP_1... VP_n$"表示的属性组成的选项集合。

b. 预设:

(i) 存在着一个选项集合,即一组由"$VP_1... VP_n$"表示的属性,它们适用于陈述 NP 所指谓的那种事物;

(ii) 这组属性之间有逐层递进的关系;

(iii) 可以按照那组属性适用于那种事物的可能性的大小而建立一

个语用尺度，比如：最不可能→不太可能→可能→较有可能→非常可能……；

（iv）那组属性可以分别处于这个可能性标尺的不同的刻度上；

（v）VP_n所指谓的属性处于这个语用尺度的最低点，即 NP 所指的那种事物具有 VP_n 所指谓的那种属性的可能性最小。

c. 断言：

NP 所指的事物的确具有 VP_n 所指谓的那种属性。

d. 推论：

（i）蕴涵性：既然 NP 所指的那种事物具有 VP_n 所指谓的那种属性，那么它一定也具有 VP_{n-1} 所指谓的那种属性；

（ii）极端性：NP 所指的那种事物从具有 VP_1 所指谓的那种属性，到具有 VP_n 所指谓的那种属性，是一种逐层递进，并达到极致；

（iii）反预期性：VP 的所指具有 VP_{n-1} 所指谓的那种属性已经是出人意料的，具有 VP_n 所指谓的那种属性更是不可思议的[①]。

袁毓林认同兼词论的基础之上，将"甚至句"分为四种句法结构："副词甚至"+动词性成分，"连词甚至+动词性成分"，"兼词甚至"+谓词性成分，"兼词甚至+分句"。四种句法结构中，焦点敏感算子的语义属性强弱也有所不同。袁毓林指出，对"甚至"做形式语义角度时，建议选用焦点敏感算子语义属性较强的句法结构作为切入口。

博氏在分析 даже 的形式化语义结构时，举出的例证大部分是袁毓林的第四种类型——"兼词甚至+谓词"，但博氏也同时强调了该语义模式对第二类句法结构"甚至+动词"也适用。例如：

[9a] Я раскаиваюсь, что даже ↓ подошел к нему [意指 подойти——это мало, 靠近他被设定为低层级行为，甚至连靠近他也不应该]在我后悔的所有行为中，"靠近他"处于最低层级。

[9b] Я жалею, что даже открывал эту книгу [意指 открыть книгу——это мало 打开书被设定为低层级行为，甚至连"翻开书"这个简单动作也不该做]在我后悔的所有行为中，"打开书"是最

---

① 袁毓林：《汉语句子的焦点结构和语义解释》，商务印书馆 2012 年版，第 254 页。

低层级行为。

上一节给出了博氏的语义阐释模式：

даже（Q, R, P）=

（a）'во множестве R существует объект（или объекты）Q', отличный от Q, такой, что он обладает свойством P или мог бы им обладать'/在 даже 所区分出的对象集合 R 中，Q'有别于 Q，它（它们）具有或者可能具有属性 P；

（b）'можно было с большим основанием ожидать, что Q' будет обладать свойством P, чем того, что им будет обладать Q'［EXPECT（P$_Q'$）>EXPECT（P$_Q$）］/有充分理由预测，Q'比 Q 拥有该属性的可能更大［EXPECT（P$_Q'$）>EXPECT（P$_Q$）］[①]。

对比两种语义阐释模式，我们发现：从研究路径上看，两位学者都是基于焦点敏感算子存在的各种句法结构研究之上，挑选逻辑结构最简单、最清晰的句式进行形式化分析。不同之处在于：

第一，博氏加工出了规范句式的逻辑表达式，并在该表达式内进行各种变体形式来满足不同的句式要求。同时，变体模式也是基于常规逻辑表达式的微调。而袁毓林是先将句法结构按照焦点敏感算子属性强弱来进行分类，对于敏感属性最强的句法结构进行形式化解构。两种方法都遵循了从简单到复杂的研究路径，但博氏采用的是演绎推理的研究方法，袁氏采取的是归纳推理的研究方法。袁氏模式固定了句式结构，以"甚至"语义关联动词为切入点来分析，逐步扩展到关联句子的其他成分。博氏分析时没有固定谓词对象，博氏先加工一个适用于所有谓词结构，但会在此基础上找寻盲点，根据每一种特殊类型进行特殊处理。

第二，两位学者对于研究前提都做了相应的解释，强调要区分带有焦点敏感算子的语境。带有"甚至"的句子中"甚至"有可能是焦点副词，也有可能是连词。博氏认为俄语中也存在类似情况，在这些情况下俄语语气词仅发挥情态语义作用，不参与句子的语义构建。

第三，单纯从两种语义阐释模式来看，博氏的逻辑语义阐释模式更

[①] Богуславский И. М. 1996. Сфера действия лексических единиц. М.：Школа《Языки русской культуры》.

为简洁，反预期直接运用 [EXPECT（$P_{Q'}$）>EXPECT（P_Q）] 来表示，更直观。

第十二节　焦点副词"甚至"的句法辖域

袁毓林总结出"甚至"主要出现的四种句法位置，并且四种句法位置上"甚至"发挥焦点敏感算子属性强度不同。四种句法位置表现上，三种为单句，一种为复句。单句前提下，甚至紧邻动词性谓语的情况分为两种：第一种位置为：S_1：NP+甚至VP。"甚至"说明谓语所陈述的是一种突出的，甚至是极端的情况。第二种位置为：S_2：NP+VP_1+VP_{n-1}+甚至VP_n。第三种紧邻为动词性的谓词成分：S_4：$X_1 \cdots$+甚至X_2（甚至+并列体词性成分或谓词性成分）。第四种紧邻复句：S_3：$S'_1 \cdots$+甚至S'_2（甚至+几个分句）；

尝试运用博氏句法辖域对"甚至句"做辖域分布进行分类描述时，理论上来讲，应该至少分为以下几种：甚至+名词、甚至+动词、甚至+形容词、甚至+数量词、甚至+介宾短语、甚至+副词等类型，并且在每个类型之下都存在集合配价R为空集或不为空集的两个子类。袁毓林提出，"甚至"激发一个焦点预设的线性序列，显性序列相关元素大多会出现在句子中，形成一个显性的量级标尺。因此，"甚至"的句法辖域主要包括以下四种类型：

第一种类型：甚至+名词或名词性短语+集合配价R不为空

①一家企业、一个团体，甚至是三五个人组成的一个公司，也都要开业搞庆典。

[$СД_P^{синт}$ = x 开业搞庆典；$СД_Q^{синт}$ = 三五个人组成的一个公司；$СД_R^{синт}$ = {一家企业、一个团体、三五个人组成的一个公司}]

②无论是贫农、佃农乃至辛苦起家的小自耕农，甚至小地主，他们对于土豪劣绅的隶属程度，单用欧洲中世纪农奴屈服于领主的裁判权来测量，是颇嫌不够的。

[$СД_P^{синт}$ = x 单用欧洲中世纪农奴屈服于领主的裁判权来测量，是颇嫌不够的；$СД_Q^{синт}$ = 小地主；$СД_R^{синт}$ = {贫农、佃农、小自耕农、小地主}]

③"无论如何小的官吏,甚至一个管理沙皇的鞋子的官吏,可以为了自己的利益任意破坏政府的命令。"

[СД_P^синт = x 为了自己的利益任意破坏政府的命令;СД_Q^синт = 一个管理沙皇的鞋子的官吏;СД_R^синт = 官吏]

④在当今社会里,有那么一部分人,其中既有青年,也有中年、老年,甚至还有未成年的孩子,它们完全抛弃了我国修身做人的优良传统,其人品境界已远在古人杨朱之下。

[СД_P^синт = x 完全抛弃了我国修身做人的优良传统,其人品境界已远在古人杨朱之下。;СД_Q^синт = 未成年的孩子;СД_R^синт = {青年、中年、未成年的孩子}]

⑤看着汪氏、丹桂、如梅、如兰、如芬、如芳,甚至杨玉珠,一堆儿人有说有笑地穿过屏门朝西花园里去,她不禁鼻子一酸,掉下几滴清泪。

[СД_P^синт = x 有说有笑地穿过屏门朝西花园里去;СД_Q^синт = 杨玉珠;СД_R^синт = {汪氏、丹桂、如梅、如兰、如芬、如芳、杨玉珠}]

⑥随着封建制的解体,贵族的教师们,甚至有些贵族本人,——他们已经丧失爵位,但是熟悉典籍,——流散在庶民之中。

[СД_P^синт = x 丧失爵位,但是熟悉典籍,——流散在庶民之中;СД_Q^синт = 贵族本人;СД_R^синт = {贵族的教师们、贵族}]

⑦我保证在他们中间任意选择一个,训练成我想要培养的任何一种专家:医生、律师、艺术家、大商人,甚至是乞丐、小偷,而不管他的天赋、爱好、能力、倾向性以及他祖宗的种族和职业。

[СД_P^синт = 不管他的天赋、爱好、能力、倾向性以及他祖宗的种族和职业,训练 x 成我想要培养的任何一种专家;СД_Q^синт = 乞丐、小偷;СД_R^синт = {医生、律师、艺术家、大商人、乞丐、小偷}]

⑧儿子做了坏事情,父亲得受刑罚,甚至教师也不能难辞其咎。

[СД_P^синт = x 不能辞其咎;СД_Q^синт = 教师;СД_R^синт = {儿子、父亲、教师}]

第二种类型:甚至+动词或动词短语+集合配价 R 不为空

①有些人在独处时自言自语甚至边说边笑,但有客观原因,能选择场合,能自我控制,属正常现象。

第三章 汉俄语焦点副词（逻辑语气词）的实证分析　223

[СД$_P$^{синт} = 有些人在独处时 x；СД$_Q$^{синт} = 边说边笑；СД$_R$^{синт} = ｛自言自语、边说边笑｝]

②有些女性和丈夫吵架尽情发泄、大喊大叫、撕衣毁物、痛打小孩，甚至威胁禁用词语。

[СД$_P$^{синт} = 有些女人和丈夫吵架时；СД$_Q$^{синт} = 威胁禁用词语；СД$_R$^{синт} = ｛尽情发泄、大喊大叫、撕衣毁物、痛打小孩、威胁禁用词语｝]

③16世纪时英国的对外贸易主要是通过贸易公司进行，大商人每年从对外贸易中获利甚多，还从事非洲黑奴贸易活动，有的甚至从事海盗活动。

[СД$_P$^{синт} = 大商人每年从 x 中获利甚多；СД$_Q$^{синт} = 从事海盗活动；СД$_R$^{синт} = ｛从事对外贸易、从事非洲黑奴贸易活动、从事海盗活动｝]

④有些国家不仅普及初中，还普及高中，甚至努力使高等教育大众化，并推行从出生到老死的"终身教育"。（CCL语料库）

[СД$_P$^{синт} = 有些国家 x；СД$_Q$^{синт} = 推行从出生到老死的"终身教育"；СД$_R$^{синт} = ｛普及初中、普及高中、使高等教育大众化、推行从出生到老死的"终身教育"｝]

⑤一些单位办案不力，甚至压案不办，瞒案不报。

[СД$_P$^{синт} = 一些单位 x；СД$_Q$^{синт} = 压案不办，瞒案不报；СД$_R$^{синт} = ｛办案不力、压案不办、瞒案不报｝]

⑥她骄横狂妄目空一切，甚至以权凌法，以势藐纪。

[СД$_P$^{синт} = 她 x；СД$_Q$^{синт} = 以权凌法，以势藐纪；СД$_R$^{синт} = ｛以权凌法、以势藐纪、骄横狂妄、目空一切｝]

⑦在模因论的指导下，过去一些丢弃了的、被认为不合理或不可取的传统教学模式和教学主张也许要重新作出评价，甚至要恢复和再次提倡。

[СД$_P$^{синт} = 在模因论的指导下，过去一些丢弃了的、被认为不合理或不可取的传统教学模式和教学主张也许要 x,；СД$_Q$^{синт} = 恢复和再次提倡；СД$_R$^{синт} = ｛重新作出评价、恢复和再次提倡｝]

⑧"都是我不好，你挖苦我、骂我、甚至打我，我都无话可说，但如果你因此怀疑我对你的感情，那么，你错了，在命运的大海中，我不过是一条没有航标的小船，我一个弱女子能主宰自己的命运吗？我是爱

你的，你知道吗？"（孙忠武《红门》）

　　［СД_P^синт = 你 x 我；СД_Q^синт = 打；СД_R^синт = ｛挖苦、骂、打、怀疑｝］

　　第三种类型：甚至+数量词或数量短语+集合配价 R 不为空

　　①同一条光谱，汉语切成红、橙、黄、绿、青、蓝、紫七段，英语切成 purple，blue，green，yellow，orange，red 六段，有的语言切成五段，三段，甚至两段。

　　［СД_P^синт =有的语言切成 x 段；СД_Q^синт = 两段；СД_R^синт = ｛五段、三段、两段｝］

　　②过去学习到的知识够用一辈子，现在知识的生命周期很短，经过若干年，甚至若干个月便无意义。

　　［СД_P^синт =经过 x 年便无意义；СД_Q^синт = 若干年；СД_R^синт = ｛若干年、若干月｝］

　　③老年头北京戏园子上演一场京剧往往演五六个小时，上演六七个甚至十个剧目。开锣上演的剧目叫"开锣戏"，也叫"帽儿戏"，中间上演的剧目叫"中轴戏"，倒数第二的剧目叫"压轴戏"，因为这出戏紧压最后上演的"大轴戏"。（沈家河《孽生缘》）

　　［СД_P^синт = 老年头北京戏园子上演一场京剧往往演 x 场剧目；СД_Q^синт = 十个；СД_R^синт = ｛五六个小时、六七个剧目、十个剧目｝］

　　④在这一领域内，哪怕在知识或信息方面只领先或落后几个星期、几天，甚至几个小时，就足以使一个企业利润剧增或面临破产。

　　［СД_P^синт =在这一领域内，在知识或信息方面只领先或落后 x（量的时间长度）；СД_Q^синт = 几个小时；СД_R^синт = ｛几个星期、几天、几个小时｝］

　　⑤我想：难道说要我苦等七年或者甚至二十五年，静待革命过去才读书吗？不，这样不行。

　　［СД_P^синт =我苦等 x 年；СД_Q^синт = 二十五年；СД_R^синт = ｛七年、二十五年等｝］

　　⑥你可以把你从《老子》中发现的思想全部收集起来，写成一部五万字甚至五十万字的新书。

　　［СД_P^синт = 你可以把你从《老子》中发现的思想全部收集起来，写

成一部 x 万字数的新书；СД$_Q$^{синт} = 五十万；СД$_R$^{синт} = ｛五万、五十万等｝］

第四种类型：甚至+介词短语+集合配价 R 不为空，语义关联介宾短语的宾语。

①但拿上这把伞就会破坏整体的美感，它与花环礼服甚至钻石首饰太不相称了，这费尽心思涉及出来的独一无二的新娘形象是不允许有丝毫不和谐的音符出现。（雪原《如果女人不乖》）

［СД$_P$^{синт} = 他与 x 太不相称了；СД$_Q$^{синт} = 钻石首饰；СД$_R$^{синт} = ｛花环礼服、钻石首饰｝］

②慧的观点总是很独特，对人生，对文学，对友情，对环境，甚至对政治，慧都有独特的见解，闻森几乎有点净重这个叫慧的女孩儿。（李青青《魂断蒙山》）

［СД$_P$^{синт} = 慧 x 对都有独特的见解；СД$_Q$^{синт} = 政治；СД$_R$^{синт} = ｛人生、文学、友情、环境、对政治｝］

③这类跨语言、跨文化的模因传播到异族中去，其广泛程度对不同民族，甚至对同一民族不同地区的人们都有所不同。

［СД$_P$^{синт} = 其广泛程度对 x 都有所不同；СД$_Q$^{синт} = 同一民族不同地区的人们；СД$_R$^{синт} = ｛不同民族、同一民族不同地区的人们｝］

④作为"北漂"大军中小有成就的编导，这样的"德行"，无疑会对我的事业产生一些影响，甚至对我的人生道路也会产生影响。

［СД$_P$^{синт} = 对 x 产生影响；СД$_Q$^{синт} = 我的人生道路；СД$_R$^{синт} = ｛我的事业、我的人生道路｝］

⑤如何合理地管理和使用如此庞大的资金资源，对国家、对家庭甚至对个人来说都不是一件轻松的事情。

［СД$_P$^{синт} = 对 x 不是一件轻松的事情；СД$_Q$^{синт} = 个人；СД$_R$^{синт} = ｛国家、家庭、个人｝］

⑥在讨论会上，对专家们的建议和批评，甚至对细节、人物和场面"吹毛求疵"的推敲，作者和导演都采取"兼听则明"的态度，从善如流。

［СД$_P$^{синт} = 对 x "兼听则明"的态度，从善如流；СД$_Q$^{синт} = 对细节、人物和场面"吹毛求疵"的推敲；СД$_R$^{синт} = ｛专家们的建议和批评、细

节、人物和场面"吹毛求疵"的推敲}]

⑦个体书摊则从上午九点一直到晚9点,有的甚至到深夜11、12点钟。

[СД$_P$^{синт} = 个体书摊营业到 x 点;СД$_Q$^{синт} = 深夜11、12点钟;СД$_R$^{синт} = {晚9点、深夜11、12点钟}]

⑧在每个学校里,甚至在每个寝室里,都有他们特殊的语言。最普遍的特殊语言发生在母亲和孩子之间。

[СД$_P$^{синт} = 在 x 有它们特殊的语言;СД$_Q$^{синт} = 每个寝室;СД$_R$^{синт} = {每个学校、每个寝室}]

本章小结

"只""甚至""才"和"就"在汉语研究中是作为典型的焦点标记词或焦点副词在进行研究,汉语中的典型焦点标记词一般具有语义虚化、功能单一、较强浮动性、不强制使用等特点。这四个典型的焦点词也同时是焦点敏感算子。

目前汉语研究中对有焦点凸显指示作用的词不仅在术语含义上不统一,而且在术语上也不统一,与这些词语相关的术语有焦点标记词、焦点标记、焦点标志词、焦点敏感式、焦点敏感算子、焦点(敏感)副词、焦点虚词等。由于汉语学界相关研究目前没有将其统一在一个整体类目下进行词类共性的认知研究,导致对汉语焦点标记词汇特点在术语和外延方面都没有一个整体深入的认知。博氏把逻辑语气词放置在语气词的一个子类,并且把典型的几个逻辑语气词放置在一个统一的理论体系下揭示辖域分布上的共性特征和个性差异,博氏辖域研究成果有利于汉语焦点标记词的体系化研究,有利于汉语焦点问题的整合性研究。

第四章

俄汉语浮游辖域副词句法语义分析

自从《马氏文通》以来，副词一直是汉语词类问题中争议最多、分歧最大的一类词语，汉语学界普遍认为，副词个性大于共性，"副词内部各次类，甚至各个成员之间在功能、意义和用法等诸方面都存在着相当的差异。"[1] 总体来看，汉语副词是一个比较混杂而模糊的集，之所以"混杂而模糊"是因为至今仍没有找到一个清晰的标准来界定副词，副词内部的分类依据也没有定论，副词内部的系统性尚未得到全面的揭示，这些基本问题仍处于争论和有待研究。吕叔湘先生[2]很早就指出，"副词本来就是一个大杂烩"，分门别类对号入座是一项复杂的工程，但这项工作又不得不做。汉语副词分类目前大多是依据词汇语义和语法功能，分为时间副词、范围副词、方式副词、频率副词、程度副词、否定副词、语气副词、情态副词等。从句法功能来讲，副词主要是充当状语，一部分可以充当句首修饰语或补语，在特定条件下，一部分还可以充当高层谓语或准定语的具有限定、描摹、评注、连接等功能的半开放类词[3]。

第一节　俄汉语浮游辖域副词的句法功能

目前来看，张谊生是国内学者中首个旗帜鲜明地提出副词有三种句法功能的学者，在他之前，国内权威文献一般只提及副词充当状语的句

---

[1] 张谊生：《现代汉语副词研究》，商务印书馆2014年修订版，第4页。
[2] 吕叔湘：《汉语语法分析问题》，商务印书馆1979年版，第42页。
[3] 吕叔湘：《汉语语法分析问题》，商务印书馆1979年版，第42页。

法功能，其他两种功能没放入定义中。

朱德熙	《语法讲义》1982	副词是只能充任状语的虚词。
丁声树等	《现代汉语语法讲话》1961	副词是通常修饰动词、助动词、次动词、形容词的词。
陈望道	《文法简论》1979	副词是标示陈述的气势、神态和体式度量的实词；经常同用词配合用，做状语，一般不能做谓语。
黄伯荣 廖序东	《现代汉语》1991	副词限制、修饰动词、形容词，表示程度、范围、时间等意义。
邢福义	《现代汉语》1991	副词经常修饰动词、形容词，表示程度、范围、时间等意义。
北京大学中文系现代汉语教研室	《现代汉语》2015	副词是虚词，它的语法功能很窄，只能做状语，不能做其他句法成分。
李泉	《副词和副词的再分类》，胡明杨主编《词类问题考察》北京语言学院出版社 1996	副词是主要用作状语，或干脆说是只能充任状语的虚词。
郭锐	《现代汉语词类研究》2002	副词是基本上只能做状语的词。

国内学者仅张谊生提出了副词分类应主要以句法功能为主要标准，以意义为辅助标准，以共现顺序为参考标准。俄语言学家 М. В. Филипенко 早在 1998 年就提出，依据词汇语义和语法意义来分类副词有局限性，一些情况下会发生误判。譬如，副词的主要句法功能一般做状语，也有做高层谓语（述位）的情况发生。如：

［1］Он благоразумно промолчал. = 'То, что он промолчал, был благоразумным'／他慎重起见，没作声①。

副词"明智地、慎重地"在句中位于动词之前，但语义指向不是行为方式，而是指向行为结果，"明智地、慎重地"是说话人做出的主观判断，不是动作所具备的特征属性。试比较：

---

① Филипенко М. В. 2003. Семантика наречий и адвербиальных выражений. М.：Азбуковник.

［2］Он ответил благоразумно. /他很慎重地回答。＝'то, как он ответил, было благоразумным'/他作答的方式，是慎重的。

这里的副词"明智地、谨慎地"语义指向动词，描述动作行为所具备的特征属性，可以被其他同类副词替代，比如："准确地回答""直接回答""明确地回答""愉快地作答""爽快地回答"（CCL 语料库）等等。

张家骅教授对心理感受形容词的分析印证了 М. В. Филипенко 的观点，"心理感受形容词表达的共同情景模式是'事物、事况等使 X 处于某种心理感受状态，这种心理感受状态通过外部体征、言行等形式反映出来'。模式的核心环节是人的心理感受状态本身，处于核心环节两端的边缘环节分别是心理感受状态的致使原因和反映形式。心理感受形容词可区分为三种词义：a) 感受义，语义指向心理感受本身："X 处于某种心理感受状态"；b) 反映义，语义指向心理感受的表现形式："呈现这种心理感受状态的（外部体征、言行等）"；c) 致使义，语义指向心理感受状态产生的原因："使 X 处于某种心理感受状态的（事物、事况等）"。Г. И. Кустова[①] 将 страшный（可怕的）、жалкий（可怜的）、противный（讨厌的）、странный（奇怪的）等表示"（事物、事况等）使人处于某种心理状态的"形容词称之为致使形容词，认为由这些形容词构成的副词做动词状语时，与理据形容词一样，只用于致使意义。

张家骅认为，以 странный（奇怪的）为理据词构成的副词 странно（奇怪地）做动词状语时，主要表示致使义（例 3），但不局限于此，有时也可表达"反映义"（例 4）：

［3］a. Вдруг я странно заболела：температура 40（我突然奇怪地病了：体温 40 度）｜ b. как она изменилась за это время：черты лица странно опустились（这段时间她变化多大呀：整张脸都奇怪地耷拉下来了）｜

---

① Кустова Г. И. 2004. Типы производных значений и механизмы языкового расширения. М：Языки славянской культуры.

［4］a. Он странно посмотрел на меня: — Зачем вам Карелин? Я говорю: — По делу. 他奇怪地看了看我问："你找卡列林做什么？"我说："有事儿。" | b. Вика странно посмотрела на мужа и пожала плечами. 维卡奇怪地看了看丈夫，耸了耸肩膀。

按照 М. В. Филипенко 的观点，例［3］、［4］中的"奇怪"分属不同的副词类型。例［3］中副词为高层谓语，作一级谓语。例［4］中副词为状语，作动词副题元。例［3］"奇怪地"表达"因不同一般使谁不理解、惊讶"，是某事令某人感到了奇怪，语义指向致使"奇怪"心理状态产生的原因："奇怪的是，我突然病了。"；"奇怪的是，她脸庞耷拉下来了。""奇怪地"作了句子的述位。例［4］反映义的"奇怪地"在句子中修饰动词谓语，表现这种感觉的（体态、动作等），странно（奇怪地）语义指向自主动作 посмотрел（看了看），посмотрела（看了看），动词为一级谓语，动词短语是句子述位。

在深层语义结构中，副词做高层谓语、一级谓语的情形，М. В. Филипенко 将其命名为浮游辖域类型。副词做动词题元或副题元的情形，М. В. Филипенко 将其命名为固定辖域类型。原则上，这种划分和对立具有普通语言学的性质，应该可以在任何语言中找到这两种类型副词。两种类型副词对立统一，句法上，浮游副词做谓语，固定副词做状语；语义上的浮游副词表达主观评价，关联全句，语义指向呈现浮游性，固定副词表达特征属性，关联动词，语义指向固定。句子位序上，固定副词一般紧贴中心语，辖域副词比较自由，可以浮游到其他位置。浮游副词主要是表示说话人对事件、命题的主观评价和态度，浮游副词主要是用来对相关行为、状态进行描述刻画。

浮游副词对语义发生的改变，可以在语句中观察得到。通常，去掉浮游副词的句子仅表达客观事实语义，增加浮游副词后，表达客观事实语义退居其次，主要表达主观评价。如：

［5］Он приехал на электричке <а не на такси>./他是乘电车来的，不是出租车。

［6］Он легкомысленно приехал на электричке <а не на такси>.

他搭随便乘个电车就过来了<没打车、没开车等>，这也太随意了。①

也就是说，例［6］主要表达"他搭电车"这个行为是不慎重的，次要表达"他搭电车"的客观事实。那么，在动词语义没有变化的前提下，浮游副词使得句子语义有了较大的变化。副词作用的是句子的交际组织结构，副词超越动词占据了述位，"他搭电车来，这也太随意了"。副词做一级谓词的句子语义结构为：'Легкомысленно（P，X）= 'субъект X，от которого зависит реализация ситуации P，не думает или недостаточно думает о последствиях того，что аспект A ситуации P реализуется таким，а не иным способом；говорящий считает，что это может иметь нежелательные последствия'"主体 X，作为情景 P 的实施主体 X，没有对实现情景 P 的 A 条件做思考或做足够多的思考，因此没实施 A 条件，而以其他方式进行。说话人认为这可能导致不理想的后果。"

依照该释义，例句表达的是：在实施"到来"这个情景时，说话人认为"乘坐出租车，或其他更可靠的方式"是实现该情景的条件，主体"他"没满足该条件，是以"乘坐电车"加以实现。说话人认为，这个方式可能导致不理想的结果。因此，例［6］是说话人对事件的主观评价；例［5］是说话人对事件的客观报道。换言之副词 легкомысленно（轻率地、不慎重地）是主观评价副词，语义结构中的主要义素不是 P，而是 X（说话人）。

主观评价副词在汉语中也被一些学者加以重视，张谊生将其命名为"评注性副词"，评注性副词在汉语一直被当作语气副词，然而他们的主要功能并不是表示语气，而是充当谓语进行主观评注。"这一类词同典型的副词在句法功能和表义功用等各方面都存在着本质的区别，似乎可以另立一类。"②

---

① Филипенко М. В. 2003. Семантика наречий и адвербиальных выражений. М.：Азбуковник.

② 张谊生：《现代汉语副词研究》，商务印书馆 2014 年修订版，第 48 页。

第二节　汉语固定辖域副词分析

　　浮游辖域副词是通过改变句子的主述位交际信息结构来影响句子语义，不依附特定的谓语动词、形容词。与此相对，固定辖域副词的使用依附在特定类型的谓语动词、形容词上，副词固定地与谓词的某语义要素发生语义关联。固定辖域副词与谓词语义要素相匹配，该类型副词很常见，时间副词、地点副词、程度副词、频率副词等都属于固定辖域类型。如，形容词/副词 быстро/медленно（快、慢），тихо/громко（低声/高声），ночью/днём（在夜晚/在白天），其语义中包含"скорость/速度、звук/响度、время/时间"要素，要搭配"快"必然是具有快慢速率的动作或行为，完全静止的行为是不能与之相搭配的。可以说 быстро сесть（很快坐下），但不能 * быстро сидеть（很快坐着），运动情景"跑""走""游泳"等包含"速率"语义参数，而状态情景如"睡觉""沉默""沉思"等动词则不能跟有"速率"要求的形容词/副词搭配。"谓词语义单位的语义搭配性能不仅体现在对于题元词的语义选择上，而且还体现在对副题元词的语义选择上，如'走'对于'慢慢'的选择，'唱'对于'低声'的选择。"①

　　因语义搭配的限制，固定辖域副词的搭配范围相对有限，例如：副词 тихо 的主要意义为'производя мало звуков（声响发出的分贝低）'，因该语义要素的限制，副词 тихо（低声）只能跟可以发出声响的行为过程、行为结果相关联：

　　　　[7] мотор работает тихо，тихо напевает（ходит по комнате，двигает мебель）（马达低噪音工作、低声哼唱、小声踱步、小声挪动家具）。

　　如果动词语义中没有"声音"语义要素，则无法搭配——* тихо знает（помнит，понимает）（*安静知晓、安静记得、安静理解）。同

---

① 张家骅等：《俄罗斯当代语义学》，商务印书馆 2005 年版，第 36 页。

样副词 медленно（慢）也是只能跟语义中带有"速度"的词语相搭配：Он медленно шел（читал, соображал）（他走得慢、读得慢、领悟得慢），不能与静态谓词相搭配：медленно спал（лежал, стоял）（缓慢地睡着、缓慢地躺着、缓慢地站着）。固定辖域副词与谓词语义结构中的某一语义参数关联：对于 тихо "低声地"该语义参数为声音响度；对于 медленно "慢"该语义参数为速度。若谓词中没有该语义参数，则相应地无法与副词相搭配。

再如，самостоятельно（独立地、自主地）是固定辖域副词，可以跟其搭配的动词有 есть, делать, переехать（吃饭、做事、搬家等），

[8] ребёнок самостоятельно ест/小孩儿在自己吃饭。

对于非自主行为，例如 самостоятельно видеть（不是行为，而是持续结果状态，汉语没有对应词）、болеть/生病、испугаться/害怕等不可以搭配。另外，在带有 самостоятельно（独立地、自主地）的句子中，动词表示的行为动作是既可以一己之力完成，也是可以依托别人帮助而实现的行为，副词的语义表达出说话人选择了自己来完成，而非借助外力。如果不符合这个条件，必须依托自己能力来实现的行为动作就很难与副词搭配，如：* самостоятельно смотреть（кричать, петь）（*自己看、自己喊、自己唱）。

Постепенно（逐渐）也是固定辖域副词，"逐渐"表示缓慢而有秩序地进行。"逐渐"可接动词，"逐渐转暖、逐渐改变"，也可接形容词表示动态，"来的人逐渐多了""天色逐渐暗下来"。在俄语中，постепенно（逐渐）至少有三种用法：(1) 接过程结果动词（大多情况，俄语用未完成体）：目前，老人已可以自主呼吸，正在逐渐康复中（CCL语料库）；(2) 过程结果动词（较少，俄语用完成体）：

[9] Мальчик постепенно поправился и вырос здоровым и крепким юношей.（НКРЯ）（小男孩逐渐康复，已成长为一个健康强壮的大小伙子了。）；汉语如：目前，老人已逐步度过病危期（CCL）

（3）接单纯结果动词（较少，俄语用未完成体或完成体）。

［10a］Товарищи постепенно уезжали *один за другим.* /同志们一个个地离开［未完成体"离开"表主体分配重复意义］；

［10b］Постепенно пришли *все* приглашенные. /渐渐地，客人们都来了。［完成体强调单个行为的集合结果］

在接单纯结果动词用法时，"逐渐""依次""挨个""轮番"的基本义是"一个接一个地"，这些副词所约束的名词性指称集合要求其内部成员的为多数，至少要大于三，小于三个的内部成员，很难与该类副词进行搭配。因此，"逐个离开""逐个到来"中的"逐个"将同一个单纯结果行为分配给集合内每一个不同的个体成员。"逐个"将一个事件分解为若干个子事件，并将多名参与者分配在这些子事件中，整体表达出一个新的意义。因此"逐渐"类副词的分配性特征是其固定义素，要求其所约束的支撑集合内的全部个体成员之间依序排列。据此可以断定，Постепенно（逐渐）类副词属于固定辖域，若与单纯结果动词的搭配，那情景中必须存在多个行为结果的连续重复，是一个接一个"离开""到来"行为的连续重复成就了分配性特征。如若语境不允许产生情景集合的依序排列，则无法搭配该类副词，例如"一位同事在逐个离开""我的生母逐个去世"，则语义相悖，无法成立。多个主体发生一个行为，可以形成"情境集合的有序排列"——同事们渐渐离开，一个主体搭配多个行为也可以形成"情境集合的有序排列"，——母亲渐渐老去。因此，"情境集合"是制约"逐渐"的固定语义要素。在宋丹丹演的小品里有一句著名的台词："我此起彼伏"，大家看了都觉得好笑，好笑的原因在于语义不搭。"此起彼伏"这样一个事件类型的谓词，需要一个与声音、形象有关的集合作为论元，几拨人的歌声可以此起彼伏，一个个山头组成的群山可以此起彼伏，一个人类个体却无法做到此起彼伏。

总结来看，固定辖域副词1）语义多包含客观事物、事况本体特征意义（客观指物意义）其使用多依附在谓语动词、形容词上，与后者词义结构中的相关义素构成语义一致关系。2）借助其客观本体特征意义给谓语补充必要的信息，以此参加句义的表达，只影响句子的局部，不影响作为判断的"主位/述位"交际信息结构。3）既能修饰动词，也能修饰形容词，不能修饰名词性成分。4）定位性强，不发生位移，不单独使用。大部分固定辖域副词在句中的位置固定，一般仅出现在主语后谓语前的句中位置，而不能像浮游辖域副词那样在主语之前充当全句修饰语。我翘首远望，竟看不见一点灯光（张贤亮《男人的一半是女人》）｜信手翻去，信口来读，希望从古人的诗句中得到一点安慰。（沈从文《烟斗》）｜第一件事即将行李交于家人之外火速乘一辆汽车奔往杜先生狱中去见他。（邹韬奋《患难余生记》）谓词"望"和"翘首"在工具义素上达成一致，"翻""读"都可搭配"工具"副题元，副词"信手""信口"在工具义素上达成了一致。"火速"与谓语"乘车"在速度义素上达成一致，这些都是固定辖域副词。

将以上两种特点对应汉语副词，汉语程度副词（如例1）、时间副词（如例2、3）、和部分行为方式副词（如例4、5、6）都应属于固定辖域副词。

例1：极（副）——表示达到最高程度：极好｜极重要｜极有兴趣。（《现代汉语词典》）

显然，与"极"搭配的谓词一定有程度之分，没有程度高下之分的谓词不能与其搭配。

例2：随即（副词）表示一事紧跟另一事之后发生：灯光一熄灭，电影随即开演｜我刚躺下，电话铃随即响起。（《现代汉语八百词》）

与"随即"搭配的语境，要求两个事件一前一后发生，且间隔时间很短。这是"随即"对语境的固定义素限制。相应地，重复副词、频率副词也属该类。

例3：在（副）——正在：风在刮，雨在下｜姐姐在做功课。

(《现代汉语词典》)

例4：飞速（副）——方式副词"飞速"含有'速度'和'动态'语义因素，谓语动词"发展"表示事物由小到大、由简单到复杂、由低级到高级的动态变化：中国经历了40年的改革开放，经济飞速发展。

"飞速"与俄语"быстро（快）"同类性，所修饰的动词要是动态的、有速度的运动行为。此类副词还有，快速、急速、全速、慢速等。

例5：悄悄（副）——没有声音或声音很低：我生怕惊醒他，悄悄走了出去｜部队在深夜里悄悄地出了村。（《现代汉语词典》）
大声（副）—— 他大声宣读了计划书。

"悄悄"与俄语"тихо"同类型，所修饰的动词要具备发出声音的能力。此类副词还有"高声、大声、小声、尖声、低声、轻声、厉声、细声、悄声、柔声等"。

例6：亲口（副）——（话）出自本人的嘴。亲口答应｜亲口承认｜亲口拒绝｜亲口否认

这是他亲口告诉我的［《现代汉语词典（第5版）》］｜你要知道梨子的滋味，你就得变革梨子，亲口吃一吃（毛泽东《实践论》）。该类型副词还有，亲手、亲眼、亲耳等。

那么，程度副词、大部分时间副词和部分行为方式副词都应该属于固定辖域副词。它们以客观特征语义与谓词语义进行匹配，构成语义一致关系，以谓语动词、形容词短语为固定辖域。

1. 程度副词：与具有程度高下的谓词构成语义一致关系。

表示程度深的"很"类：倍儿、十分、万分、甚、非常、异常、大、大大、大力、分外、格外、好、太、挺、极端、极、足足、完全、蛮、颇、相当、尤其、根本、彻底、过于、极、极度、极力、极其、正好、太[1]

表示程度深的"更"类：比较，更，更加，较为，较，越发，越加，愈加，愈发，还$_1$，倍加，尤其，尤为

表示程度深的"最"类：最，最为，顶

表示程度浅的"有点儿"类：有点儿，有些

表示程度浅的"比较类"：比较，较，较为，还$_2$

表示程度浅的"稍微"类：稍微，稍，稍稍，稍许，微微，些微，多少，略，略微，略为，略略，有些，有点儿

2. "快、慢"类副词：快、慢、飞速、缓缓、猛然、猛地、蓦地、蓦然、骤然、突忽然、倏地、霎时、骤然、顿时、连忙、立刻、立即、当即、、即刻、顷刻、顿时、霎时、急忙

3. "悄悄"类声响副词：悄然、马上、默默、高声、大声、小声、尖声、低声、轻声、厉声、细声、悄声、柔声

4. 行为方式副词：表示与相关行为有关的人体五官和思维活动的方式

疾步、徐步、快步、评不、稳步、阔步、信口、亲口、矢口、空口、顺口、随口、决口、一手、出手、就手、妙手、束手、拱手、联手、携手、亲手、徒手、顺手、随手、亲眼、冷眼、怒目、侧目、闭目、定睛、亲耳、侧耳、只身、舍身、纵身、挺身、前脚、后脚、拔脚、抬脚、拔腿、振臂、俯首、翘首、昂首、促膝、并肩、比肩、顺嘴、好言、巧言、直言、婉言、恶言、严词、一心、潜心、精心、居心、苦心、悉心、成心、存心、倾心、衷心、齐心、无心、真心、肆意、特意、蓄意、恣意、蓄意、执意、刻意、有意、决意、随意、无意、任意、任情、纵情等。

5. 频率副词：

高频副词：老^2、总、老是、成天、总是、时刻、通常、不停

中频副词：常、频、屡、连、接连、连续、经常、常常、时常、往往、时时、屡屡、屡次、频频、每每、连连、接连、不断、不时、随时、时而、一再、再三、有时

低频副词：偶、偶尔（而）、偶然、有时、间或、偶或

6. 重复副词：又^1、也^1、再^1、更^2、还^1、再次、重新、渐渐、逐渐、通常、陆续、依次、依次、渐次、相继、继而

7. 时间副词：本来[1]、原先、以前、曾经、常年、彻夜、趁机、趁势、趁早、乘机、迟迟、从此、从小、刚刚、一度、及时、及早、早早、一早、连夜、起初、后来、从、从来、向来、历来、生来、素来、一直、一向、向来、历来、从来、始终、随后、随即、随时、索性、预先、早已、早就、老早、至今、终于、毕竟、尽快

8. 顺次义副词：预先、事先、然后、而后、随后、旋即、先后、相继

　　理论上来讲，固定辖域副词依据义素成分与谓词语义进行匹配，这个匹配条件是纯语义上的，在任何语言中都能够据此分出固定辖域副词。但每种语言都具有自身的特殊性，跨语言研究需要充分考虑语种之间的差异性。比如，在句法功能方面，俄语副词是实词，充当句子成分，大多相当于汉语充当状语的形容词；汉语副词是虚词，充当句子成分（一般只作状语），其中很大一部分相当于俄语的语气词；汉语副词对应两类——俄语副词和部分俄语语气词。在语义方面，汉语副词有的以表达语法意义为主，有的以表达词汇意义为主，有的以表示概念意义为主，有的以表示逻辑意义为主。汉语副词既包括俄语副词、也包括俄语语气词，汉语副词的内部系统要比印欧语系更为复杂。

　　值得注意的是，汉语语气词和俄语语气词完全不是一类词，不能混为一谈。汉语语气词专注于表达语气或停顿（了、呢、呀、吧、啦、吗、啊等），而很多俄语语气词拥有逻辑语义或情态语义，虽词汇语义空灵，但句法语义实在，所以在汉语中对应的是实词（副词）。

第三节　汉语浮游辖域副词分析

　　上文所述，固定辖域副词包含的是客观事物、事况本体特征意义（指物意义），这是固定辖域副词的必要条件。与此相对，浮游副词语义多不包含客观事物、事况本体特征意义（指物意义），其使用不依附在特定类型的谓语动词、形容词上，而指向同一谓词情景的不同语义角色（语义题元）或全句命题。

　　例如：重复副词（如例1"还"）不以自身的重复义与谓词的对应词语义因素构成语义一致关系，语义上不以特定语义类型的动词、形容

词短语为辖域。语义上可指向同一谓词的同一情景的几乎各个语义题元、副题元。

[1] a. 这次报告他还作吗？｜ b. 这次报告还（是）他作｜ c. 这次报告还（是）下午2点到4点作｜ d. 这次报告还在多功能厅作｜ e. 这次报告还是作的语言哲学｜ f. 这次报告还是作给研究生的。

例[1]的重复义副词"还"，其"重复义"因素总体而言不与谓词"作"的特定语义因素构成语义一致关系，不以"作"为语义辖域。因为它既可以指向谓词的施事配价（或称语义角色）、主语题元的"他"，以"他"为辖域（例b）；又可以指向与事配价（语义角色）、介词短语题元"给研究生"，以之为辖域（例f）；指向内容配价（语义角色）、直接宾语题元"语言哲学"，以之为辖域（例e）；以及指向时间状语副题元"下午2点到4点"，以之为辖域（例c）；地点状语介词短语副题元"在多功能厅"，以之为辖域（例d），甚至指向谓词本身，以其为辖域（例a）。重复副词"就"以句子述位标记的身份参与句子的逻辑语义表达，但与俄语相应语气词（же，тоже）不同，虽是浮游辖域副词，语义指向对象几乎是自由的，但语法上，亦即词序上必须服从全部或大部分汉语副词词类的规则，要置于动词之前。俄语相反，多须直接置于其辖域题元之前，也就是可以置于名词短语之前，或之后。

再如，范围副词（如例2"就"①），《现代汉语八百词》关于范围副词"就"的释义为："限定范围；只"；《汉语副词词典》对该义项的解释为，强调数量少或者范围小，"就重读。强调范围时，还有排除其他的意思"，相当于"只"②。

[2] a. 就他明天来｜b. 他就周四来｜c. 他就上课去学校｜d.

---

① "就"，是现代汉语中的常用副词，使用频率高，义项繁多。《现代汉语八百词》分为"就₁"7个义项、"就₂"24个义项、"就₃"31一个义项（吕叔湘，1999）；《汉语副词词典》分为5个义项（岑玉珍 2013）。

② 岑玉珍：《汉语副词词典》，北京大学出版社2013年版，第193页。

他就去学校（不去别的地方）｜e. 他就徒步去学校等。[例子出处：《虚词词典》、北大语料库、《现代汉语词典》]。

例[2] 范围副词"就"不与谓词"来""去"的特定语义因素构成语义一致关系，不以谓词"来""去"为语义辖域。语气副词"就"既可以指向谓词的施事配价（语义角色），主语题元的"他"，以"他"为辖域（例a）；又可以指向时间状语副题元（周四）、补语题元（上课），方式状语副题元（徒步），以其为辖域。同一动词，同一情境，"就"分别指向主语、补语、方式状语、时间状语。汉语"就"的语义指向对象几乎是自由的，可以指向主语、谓语、受事宾语、数量宾语、介词结构状语、时间状语、地点状语、方式状语等。

指向谓语：成天就闲着。

指向主语：昨天就他没来（别人都来了）｜就我一个人去行了（别人都不必去）

指向受事宾语：这些功课，他就喜欢物理、数学。老赵就学过法语（没学过别的外语）｜我就要这个（不要别的）。

指向数量宾语：小王就干了半天的活｜老周就讲了半小时，下边就讨论了。

指向数量补语：一挑儿就卖我五十元。

指向介词短语状语：我就对你一个人讲了，没对别人讲。

指向地点状语：就在这谷堆旁边，听妈妈讲那过去的事情。

再如，情态副词"大概"（例3）表示不很精确的估计，也是浮游辖域副词，不以自身特定的语义与谓词构成语义一致关系。"大概"可以指向全句（例a），以全句为辖域；也可以指向谓语（例b）、时间状语副题元"在半夜""一个星期以后"，以之为辖域（例c, d）、地点状语副题元"全国各地"（例e）。还可以跨越谓语动词指向数量宾语或数量补语（例f, g），还可以指向全句，以全句为辖域（例c）。

[3] a. 大概他已经走了。（参见《现代汉语词典》）｜b. 那道题大概很难｜c. 大概在半夜就不下了｜d. 他大概一个星期以后回来。｜e. 在当时，全国各地地方长官一切活动他都知道，大概

全国各地，都有他私派的特务人员的。(CCL) | f. 他买水果大概花了三十块。(参见《汉语副词词典》) | g. 你这个马拉松电话大概打了有一个小时吧？(参见《汉语副词词典》)

类似的浮游辖域副词还有：

a. 他昨天你居然去了北京 | 他居然昨天去了北京 | 居然他昨天去了北京。

b. 那场火啊，幸亏消防员来得及时 | 幸亏那场火消防员来得及时。

c. 你们居然猪肉昨天吃了 | 你们猪肉居然昨天吃了 | 你们猪肉昨天居然吃了。

需要说明的是，汉语浮游辖域副词（包括固定辖域副词）的语法使用规则是只与动词、形容词和副词连用说明它们，原则上不与名词、代词搭配。这一点和俄语不同，后者可直接用在名词、代词前，试比较：

[4] 他不只学俄语，还学英语／他学＊不只俄语，＊还英语 | Он изучает *не только* русский язык, но и английский.

同时在很多情况下，汉语副词在说明名词和代词时，迫于语法要求，须在副词后加用动词"是，有"（个别情况下可略去动词）。如：

[5] 这次报告我还想听 | 这次报告还（是）研究生听（上次也是研究生听）| 报告还（是）他做（上次也是他做）| 只（是）他来了 | 甚至（是）孩子也不喜欢 | 从这里到西山，大概（有）四五十里 | 他们老两口就（有）一个儿子。

М. В. Филипенко 列出 486 个俄语浮游副词（见附录1），浮游辖域副词语义上可指向同一谓词的同一情景的几乎各个语义题元、副题元或语句的整个命题。浮游辖域副词做高层谓语、一级谓词，标记述题。国内学者张谊生在汉语副词中分出单独一类副词，称之为评注性副词，评注性副词特点非常鲜明，可以充当高层谓语，主要是表示说话人对事件、命题的主观评价和态度的副词。句中位序比较灵活，可以在句中，也可以在句首。① 从定义上来看，与浮游辖域副词不谋而合。张谊生评注性副词如下：

评注性副词：切、万、偏²、竟、并、岂、倒、反、亏、似、是、却¹、恐、怕、别²、盖、正、许、委、或、约、直、真、可、恍、若、像、该、准、定、诚、硬、愣、实、决、绝、好、多、太²、断、也²、又³、还³、才³、就³、都²、非²、刚、老³、总、连、难怪、难道、究竟、索性、到底、简直、莫非、亏得、多亏、幸亏、幸而、幸好、反正、反倒、倒反、确然、确乎、显然、居然、竟然、诚然、当然、固然、断然、断乎、果然、果真、或许、也许、兴许、恰恰、恰好、恰巧、正巧、正好、刚好、偏巧、偏偏¹、好歹、确实、委实、着实、其实、是在、绝对、甚至、甚而、乃至、约莫、大约、大概、八成、宁肯、宁可、宁愿、左右、高低、横竖、准保、管保、终究、终竟、终于、总算、似乎、倒是、还是、敢是、可是、硬是、算是、就是、真是、真的、好像、仿佛、依稀、俨然、看似、貌似、万万、千万、非得、必定、必须、的确、定然、一定、想必、务必、分明、明明、何必、何不、不妨、不愧、不免、未免、未必、未始、无非、无妨、当真、敢情、根本、只好、只得、本来²、原来。（张谊生：《现代汉语副词研究》2014：21）。

张谊生指出，长期以来，"索性、反正、简直、也许、显然、难道、果然" 一直都是被当作语气副词来处理，然而充当状语和表达语气其实并不是这些词的主要功能。虽然他们优势确实可以充当状语并表示各种语气，但其基本功能却在于充当谓语进行主观评注②。张谊生认为，这一类同典型的副词在句法功能和表义功用等各方面都存在着本质的区别，似乎可以另立一类（张谊生：《现代汉语副词研究》2014：48），张谊生将表达主观评价的副词命名为评注性（evaluative）副词。

张谊生认为，汉语的评注性副词在印欧系语言中普遍存在，英语中的全句副词就是评注性副词，全句副词是命题的谓语。例如：

---

① 张谊生：《现代汉语副词研究》，商务印书馆2014年修订版，第18页。
② 张谊生：《现代汉语副词研究》，商务印书馆2014年修订版，第21页。

第四章 俄汉语浮游辖域副词句法语义分析

〔6〕She is obviously intelligent/她显然很聪明 = It is obvious that she is intelligent. /显然，她很聪明。

〔7〕He is probably ill/他大概病了 = Probably, he is ill/大概，他病了 = It is probable that he is ill. /大概他病了。

〔8〕Probably, he will refuse her offer. /大概，他会拒绝她的帮助。= It is probable that he will refuse her offer.

〔9〕He will probably will refuse her offer. /他大概会拒绝她的帮助。= It is probable that he will refuse her offer.

〔10〕He will refuse her offer probably. /他会拒绝她的帮助，大概。= It is probable that he will refuse her offer.

俄语与英语一样，浮游辖域副词也占据一级谓词的位置，谓词层级高于动词，在交际结构中充当主要成分，而不是附着于形容词或副词做修饰语，固定辖域副词则从属于一级谓词，在句法结构中处于次要位置。如：

Я нечаянно ударил слишком сильно = То что ты ударил такой сильной, был нечаянно（Филипенко 2003：35）. /打得这么狠，我是无意的＜不是故意的＞。＜副词 нечаянно 作述位＞

Он поступил неожиданно. = То, что он поступил таким образом, является неожиданным. / 他会这么做，我没想到。＜副词 неожиданно 作述位＞

Борис беспричинно отказался от этой поездки. = То, что Борис отказался от этой поездки, является беспричинным. 鲍里斯拒绝了这班火车，这没道理。＜副词 беспричинно 作述位＞

国内学者对全句限定副词的关注始于转换生成语法学家 A. Radford 将英语副词划分为句修副词（s—Adverb，即 sentence/clause adverb）和动修副词（VP—Adverb）[①]。这一划分具有普遍语法（UG）意义，它具

[①] Radford A., *Transformational Grammar*, Cambridge：Cambridge University Press, 1988, p. 73.

有跨越语种的概括力和解释力。句修副词是修饰整个句子的副词，从句法关系上讲，此类副词与全句相关联，而非受限于句中的动词短语。动修副词是修饰动词短语的副词，在句法关系上它与被修饰的谓语动词（短语）十分密切。随着句修副词和动修副词概念的引入，国内学者曾经争论过两种类型的判定标准，例如，尹洪波（2013）认为表示语气情态的高位副词，能够被话题化而灵活地置于主语前后，属于句修副词。表示时间、处所、范围、程度、否定、方式等低位副词，不能被话题化，只能位于句中，是动修副词。杨德峰（2016）认为，很多语气词副词不能置于主语前，属于动修副词；而很多表时间、方式的副词可以被话题化而位于主语前的，则应属于动修副词。再如，国内多位学者（夏金，1994；陈荣华，1994；唐丽珍，2001；赵彦春，2001）探讨"幸亏你来了"和"你幸亏来了"之间的区别，并最终判断两者语义无差别，都是句修副词。笔者认为，西方语言学中的句修（S-adverbs）和动修（VP-adverbs）两概念是从句法位置角度来定义的，而不是从语义上来定义。如果不结合语义结构，但从句法位置上来对其加以判断，则很容易混淆，这是 М. В. Филипенко 提出浮游辖域类型的初衷，就是要把句修与动修之间真正的区别找出来，而不能单靠句法位置来加以判断，位于句首的就一定是句修？位于句中的就一定是动修？М. В. Филипенко 辖域理论对此已经给了清晰的回答。同时，讨论副词的语序问题应该以动词为中心，而不是以主语为中心，虽然浮游辖域副词也存在主位标记功能，但一定要从高层谓语的语义为轴心来描写语义，而不是以主语为中心。

评注性副词是句修副词，是作为浮游辖域副词中的一类词语。国内学者普遍认为，评注性副词的语义指向是语句的整个命题，浮游辖域副词语义上可指向同一谓词的同一情景的几乎各个语义题元、副题元或语句的整个命题。从语义指向来看，要比评注性副词更为自由。第一，能够做一级谓词的评注性副词满足了浮游辖域的必要条件，但浮游辖域副词的范围要大于评注性副词，按照 М. В. Филипенко 的分类原则，浮游辖域副词既包含汉语评注性副词，也包含焦点副词。焦点副词可以突出句子某一个部分，可以是谓语、题元或副题元，焦点副词并没有纳入句修副词之列，但焦点副词属于浮游辖域副词。第二，作为插入语的评注性副词应该不属于浮游辖域副词，例如：英语的 frankly, you shouldn't speak to Annette./坦白说，你不应该跟 Annette 讲。这里的"frankly（坦白说）"不作为句子的述位，也不是句子的一级谓词，谓词还是动词，去掉 frankly 也不影响句子的交际结构。

据此，汉语浮游辖域副词的列表应该主要包括两个部分：张谊生评注性副词列表和焦点副词列表之和。需要注意的是，有些词语是既有浮游辖域用法，也有固定辖域用法，例如：花红得刚刚好（固定辖域）。刚刚五点他就醒了（浮游辖域）。再如：Легкомысленно ранний уход из библиотеки заставил его вновь со всей силой ощутить собственное одиночество в этом многолюдном городе/ 没加思索从图书馆的早早离开，使得他全面再一次彻底地感受了一次到了闹市中特有的孤独。副词 легкомысленно（轻率地，随意地）修饰形容词 ранний（没加思索的早早离开），而不是作为句子命题的一级谓词，是评注性副词的固定辖域用法。

浮游辖域副词从词序来看，位序相对灵活，大部分副词既可以位于句首，也可以位于句中，有些还可以位于句尾。李泉[①]考察的语气副词中，可移位的有 75 个副词，如：

[11] 每天一清早就出去遛鸟儿，至少要走五六里路。（老舍《正红旗下》）

[12] 至少，我们过分严肃了，需要有所调节，这个故事或许正好承担这个任务。（洪峰《瀚海》）

[13] 老范，我认为你就应该评二级——至少！

从语义指向来看，浮游辖域副词可关联的句法成分类型更多，可以关联主语、谓语、宾语、补语、状语等句法成分。很多情况下浮游副词毗连关联成分，有些情况下，因汉语所严格遵守的动宾毗连等原则，浮游副词没有紧跟关联成分。如："偏偏"可以用在主语、谓语、时间状语、地点状语前。

[①] 李泉：《从分布上看副词的再分类》，《语言研究》2002 年第 2 期。

[14] 偏偏校长也想去｜校长偏偏也想去｜偏偏在节日喜宴上去大谈第三世界的饥荒一样令人倒胃口（CCL语料库）｜早不回来，晚不回来，偏偏在这节骨眼上回来（CCL）｜然而偏偏在这里出了一个小小的漏子（CCL）

[15] "甚至"可以用在谓语、主语、宾语、状语之前。

有些产品例如钢材、水泥等甚至已供大于求｜暴力犯罪日趋增长，甚至连八旬老妇也难幸免于害！｜对一些具体问题，如文字、标点，他都提出过不少具体意见，甚至连正文的校勘工作他都亲自过问｜日益严重的社会治安问题正困扰着英国，甚至连在岁尾欢庆节日之时，它给广大民众带来的沉重感也十分明显。（CCL语料库）

[16] 才¹——主语、谓语、数量补语、状语等

生了第二个，才过了三天，忽然周少爷不要她了。（曹禺《雷雨》）｜我要是拉白天，一早儿出去，三点钟就回来；要是拉晚儿呢，三点才出去，夜里回来。（老舍《骆驼祥子》）｜才七岁的一个孩子，就有这么大的气性。（杨朔《海天苍苍》）｜我才从上海回来不久。（《现代汉语八百词》）｜你怎么才来就要走？（《现代汉语八百词》）｜

[17] 看来，还是校长有办法（主语）｜看来，校长还是有办法（谓语）。

从句法表现上看，浮游辖域副词一般只能出现在动态的句子中，而不能出现在静态的短语中，其修饰对象是整个命题。从表达功能上看，浮游辖域副词具有较强的述谓性特征，表达对整个命题的主观评价。

总体上讲，固定辖域副词大都是指物意义的，对命题对象作客观陈述，浮游辖域副词大多包含说话人的主观广义评价，或者用来组织话语结构。因而固定辖域副词多见于报道现实情景的叙述话语中；浮游辖域副词多见于对话话语中。

第四节　俄语浮游辖域副词

Альтруистически 利他主义地
банально 老生常谈地、平庸无味地
бдительно 警惕地
безалаберно 无条理地，无秩序地
безбожно 荒唐地
бездушно 无精打采地、冷酷无情地
безжалостно 残酷地
беззастенчиво 恬不知耻地、厚着脸皮地
безнравственно 无道德地
безобидно 不会得罪人地
безопасно 安全地
безосновательно 无根据地
безответственно 不负责地
безотказно 不停顿地
безошибочно 没有错误地
безрадостно 无趣地
безрассудно 不理智地，不明智地
безропотно 顺从地
безусловно 无条件地
бережливо 精打细算地
бескомпромиссно 不容妥协地
бескорыстно 无私地
беспардонно 肆无忌惮地
беспечно 无忧无虑地
бесподобно 无可比拟地
беспокойно 惊惶不安地
беспомощно 无助地
беспощадно 毫不留情地
беспричинно 无缘无故地
беспутно 放荡地，不务正业地
бессердечно 残酷地
бессовестно 无耻，昧着良心
бесспорно 不容争辩
бесстрашно 无畏地
бесстыдно 无耻地
бесстыже 无耻地
бестактно 不知深浅地
бестолково 无条理地
бесхитростно 朴实、老实
бесхозяйственно 不善经营地
бесцеремонно 放肆地，无礼貌地
бесчеловечно 惨无人道地
благовоспитанно 有教养地
благопристойно 体面地
благоразумно 明智地
благородно 高尚地
братски 友好地
варварски 灭绝人性地
вдруг 突然
вежливо 礼貌地
великодушно 豁达地
великолепно 出色地

верно1（мы тебе верно служили，верно носил портфель）忠实地

верно2（ответил，повел себя，часы идутверно；верно，что а > b）正确地

вероломно 背信弃义地

весело 愉快地

взаправду 当真、是在

внезапно 突然

возмутительно 令人气愤地

воистину 诚然，确实

волей-неволей 不管愿意不愿意，不得不

волнительно 激动人心地

волшебно 奇妙地

впопад 恰时，及时，正是时候

вправду 确实，实在，的确

вредно 有害

всенепременно 一定，必定

выгодно 有利地

вызывающе 挑衅地

высокомерно 傲慢地

гадко 可恶地、讨厌地

галантно 礼貌周到地

героически 英勇地

геройски 英勇地

глупо 糊涂地，愚蠢地

гнусно 卑鄙地

гордо 高傲地

горько² （плакал，~ расставаться）痛苦地

гостеприимно 好客地

грустно 忧郁地

губительно 有害地

гуманно 人道地，仁慈地

двулично 貌合神离

действительно 的确，果然

деликатно 客气地

демонстративно 表示抗议地

дерзко 粗鲁地，放肆无礼地

дерзновенно 勇敢地，大胆地

деспотично 专制地

дивно 非常好地

дико 古怪地

дипломатично 巧妙地

добровольно 自愿地

добром 自愿地

добропорядочно 规规矩矩地

добросовестно 仔细认真地

доверительно 信任地，秘密地

доверчиво 轻信地

домовито 关心家事地

доподлинно 确实地

дополнительно 补充，附加，额外

досадно 遗憾地，感到懊悔

достойно 名副其实地，当之无愧地

дружески 友好地

дурашливо 傻里傻气地

дурно 不好地

естественно 正常地

жалко 遗憾，可惜

第四章 俄汉语浮游辖域副词句法语义分析 249

жалостливо 怜悯地
жестоко 残忍地
живительно 提神地
жутко 可怕地
забавно 有趣地
заботливо 关切地
заведомо 明显地
загадочно 难以猜测地
заговорщицки 诡秘地，神秘地
заговорщически 阴谋地
законно 正当，合法
залихватски 雄赳赳地，什么也不怕地
замечательно 出色地
занятно 有趣地
заодно 同心协力地
заслуженно 公正地
застенчиво 腼腆地
зачастую 常常，时长，往往
здорово 很厉害，极
злодейски 凶恶地，残暴地
зря 徒然地，白白地
иезуитски 伪善地
изворотливо 机灵地
издевательски 讥笑地
изменнически 背叛地，背信弃义地
изнурительно 繁重的，极其消耗精力的
изобретательно 机敏地
изумительно 惊人地

интеллигентно 知识分子特有地
интересно 有趣地
истинно 真实地
капризно 顽皮地
кичливо 傲慢地
классно 技巧高超地，技术精湛地
коварно 口蜜腹剑地，阴险地
комично 滑稽可笑
консервативно 保守地
корректно 有礼貌地
кошмарно 噩梦地，可怕地
кощунственно 不恭地，轻慢地
кротко 温顺地
круто2（замочил, поступил）固执地
кстати 适时，适当
культурно 有文化地
легально 合法地
легкомысленно 肤浅地，轻率地
лестно 引以为荣地
либерально 自由主义地
лихачески 逞能地，逞强地
лихо 凶恶地
лицемерно 虚伪地
лояльно 忠诚地
любезно 殷勤地
любопытно 好奇地
малодушно 怯懦地
матерински 母性地
мелочно 无谓地，不重要地
мерзко 卑鄙地，感到讨厌

мило 可爱地
милостиво 宽大地，慈善地
миролюбиво 爱好和平地
мнительно 多疑地
мстительно 报复地，有复仇心理地
мудро 英明地
мужественно 英勇地
мучительно 痛苦地
набожно 十分虔诚地
наверно, наверное 大概
наверняка 一定，确实
нагло 厚颜无耻地
назло 故意作对地，有意为难地
наивно 天真
намеренно 有意地，故意地
наобум 不假思索地，盲目地
наплевательски 轻视地，怠慢地
напрасно 枉然地，徒劳
нарочито 故意地，存心地
нарочно 故意，有意，存心
насильственно 强行，强迫地
натурально 不做作地
наугад 胡乱地；碰运气地，瞎蒙
наудалую 卤莽地，冒失地，
наудачу 碰运气地
находчиво 随机应变地，机智地
небережливо 大手大脚地，没有节制地
небезынтересно 颇有意思地
неблагодарно 忘恩负义地
неблагопристойно 非常无礼地，不

成体统地
неблагоразумно 不明智地
неблагородно 粗俗地；不高尚地
невежливо 不礼貌地
неверно 不正确地
невесело 不快乐地
взначай 偶然地，意外地
невинно 无辜地
невольно 不由自主地
невыносимо 无法忍受
негаданно 意外地；料想不到地
недальновидно 无远见地
недаром 难怪，无怪乎
неделикатно 不客气地
недобросовестно 不诚实地
недостойно 不配地
недурно 不坏地
неестественно 不自然地
нежданно 出乎意外地
нежданно-негаданно 出乎意外地
незаконно 非法
незаслуженно 无功而得地
неинтересно 感到乏味，乏味地
некстати 不凑巧地；不是时候地；不是地方地；不适当地
некорректно 不得体地
некрасиво 不体面地
некультурно 不文明地
нелегально 不合法地，秘密地
нелепо 荒谬，没有道理
нелестно 不好地

неловко 不方便，不舒服
нелояльно 不守法地
нелюбезно 不客气地
немилосердно 残忍地
ненамеренно 无意地
ненароком 无意地
ненарочно 无意地
ненатурально 不自然地
ненормально 不正常地
ненужно 不需要
необдуманно 轻率地
необычно 特殊地
неожиданно 突然，意外
неоправданно 没有根据地
неосмотрительно 不小心地
неосторожно 不小心地
непедагогично 不合乎教育（学）原则地
неплохо 不错
неподкупно 收买不了地；廉洁地
непозволительно 无法容忍地
непоследовательно 矛盾地
непочтительно 不恭敬地
неправдоподобно 离奇地；不一般地
неправильно 不正常地；不对地
непредвиденно 意外地
непреднамеренно 不是故意地
непредусмотрительно 无预见地
непременно 一定
непривычно 不习惯

неприлично 有失体面；不成体统
непристойно 淫秽地
неприятно 不愉快地
непроизвольно 不由自主地
непростительно 不可饶恕
нерадостно 不愉快地
неразборчиво 不清楚地
неразумно 不合理地
нерасчетливо 不会精打细算地；不合算地
нереально 不现实地
несладко 很不愉快，难过，痛
несообразно 不得当，不恰当
неспокойно 不平静，不安宁
несправедливо 不公平，不公道
неспроста 不无用意地，不无目的地
нетактично 不知分寸地
неуважительно 不尊敬地
неудачно 不成功地；不顺利地
неудобно 不方便，不舒服
неуместно 欠妥，不合时宜地
неумно 愚蠢地
неумышленно 不是故意地
неустрашимо 勇敢无畏地
неучтиво 无礼貌地
неуютно 不舒适地
нехорошо 不好，不舒服
нецелесообразно 不适宜地；不合理地
нечаянно 无意地，无心地

нечеловечески 非人地
нечестно 欺诈地；不正直；不诚实
нищенски 极穷苦地；像乞丐一样地
нормально 正常地
норовисто 执拗地；固执地
обдуманно 深思熟虑地
обидно 令人难受地
обидчиво 易抱怨地；胸怀狭小地
обыкновенно 普通
обычно 通常
обязательно 一定
одиноко 孤单
омерзительно 令人极端厌恶地
опасно 危险
определенно 确定
опрометчиво 冒失地
оригинально 奇特地，独特地
оскорбительно 侮辱地
осмотрительно 谨慎地
остроумно 巧妙地，机智地
отважно 勇敢地
отвратительно 令人厌恶地
отвратно 令人厌恶地
отечески 慈父般地
отлично 极好
отрадно 令人愉快
очевидно 显而易见地
ошибочно 错误地
пагубно 危害极大地
панибратски 不拘礼节地

парадоксально 离奇地
паршиво 不好地；讨厌地
патриотично 充满爱国主义精神地
педагогично 符合教育学原则地
печально 悲惨地，悲伤地
плачевно 哀伤地
плохо 不好
погано 恶劣地
подвижнически 自我牺牲地，奋不顾身地
подло 下流地；非常坏地
подобострастно 卑躬屈节地
подозрительно 怀疑地
подходяще 合适地
позорно 可耻地；卑鄙地
покладисто 随和地，肯容让地
покойно 感到放心
политично 有策略地；善于与人打交道地；很得体地
понапрасну 枉然，白白地，徒劳无益
поневоле（迫）不得已地
понятливо 理解力强地；聪明地
понятно 明白
поразительно 异常；惊人
послушно 听话地
постыдно 可耻地
потрясающе 非常惊人地
похвально 值得称赞的，嘉奖的
пошло 鄙俗地
правда 的确

правильно 正确地，按规则地
превосходно 卓越地，非常好地
предательски 突然变坏地，背叛地
преднамеренно 故意地
предосудительно 应受指责地，不体面地，不道德地
предположительно 大约，大概
предупредительно 很殷勤；非常客气
прекрасно 非常好地
прелестно 非常令人喜爱的
преступно 犯罪地
привычно 习惯
придурковато 有点糊涂
прижимисто 吝啬地，爱占便宜地
принудительно 强制地，强迫地
принципиально 原则上，根本上
пристойно 合乎礼节地
приятельски 友善地
приятно 令人愉快地
прозорливо 有先见之明地
проказливо 淘气的，顽皮的
проницательно 敏锐地，有洞察力
простодушно 朴实忠厚地
простосердечно 心地忠厚地
противно 令人憎恶
противозаконно 违法地，不法地
прямодушно 直爽地
пугливо 胆怯地
рабски 谄媚地
радостно 高兴地

разборчиво 挑剔地
развязно 放肆地
раздражающе 令人气愤的，令人恼怒的
разрушительно 破坏性地
разумно 理智地
распущенно 任性地；放肆；放荡地
расчетливо 精打细算地
рачительно 尽心地
ребячливо 孩子气地
резонно 合理地
рыцарски 骑士般地
самокритически 有自我批评精神地
самокритично 有自我批评精神地
самолюбиво 自尊心强地
самонадеянно 过于自信地
самоотверженно 忘我地
самоуверенно 充满自信地
своевольно 一意孤行地
своенравно 固执地
сентиментально 感伤地，多愁善感地
символично 象征（性）的
симпатично 讨人喜欢地
сиротливо 孤苦伶仃地；孤独地
скверно 下流地，丑恶地，坏地
скромно 谦虚地
славно 可爱地；非常好地
сладко 幸福，称心如意，美满
сладостно 愉快，美满地，甜蜜地
случайно 偶然地
смекалисто 机敏地，领悟得快地

смело 大胆地，勇敢地
сметливо 机灵地
смешно 好笑地，滑稽地
смиренно 温顺地
смышлено 机灵地
соблазнительно 诱人地，迷人地
сомнительно 怀疑地，难以相信地
сообразительно 机灵地
спартански 刻苦地，极俭朴地，极刻苦耐劳地
специально 特意地，有意地
спокойно 平静地
справедливо 公平公正地
стеснительно 腼腆地，拘束地
стоически （像斯多葛派那样）坚忍不拔地，坚贞不屈地
странно 古怪地，奇怪地
страшно 可怕地，感到害怕
стыдливо 腼腆地，害羞地
суеверно 迷信地
сумасбродно 妄诞地，癫狂地
тактично 有分寸地，委婉地
типично 典型地
томительно 令人厌倦，令人痛苦
тоскливо 忧愁地；苦恼地
точно 恰好
традиционно 传统地
трогательно 令人感动地
трусливо 胆怯地
тягостно 痛心，难过，烦
тяжело 令人苦恼地，难以忍受地

тяжко 令人沉重地
убийственно 极有害地
увлекательно 吸引人地，诱人地
удало 勇敢地；豪放地
удачно 顺利地；成功地
удивительно 奇怪地
удобно 方便地
ужасно 感到可怕地
уместно 恰当，合适
умилительно 深受感动地
умно 聪明地，机灵地
уморительно 滑稽
умышленно 故意地
унизительно 有损尊严地，侮辱地
упоительно 使人狂喜的，令人陶醉的
упорно 坚定地
упрямо 坚定地，顽强地
успокоительно 令人安心地
уступчиво 随和地，肯让步地
утешительно 令人快慰地；令人放心地
утомительно 令人厌倦地
учтиво 有礼貌地；谦恭地
уютно 舒适地
фамильярно 亲昵地
феноменально 非凡的，杰出的
халатно 草率地
хамски 粗野地
хвастливо 爱夸口地，爱吹牛
хищнически 凶猛地；掠夺性地

хлебосольно 慷慨好客地
хозяйственно 节约地
хорошо 好
храбро 勇敢地
хулигански 流氓地，无赖地
худо 不好，坏
целомудренно 纯洁地
цинически 厚颜无耻地
цинично 下流地
человечно 仁慈地
честно 正直地；真诚地
чистоплотно 纯洁地
чистосердечно 真诚地，坦率地
чудесно 神奇地，神乎其神，奇迹地
чудно́ 古怪地，奇怪地

чудовищно 可怕地，荒谬绝伦地，骇人听闻地
шаловливо 顽皮地；放纵地
шикарно 雅致地；讲究地
шкодливо 淘气顽皮地，恶作剧地
шутовски 滑稽的
щедро 慷慨
эгоистически 利己主义地
эгоистично 自私地
экономно 节省地；节俭地
этично 合乎道德地
эффектно 印象深刻地
юношески 青年地，少年地
явно 公开地
ясно 明白地看到，清楚地看到

本章小结

"学界目前对副词的研究已经不满足于单纯的句法结构分析，而是尽可能把句法同语义、语用研究融为一体，力求把动态的研究和静态的分析结合起来，在更高的层次上，更大语境中多角度、多侧面地考察副词的功能、意义和用法。"[①] 俄语言学家依据句法语义作用方式的截然不同来区分出固定辖域和浮游辖域副词，这种做法是将副词功能与意义相结合的一个好的尝试，体现了分类原则的科学性和客观性。副词系统内部成员的异质性是副词研究的最大难点，印欧语系副词研究的成果要比汉语副词丰富得多，从语义分析入手的浮游辖域副词研究具有普通语言学的理论意义，各语种之间研究成果具有可参照性，可以互为共性研究做补充或验证。

---

① 张谊生：《现代汉语副词研究》，学林出版社 2000 年版。

第五章

莫斯科语义学派思想对汉语语义研究的启示

20世纪60年代莫斯科语义学派理论思想传入中国，在中国经历了理论引进、理论接受与理论转化三个重要的阶段，每个阶段都产生出了一些标志性的理论成果和代表性人物。经过半个多世纪的发展，国内俄语界理论语义学和词典学研究的水平有了较大的提升，基于俄语语料分析的整合性描写原则已经被国内俄语学界广泛接受，并积极推广和应用到汉语研究中。国内汉语学界从2009年开始积极倡导新描写主义，主张深度挖掘微观语言事实，描写语言的微观句法和微观语义，通过区别性句法环境的描写来刻画语言单位的异同，进而反映语言的本质特征。莫斯科语义学派正是典型的新描写主义学派，且在微观句法和语义描写领域已取得了丰硕的研究成果。中国俄语学者的使命之一就是把俄罗斯优秀的语言学研究成果介绍给汉语学界，努力将研究理论内化到汉语研究，为汉语语言研究服务。

第一节 莫斯科句法语义理论在中国研究现状

早在20世纪60年代Ю. Д. Апресян的语言学理论就引起了国内俄语界理论语义学和词典学研究学者的关注，其学术论文的汉译稿相继刊发。1962年Z1期《语言学资料》（《当代语言学》的前身）刊发了Ю. Д. Апресян学术文章的汉译稿：《什么是结构语言学》[①]。同年度

---

① Апресян Ю. Д. 1961. Что такое структурная лингвистика. 应寿初译. Иностранные языки в школе, (3): 82-96.

《语言学资料》第 12 期，尚英翻译了 Ю. Д. Апресян 撰写的《乌尔曼的结构语义学》①，这两篇译文的刊载是 Ю. Д. Апресян 学术论著介绍到国内的开端，通过译文中国读者第一次认识了 Ю. Д. Апресян 及其结构主义语言学理论。1986 年倪波、顾柏林的专著《俄语语义学》② 面世，该著作为中国较早全面系统介绍俄语语义学成就的专著，部分章节转述了 Ю. Д. Апресян1968 年、1986 年学术研究成果中关于整合性描写原则和语义配价理论。1988 年顾柏林在《中国俄语教学》发表论文《新的语义学理论在词典编纂中的应用》，展示 Ю. Д. Апресян 的整合性描写方式下如何对词位进行整合性、全方位的释义。这是我国对莫斯科语义学派理论引进的第一个阶段。

2001 年，张家骅教授发表题为"莫斯科语义学派"的学术论文，这比 Ю. Д. Апресян 本人 2005 年发表的同名论文——《莫斯科语义学派》（2005 年）还要早四年，该论文的发表具有里程碑的意义。自此莫斯科语义学派的整合性描写理论作为一个理论系统开始被中国学者关注。2002 年，《解放军外国语学院学报》第 3 期发表了季元龙教授的《俄语理论语义学的研究原则、对象及其方法——阿普列祥观点评述》，作者评价莫斯科语义学派是现代俄罗斯理论语义学研究第一学派；2005 年 Ю. Д. Апресян 在《语言学问题》发表了"莫斯科语义学派：理论摘要［О Московской семантической школе（тезисы）］"，国内学者杜桂枝教授第一时间进行了全文转载，将译文刊登在 2006 年第 1—3 期的《中国俄语教学》；张家骅教授在 2006 年 5 月《中国外语》第 3 期，发表论文《莫斯科语义学派理论要点》，解释莫斯科语义学派理论中的几个重要概念。

2005 年张家骅教授出版了专著《俄罗斯当代语义学》，张家骅从语言的整合性描写、词汇单位的系统描写、元语言描写工具、多层次的语义结构理论、意义相互作用原则五个方面对莫斯科语义学派的理论体系和理论方法进行了较为详细的陈述。书中评价到："莫斯科语义学派在俄罗斯当代语义学的位置极其重要，在某种程度上可以说，真正意义的俄罗斯当代语义学，是伴随着莫斯科语义学派的诞生而趋于成熟的。"

---

① Апресян Ю. Д. 1962，尚英：《乌尔曼的结构语义学》，《语言学资料》1962 年第 12 期。
② 倪波、顾柏林：《俄语语义学》，上海外语教育出版社 1986 年版。

2009年开始，依托《俄汉平行对照语义关系词典》的编撰，张家骅教授领导下的莫斯科语义学派科研团队初具规模，团队成员后来逐步发展成为国内莫斯科语义学派理论研究的生力军，以张家骅教授为代表的黑龙江大学俄语语言文学与文化研究中心成为国内莫斯科语义学派研究的重要基地。张家骅立足Ю. Д. Апресян的莫斯科语义学派意义观，对词汇语义、句子命题语义、语句主观意义、语义元语言、语义配价等展开研究，将Ю. Д Апресян词汇函数理论引入汉语词汇研究，进行俄汉平行对照语义关系词典词条编纂，为莫斯科语义学派语言学思想的推广做出了卓越的贡献。

　　基于"意思⇔文本"理论模式发展起来的莫斯科语义学派，是以数理逻辑的方法解释词汇语义和句法语义，理论中包含大量离散数学和逻辑学的知识。解析其理论的学者须具备两个必备要素：精通俄语语法和具备离散数学、逻辑学基础。国内研究者大多为俄语专业出身，纯文科背景，数学和逻辑学知识的缺失是目前研究团队最大的短板。同时该学派的研究涉及动词、名词、形容词、虚词等各种词类的语义分析，每个词类的整合性研究描写都是一整套的理论体系，理论解析的难度大且工作量繁重。基于此，中国研究者们大多选择一个或几个侧面、分方向开展研究。如黑龙江大学的彭玉海引进与分析莫斯科语义学派集成描写理论，将Ю. Д Апресян语言学理论同汉语语料分析相结合，对汉语词汇语义进行集成描写，深化汉语动词转义及相关句法语义问题的研究。王洪明对比研究俄汉阐释动词词义元语言释义；张红基于莫斯科语义学派元语言理论和配价理论，对比研究俄汉语心理动词、刘丽丽对比研究俄汉祈使言语行为动词的句法语义。徐涛解析莫斯科语义学派的配价理论；于鑫博士重点解析莫斯科语义学派的元语言理论、句子语义结构多层次性描写原则；蒋本蓉阐述Ю.-Д. Апресян集成描写原理在双语词典编纂中的应用；郭丽君以辖域理论为基础，对俄汉语焦点副词进行句法语义剖析。这些成果引领了Ю. Д. Апресян语言学理论在国内的研究和传播，推动了国内俄语学界理论语义学研究和词典学研究的发展。

莫斯科语义学派研究学者情况

机构	学者	研究内容
黑龙江大学俄语语言文学与文化研究中心	张家骅教授	莫斯科语义学派的词汇函数理论 莫斯科语义学派的义素分析语言 莫斯科语义学派的配价观 莫斯科语义学派的语义元语言
首都师范大学	杜桂枝教授	莫斯科语言学派百年回溯
黑龙江大学俄语语言文学与文化研究中心	彭玉海教授	阿普列相的语义-句法接口思想 莫斯科语义学派意义相互作用原则 莫斯科语义学派集成描写理论与汉语语义对接 基于莫斯科语义学派理论原则的动词范畴语义句法研究
黑龙江大学俄语语言文学与文化研究中心	薛恩奎教授	"意思⇔文本"语言学研究
黑龙江大学外国语言文学博士后流动站	张红教授	莫斯科语义学派的情感动词语义分析
黑龙江大学博士	王洪明	俄汉阐释动词词义的元语言释义对比
黑龙江大学外国语言文学博士后流动站	郭丽君	莫斯科语义学派句法语义学思想研究 莫斯科语义学派的辖域理论
黑龙江大学俄语语言文学与文化研究中心	李侠	莫斯科语义学派的配位结构、支配模式、论元结构
黑龙江大学博士	徐涛	莫斯科语义学派词汇释义配价的理论和实践 莫斯科语义学派的语言世界图景观
黑龙江大学博士	张月红	莫斯科语义学派的配位结构
南开大学	陈曦、王红厂、李尧	《新型俄语同义词解析词典》研究
黑龙江大学博士	蒋本蓉	莫斯科语义学派的释义元语言 "意思⇔文本"模式的词库理论与词库建设 支配模式在汉语语义词典中的应用
黑龙江大学博士	周淑娟	释义元语言概念范畴下的"观察者框架"
南京师范大学语言科技研究所	陈秀利、李葆嘉	解析莫斯科语义学派的语义元语言与《新型俄语同义词解析词典》 莫斯科语义学派的同义词释义理论与方法研究 莫斯科语义学派语义元语言在同义词词典中的应用
南京师范大学语言科技研究所	孙道功、施书宇	莫斯科语义学派题元框架下的"老师"和"教师"的词汇语义和题元框架 《现代汉语动词语义知识词典》的开发与应用
哈尔滨师范大学博士	吴哲	从多义词的义项切分看语义理论在词典释义中的应用
首都师范大学	郑秋秀	莫斯科语义学派的语义配价和句法题元观 莫斯科语义学派的支配模式

续表

机构	学者	研究内容
首都师范大学	葛晶	整合性描写原则视域下的语言多义性研究
首都师范大学	王冬雪	俄汉词汇单位句法语义关系对照抽样研究
黑龙江大学博士	于鑫	莫斯科语义学派的元语言理论、句子语义结构多层次性描写
黑龙江大学博士	常颖	汉、俄语言语行为动词语义对比研究

  从上表可以看出，国内莫斯科语义学派的研究学者大多集中在俄语学界，以高校俄语学院/俄语系教师、高校俄语语言文学研究机构中的学者为主，同时形成了两大主要研究基地：黑龙江大学和首都师范大学。黑龙江大学以俄语语言文学与文化研究中心研究学者、博士和博士后为主要研究人员；首都师范大学以杜桂枝教授和其博士团队为主。汉语学界研究学者主要集中在南京师范大学的语言科技研究所，汉语语言学者重点关注面向《新型俄语同义词解析词典》元语言系统，在解析基础上，对比其他元语言，探究莫斯科语义学派元语言的特色和优势，借鉴其价值应用到汉语积极释义词典的编撰。

  深度解析莫斯科语义学派学术成果的同时，张家骅教授带领团队积极转化研究成果以服务于汉语语言建设。张家骅教授不仅证明了俄罗斯语义学理论可以运用到汉语语言分析，并尝试构建积极俄汉双语语义词典。2009 年，张家骅主持了国家社科基金项目——建构《俄汉平行对照语义关系词典》的理论与实践。《俄汉平行对照语义关系词典》遵循整合性描写原则编撰词条 39 条，动词 36 个，名词 3 个①。每一个词条均采用 Ю. Д. Апресян 的释义元语言，尽可能全面、详尽地提供和反映

---

① 动词包括：Бежать/ 跑；Беспокоиться/ 担心、费心、关心、焦躁；Бояться/（害）怕；Восторгаться/ 狂喜、赞叹；Восхищаться/钦佩、赞叹；Гордиться/自豪、夸耀、傲慢；Гневаться/发怒/生气；Грабить/抢劫；Досадовать/懊恼；Жаловаться/抱怨；Жениться/娶…；Забывать/忘（记）；Знобить/发冷；Издеваться/嘲笑；Лечить/治疗；Любоваться/欣赏；Назначить/指定，任命（指派）、规定、（命中）注定、开（处方）；Надоесть/讨厌；Объявлять/宣布；Отомстить/报复；Отчаиваться/无望，绝望；Подтвердить/确认、证实、证明；Помнить/记得；Помогать/帮（助）；Просить₁/请；Радоваться/高兴；Рискнуть/冒险；Собираться/打算…；Советовать/建议；Спасти/救；Стыдиться/羞愧、羞于；Требовать/要求；Уважать/尊敬、尊重、喜欢；Угрожать/威胁；Удивляться/惊讶；Учиться/学习 名词包括：Вина/ 罪；Дождь/雨；Друг₁/朋友₁

被释词的实质性语义信息，包括发音、韵律、词形变化、语法形式、支配模式、句法结构、搭配性能和特征、使用所需的语用条件和限制等。《俄汉平行对照语义关系词典》词条试编体现了积极词典的编撰原则，使得汉语学界对 Ю. Д. Апресян 积极词典编撰原则有了较为清晰的认知。在俄语学界的不断努力下，国内汉语学界学者逐渐重视莫斯科语义学派释义原则方法。如北京师范大学教授刘伟在《励耘语言学刊》发表学术论文"《现代汉语词典》形容词释义因子研究"，文章尝试借鉴 Ю. Д. Апресян 的《新型俄语同义词解析词典》中形容词的释义方法对《现代汉语词典》中形容词释义进行补充。南京师范大学教授孙道功吸收莫斯科语义学派整合性描写原则中的释义原则，提出《现代汉语动词语义知识词典》的编写理念。《现代汉语动词语义知识词典》融合词汇语义和句法语义，是涵盖词形、词性、释义、义类、义场、句法范畴信息、语义范畴信息、语义句模等多种信息参数的开放性的动词语义知识词典。

在积极编写《俄汉语义关系平行对照词典》的同时，国内学者们从理论层面也在不断取得突破，在相关领域验证莫斯科语义学派在汉语中的适配性。出产了一批优秀的科研专著：《俄罗斯当代语义学》（张家骅）、《俄汉语义对比研究》（孙淑芳）、《理论语义学研究》（彭玉海）、《语言语义的集成描写研究－基于 MSS 理论原则的句法－语义界面探索）》（彭玉海）、《俄汉心理动词语义—句法对比描写》（张红）、《"意思⇔文本"语言学研究》（薛恩奎）等。这一时期，首都师范大学杜桂枝教授主持了北京市科技创新平台项目，翻译当代俄罗斯语言学著名学者的理论代表作，2011 年 4 月《语言整合性描写与体系性词典学》（上、下）汉译本在北京大学出版社出版。汉译本的出版，极大程度上推动了非俄语学者了解莫斯科语义学派的理论体系，促进了莫斯科语义学派理论在汉语理论语言学界的广泛传播。2013 年 10 月商务印书馆出版了《现代语言学流派》（增订本），其中增订了第十六章专门介绍莫斯科语义学派，肯定莫斯科语义学派在世界范围的理论贡献和学术地位。

莫斯科语义学派理论分析的主要对象为俄语，同时兼顾英语和法语。汉语作为汉藏语系，是完全不同的语言规则。从时间线上来看，学者们是一边深度解析理论，一边同时转化成果到汉语语料上进行验证。这一时期，莫斯科语义学派理论和汉语语料结合的研究成果不断得到国家级项目基金的资助。2009年至今，莫斯科语义学派理论研究的国家社科基金项目十余项，2017年人文社会科学重点研究基地重大项目《阿普列相语言学理论与现代汉语语义句法研究》也得以在教育部立项。

"莫斯科语义学派理论与汉语研究"国家级项目列表

项目类别	项目名称	主持人	学校	年度
教育部人文社会科学重点研究基地重大项目	阿普列相语言学理论与现代汉语语义句法研究	彭玉海	黑龙江大学	2017
国家社会科学基金项目	莫斯科语义学派句法语义理论框架下的俄汉语焦点副词语义研究	郭丽君	中山大学	2015
国家社会科学基金项目	俄汉动词语义-句法集成对比研究	张红	河南大学	2012
国家社会科学基金项目	俄汉语中的"级次"与"标准"研究	杨家胜	哈尔滨师范大学	2011
国家社会科学基金项目	面向信息处理的俄汉语副词对比研究	靳铭吉	黑龙江大学	2011
国家社会科学基金项目	俄汉机器翻译系统中"C+N5"结构的语义识别	孙爽	东北林业大学	2011
国家社会科学基金项目	机器翻译理论框架下俄汉语篇内句子的同义转换研究	胡连影	北京大学	2013
国家社会科学基金项目	基于词汇函数理论的俄汉动词语义世界图景对比研究	徐涛	哈尔滨师范大学	2013
国家社会科学基金项目	俄罗斯语言学的本土化研究	薛恩奎	黑龙江大学	2015
国家社会科学基金项目	建构《俄汉平行对照语义关系词典》的理论与实践	张家骅	黑龙江大学	2009
国家社会科学基金项目	面向信息处理的俄汉语言模型策略	薛恩奎	黑龙江大学	2009
国家社会科学基金项目	俄语动词概念隐喻的文化认知研究	彭玉海	四川大学	2019
教育部人文社会科学研究一般项目	基于动词的俄汉语言世界图景研究	关月月	曲阜师范大学	2015
教育部人文社会科学研究一般项目	论阿普列相语言学思想在俄语教学中的应用	王钢	大连外国语大学	2016

第二节　汉语学界对莫斯科语义学派释义理论的关注

一　莫斯科语义学派的释义理论

莫斯科语义学派整合性描写理论从创建之时就带有两个任务，第一是对俄语为语料的词汇语义描写进行语义学的普遍理论创建，第二是将理论与积极词典编撰、机器翻译系统开发相结合，在实践产品中不断检验理论和更新理论。系统性词典学产品提供机译系统的海量词库，对语言特征做精细化的分析，为语义理论研究提供素材，推进理论层面的不断探索。在"大词库、小语法"的理论思想指导下，莫斯科语义学派编写了一系列积极词典[1]：1984 年 И. А. Мельчук 和 А. К. Жуковский 为实现机器翻译而编写的《现代俄语详解组配词典》(Толково-комбинаторный словарь современного русского языка)、1986 年出版的《俄语统一词典方案》(Проект интегрального словаря русского языка)、1997 年、2000 年、2003 出版的三部同名词典——《新型俄语同义词解析词典（НОСС）》以及 1984、1988、1992、1999 年出版的四卷本《法语详解组合词典》(Dictinnaire explicative et combinatoire du francais contemporain)、2014 年《俄语积极词典》(активный словарь русского языка)。区别于传统详解词典，积极词典是面向自然语言计算机处理服务的系统性词汇知识库，主要为机器翻译提供词库和为语言学家进行语义研究服务。"计算机要理解一个语句必须凭借一些形式化、规则化的知识与接收到的语句进行对比、分析、判断，最后对判断结果做出选择。所以，计算机理解自然语言的前提条件是为它提供一部形式化的语法词典和一部形式化的语义词典。"[2] 著名的美国的 Wordnet（G. A. Miller）、FrameNet、《现代法语详解组合词典》(Explanatory Combinatorial Dictionary of modern French) 以及中文的知网（HowNet）都是为自然语言计算机处理服务的词库。

---

[1] 莫斯科语义学派的"积极性词典"，是指它的注释内容不仅包含对一个词的释义内容，还包含同义、反义、派生关系、使用范围、句法支配模式、词汇搭配能力等。

[2] 薛恩奎：《词汇语义量化研究》，黑龙江人民出版社 2006 年版，第 198 页。

积极词典和消极词典的编写目的有着本质的区别，郑述谱认为："有人把当今词典编撰归纳为两种倾向，一种是编写体系本位词典的倾向，另一种是编写读者本位词典的倾向。第一种的目标是把语言的词汇语义体系甚至是整个语言结构尽可能充分地按本来的样子反映在词典中<…>，第二种则着眼于反映语言负载者和语言使用者的使用规则。第一种也可以称作语言描写词典，它是消极的，主要起到查询的作用；第二种可以称为言语词典，它的主旨在于指导读者积极地掌握语言，有效地使用语言，因此又把这种词典称为积极词典。"[①] 例如：прибивать "钉"这个动词具有工具配价，句法搭配上体现在工具格：прибивать топориком "用小斧头钉"。这点与工具格的意义完全符合，工具格往往用来表达工具方面的含义。如果词典中没有在 прибивать 词条处说明它的工具配价和工具格的用法，我们就无法正确使用。因为不是所有的表示行为的动词都具有工具配价，而且并不总是由工具格来表达。比如，动词"粘"属于联结一类的动词，工具格不是其必要配价。再如，在 писать на компьютере（在电脑上打字），считать на счетах（用算盘计算），стрелять из винтовки（用步枪开火）这类搭配中，工具不是通过工具格来表明的，而是由介词 на 或者 из 来表达的。

积极词典是指相对于传统的消极型词典而言，消极型词典注重收词数量的广泛性，其编撰目的是帮助用户正确理解文本，提供最低限度的词形和词义信息；积极词典的收词量一般是消极型词典的几分之一，积极词典注重单个词汇单位做详尽语义信息标注，词典编撰面向的是用户的言语使用需求，注重标注词汇的搭配信息。例如：мнение（见解、看法）在消极词典中的释义：оценочное суждение о чем－л., основанное на опыте, вкусах или умозаключениях субъекта./主体基于推理、自身喜好、经验等作出的对某事物的价值判断。мнение（见解、看法）在积极词典中的释义为：（1）与形容词连用，如：твердое <сложившееся> мнение（坚定的看法、得出的意见），высокое <лестное, положительное> мнение（高见、赞成的意见、正面的意见），невысокое <низкое, нелестное, отрицательное> мнение（不高明的意

[①] 郑述谱：《消极词典与积极词典》，《辞书研究》1990 年第 1 期。

见、不赞成的意见、负面的意见），субъективное＜предвзятое, спорное＞ мнение（主观的意见、成见、意见不一），объективное＜непредвзятое＞ мнение（客观的意见、公正的意见），общественное＜личное＞ мнение（舆论、个人的意见），общее＜единое＞ мнение（公论、一致的意见）；（2）与名词连用，如：столкновение＜борьба＞ мнений（意见冲突，意见不合），разноречивость＜пестрота＞ мнений（意见矛盾、意见丰富），смена мнений（意见变化），центр изучения общественного мнения（舆论研究中心）；（3）与动词连用，мнение 起补语作用，如：иметь мнение（有意见），быть какого-то мнения（认为），держаться мнения（持……意见），приходить к мнению（达成……意见），выражать свое мнение（表达自己的意见），оставаться при своем мнении（坚持己见），отказываться от мнения, отвергать＜разделять＞ чье-л. мнение（反驳/赞同某人的意见），менять мнения（改变意见）；（4）与动词连用，мнение 起主语作用，如：Есть мнение（что Р）（有关于 Р 的意见），Мнение складывается＜создается, укореняется＞（意见为、意见在于、意见基于），Мнение изменяется（意见改变），Мнения сталкиваются＜расходятся, сходятся, совпадают＞（意见相左、意见不一、意见相似、意见相符）。①

在语言的整合性描写理论指导下，积极词典词条释义对每一个词汇单位做最详尽的信息标注，包括：意义区、附注区、形式区、结构区（同义词之间在句法结构、支配模式、词序方面的差异）、搭配区（同义词之间在词汇语义、词法、交际韵律以及其他方面的搭配差别）、例证区等（Апресян，2009②：120-121；译文引自李海斌，2015：89）③。

积极词典更注重词汇的深层语义内涵，词汇单位之间的义项区别也较为凸显，每个义项都有自己独立的释义。例如动词 выбрать（选择）：

---

① Словарная статья МНЕНИЕ（авторы-Ю. Д. Апресян，А. К. Жолковский，И. А. Мельчук）；см. И. А. Мельчук и А. К. Жолковский. Толково-комбинаторный словарь современного русского языка. Вена，1984：424-432.

② Апресян Ю. Д. 2009. Исследования по семантике и лексикографии. Том1 Паратигматика. Москва：Языки славянских культур.

③ 李海斌：《俄国语言学研究中的词典化现象》，博士学位论文，黑龙江大学，2015 年，第 89 页。

выбрать 1.1′взять самое подходящее из нескольких′（从几个中选出最合适的一个）：выбрать обои для спальни/为卧室选一种墙纸。

выбрать 1.2 ′предпочесть′（相比……更倾向于……）：Выбирай–семья или любовница. /你选吧——要家庭还是情人。

выбрать 1.3 ′избрать′（选举，推选）выбрать старосту класса/推选班长.

Выбрать 1.4 ′с трудом найти время для чего-л.′（费力地找出做……的时间）：Выбери минутку, загляни ко мне. / 找点儿时间顺便来看看我。

выбрать 2.1，обиходн.′извлечь нужное′（日常用语。吸取所需要的）：выбрать рыбу из сетей. /从网里挑鱼.

выбрать 2.2，обиходн. уходящ. ′извлечь ненужное′（日常用语，半旧词。取出不需要的）：выбрать сор из семян. /剔除种子中的杂质。

выбрать 1.1

выбрать обои для спальни<подарок ко дню рождения мужа>/为卧室选一种墙纸<给丈夫选一个生日礼物>；они искали место для костра, выбирая, где посуше /他们看哪个地方干燥些，好生篝火；Выбери любые три карты /请随意选三张卡片

ЗНАЧЕНИЕ. А1 выбрал А2 из А3 по А4 для А5 ′ Имея возможность взять или как-то иначе сделать своим любой объект из множества однородных объектов А3 и рассмотрев их по признаку А4, важному для его цели А5, человек А1 решил взять или взял объект А2 как более других соответствующий этой цели′［А2-предметы, люди, ситуации, информация и т. п.］.

释义：A1 根据 A4 为 A5 从 A3 中挑选 A2。"能够获取同类型对象集合 A3 中的任意对象，或者用某些其他的方法将同类型对象集合 A3 中的任意对象变为己有，且人 A1 根据对其目标 A5 来说重要的特征 A4 来考量这些对象，以此来决定获取或者已经获取相比其他对象更符合该目标的对象 A2。"（A2 可以是事物、人、情况、信息等）

выбрать 1.2 часто ПОВЕЛ НЕСОВ. （该义项常为未完成体命令式形式）

第五章 莫斯科语义学派思想对汉语语义研究的启示   267

Выбирай-собутыльники или жена<семья или любовница>/你选吧，要酒友还是妻子/要家庭还是情人；Ему пришлось выбирать между тюрьмой и эмиграцией. /是进监狱还是移民，他必须二选一。

ЗНАЧЕНИЕ. А1 выбрал А2 'Человек А1 должен был взять или как-то иначе сделать своим ровно один из двух или более неоднородных объектов, зная, что взятие одного из них вызовет потерю других; А1 решил, что для него важнее А2, и взял или как-то иначе сделал своим А2'.

释义：А1 选择了 А2，"А1 应该获取两个或者多个非同类型对象中的一个，或者用某些其他的方法只将两个或者多个非同类型对象中的一个变为己有，且知道从中取一会造成失去其余对象；А1 认为，对他来说 А2 更重要，并获取 А2 或者用某些其他的方法将 А2 变为己有。"

1. никогда не несет главного фразового ударения и тем самым не может быть главным содержанием высказывания; главное содержание выражается прямым дополнением, как в предложении Он выбрал↓ дачу [например, в ситуации, когда у него был выбор между скромной квартирой в Москве и роскошной дачей в Тверской области]. В предложении Он ↓выбрал дачу глагол употреблен в значении 1.1 [например, в ситуации, когда он остановил свой выбор на одной из нескольких предложенных ему для покупки дач].

1. 主要句重音从不在该词处，因此该词不能作为语句的主要内容；主要内容由直接补语来表达，如 Он выбрал↓ дачу/他选择了别墅（例如，当他可以在莫斯科的普通住宅和特维尔州的豪华别墅之间做选择时）。Он ↓выбрал дачу（他选了一座别墅）中动词使用的是意义 1.1（例如，当他在别人建议他购买的几个别墅当中选择其一时）。

2. Не может обозначать действие в процессе его развития; даже в форме НАС НЕСОВ 未完成体现在时 обозначает только результат действия, как в тексте-Выбор оружия за вами. -Я выбираю пистолет [в момент разговора или, может быть, ещё раньше субъект уже сделал выбор в пользу пистолета, например как оружия предстоящей дуэли].

2. 在行为发展过程中无法对其进行表达；即使是未完成体现在时，它表达的也只是行为的结果，如下文：Выбор оружия за вами. –Я выбираю пистолет（你们自己选武器。——我选手枪）/在交谈时或者可能更早的时候，主体就选好了手枪来（比如）作为即将开始的决斗武器。

выбрать 1.3

Его дважды выбирали народным заседателем/他两次当选为人民代表；Хотим выбрать вас в Совет молодых ученых РАН./我们想推选您加入俄罗斯科学院青年学者委员会。

ЗНАЧЕНИЕ. A1 выбрал A2 в A3 в качестве A4 ʹЛюди A1 в ходе официальной процедуры выражения мнений о том, кого они хотят наделить функцией A4 в органе власти A3, выбрали среди других людей человека A2 для выполнения этой функции в A3ʹ.

释义：A1 选 A2 以身份 A4 进入 A3，"人 A1 在表达他们想将权力机构 A3 的功能 A4 赋予谁的意见走正式流程时，从多人中选择了人 A2 进入 A3 执行该功能。"

выбрать 1.4

Выбрать момент для захвата террориста［см. тж 1.1］/找时机抓捕恐怖分子［见 тж 1.1］；Выбери часок, загляни ко мне/找时间顺便来看看我；надо бы выбрать хоть недельку для отдыха/怎么着也应该找至少一周时间用来休息

ЗНАЧЕНИЕ. A1 выбрал A2 для A3 ʹИз немногих периодов или моментов времени, когда он может сделать A3, человек A1 выбрал период или момент A2 для того, чтобы сделать A3ʹ

释义：A1 为了 A3 选 A2，"在能做 A3 的一些时间段或者时间点之中，人 A1 选择 A2 时间段或者时间点来做 A3。"

выбрать 2.1, обиходное.（日常用语）

выбирать жемчуг/挑选珍珠；выбирать рыбу из сетей/从网里挑鱼.

ЗНАЧЕНИЕ. A1 выбрал A2 из A3 ʹЧеловек A1, беря один за другим нужные ему объекты A2, взял все A2 из места или приспособления A3, где они находилисьʹ.

释义：A1 从 A3 中选 A2，"A1 一个接一个地拿出他需要的对象

A2，将所有 A2 从 A2 所在的地方或者装置 A3 中挑出。"

Хохол выбирал книги из чемодана, ставя их на полку у печки (М. Горький). /乌克兰人从行李中把书挑出来放到了炉子边的架子上——高尔基。

Выбирать лобанов из невода трудно, они очень сильные, прыгают из воды на метр (Ю. Черниченко). /从大渔网中挑出鲻鱼很难，这些鱼很强壮，能跳出水面一米多高——尤·切尔尼琴科。Ирина Николаевна и шестнадцатилетний Андрюща выбирали картошку из борозды (Ю. Буйда). /伊琳娜·尼古拉耶夫娜和十六岁的安德留沙从沟里摘了土豆——Ю. 布伊达。

выбрать 2.2, обиходн. уходящее (устаревающее, но ещё не устаревшее). [日常用语，半旧词（逐渐变旧，但尚不是旧词）]

Выбираю пустую породу. /我在除脉石。Он провалился в сугроб по пояс и долго выбирал снег из карманов. /他跌入齐腰深的雪堆里，很久才把雪从口袋中弄出来。

ЗНАЧЕНИЕ. A1 выбрал A2 из A3 'Человек A1，перебирая объекты совокупности A3，извлек из неё ненужные объекты A2'.

释义：A1 从 A3 中选 A2，"人 A1 逐个查看集合 A3 中的对象，从中取出不需要的对象 A2。"

Даже сидеть в кухне и чистить с Дарьюшкой картофель или выбирать сор из гречневой крупы ему казалось интересно (А. П. Чехов). /甚至是坐在厨房和达留什卡削土豆或者挑除荞麦米中的杂质，他都觉得很有意思——А. П. 契诃夫。

Наташка, […] выбирая вырванные волосы, даже улыбнулась сквозь висевшие на ресницах слезы (И. Бунин). /娜塔什卡，[……]清理着脱落的头发，睫毛上挂着泪，笑了笑——И. 布宁。

Я выбираю кости из рыбы! - закричала она, как сирена, повышая голос на каждой гласной (П. Санаев). /我在挑鱼刺！——她发出汽笛般的叫声，把每个音都发得特别响——П. 萨纳耶夫。

Некоторое время все сидели молча, с особым старанием выбирая сор из грибов (Ф. Абрамов). /所有人安静地坐了一会儿，特别努力地

挑除蘑菇里的杂质——Ф. 阿尔拉莫夫。

从积极词典释义中可以清晰显示出，выбрать 1.1 和 выбрать 1.2 之间的对立：同类客体和非同类客体集合的对立、客体非唯一性（可以多选）和唯一性（只能选一个）的区别、可选和必选的对立、延时与瞬时行为的对立。这些差别是在传统消极词典释义中所不能体现的。同时，超音质特征和语句交际结构特征差异也标注在义项差别之中。如：Он выбрал ↓дачу [например, в ситуации, когда у него был выбор между скромной квартирой в Москве и роскошной дачей в Тверской обрасти］. В предложении Он ↓выбрал дачу глагол употреблен в значении 1.1 [например, в ситуации, когда он остановил свой выбор на одной из нескольких предложенных ему для покупки дач］.

二　汉语学界对释义理论的借鉴

莫斯科语义学派的释义理论得到了汉语学界的关注，释义理论在一系列的积极词典中也得到了验证。南京师范大学语言科技研究所李葆嘉、陈秀利等在莫斯科语义学派的释义元语言和关系元语言理论基础上提出语言学元语言的三个层次：词汇元语言、释义元语言、语义元语言[①]。安华林基于语言学元语言观，提出交际解说元语言、词典释义元语言、语义分析元语言三种元语言基本功能类型[②]。

陈秀利、李葆嘉依托《新型俄语同义词解析词典》为蓝本，将词典中运用元语言描述的348组同义词为研究对象，统计莫斯科语义学派的元语言数量，统计结果表明《新型俄语同义词解析词典》(《Новый объяснительный словарь синонимов русского языка》) 中释义元语言用词数量为1132个，共计9种词类（不包括词组）。其中，名词、动词、形容词、副词数量最多，共计998个，占88.3%，代词、数词、连接词、前置词、语气词占11.7%[③]（详见下表）。同时，在词类内部进行

[①] 李葆嘉：《汉语元语言系统研究的理论建构及应用价值》，《南京师范大学学报》2002年第4期。

[②] 安华林：《元语言理论的形成和语言学的元语言观》，《内蒙古社会科学》（汉文版）2005年第1期。

[③] 陈秀利、李葆嘉：《莫斯科语义学派语义元语言在同义词词典中的应用》，《扬州大学学报》（人文社会科学版）2011年第3期。

了更为细致的分类统计：名词中的具体名词、抽象名词中的动作行为名称数量最多，共计 215 个；动词中施为动词数量最多，共计 205 个，存现动词共计 61 个，心理动词 32 个；形容词中的性质形容词共计 147 个，关系形容词共计 62 个。

词类	名词	动词	形容词	副词	代词	数词	连接词	前置词	语气词	词组
数量	371	304	209	114	39	5	22	49	8	11
百分比	32.8	26.9	18.5	10.1	3.4	0.4	1.9	4.3	0.7	1

陈秀利、李葆嘉通过对莫斯科语义学派的元语言数量的统计，认为莫斯科语义学派的释义元语言体系值得汉语借鉴。

第一，元语言数量精炼，低于汉语释义元语言数量。国内学者安华林利用词频统计法统计《现代汉语词典》（第 5 版）的元语言数量为 2878 个词项[①]，张津、黄昌宁使用数学"图论"统计《现代汉语词典》的词项为 3856 个[②]。这些词项是释义元语言，对其进行义征提取后可得到用于词汇语义分析的语义元语言。Ю. Д. Апресян 认为，"理想的语义元语言应该是，每一个词都表示一个基本意义，每一个基本意义都只用一个词表示。"[③] "基本意义和表达基本意义的符号构成了语义单子，它们只参与解读其他语言单位，自身不能进一步被两个或两个以上的其他语义单子解读。"[④]

第二，莫斯科语义学派运用释义元语言对同义词进行的细微区分，使得其元语言释义消除了因同义词循环释义产生的弊端。传统消极词典释义普遍使用同义词循环释义，存在同义词之间的语义差别没法体现在释义的问题。莫斯科语义学派致力于解决同义词循环释义，筛选了一部分词汇作为语义原子（семантический атом），语义原子是不能再被释义的语言单位，运用语义原子释义所有语言单位，在解决循环释义这

[①] 安华林：《现代汉语释义基元词研究》，中国社会科学出版社 2005 年版，第 210 页。

[②] 苏新春：《元语言研究的三种理解及释义型元语言研究评述》，《江西师范大学学报》（哲学社会科学版）2003 年第 6 期。

[③] Апресян Ю. Д. 1974. Лексическая семантика：синонимические средства языка. М.：Наука，368.

[④] 张家骅：《莫斯科语义学派的义素分析语言》，《当代语言学》2006 年第 2 期。

个难题上，莫斯科语义学派一定程度上实现了词典释义元语言质的突破。

第三，配价结构和题元结构在释义中的充分展现，莫斯科语义学派在每一个词汇单位的释义中都给出配价数目和配价内容。

第四，莫斯科语义学派释义元语言的多层次。上文有述，莫斯科语义学派在对谓词进行释义时，其内容涉及包含预设、陈说、动因、蕴含、情态框架等众多因素在内的多维结构[1]。多维结构使得词汇单位放置在动态语境下进行描写，在静态词典中展现动态语境中的词汇单位语义关系，这也是莫斯科语义学派释义元语言的一大特色。

第五，秉承"语义决定句法，通过句法描写语义"的描写原则。莫斯科语义学派对词汇意义进行描写，"不是描写词汇单位本身，而是描写包含一组变元的句子形式"（Апресян 2003：XLIX）。这种释义模式的变革被 Падучева 称为语义学领域内的一场革命[2]。

基于莫斯科语义学派释义元语言的解构，孙道功总结了目前国内语义词典编撰存在的四个方面问题：①多数仍停留在词语的语义分类层面，通常以词性标准为纲、词义分类为辅，并不是完全意义上的语义分类。②在语义分类后仅列出符合某一义类的词语，缺乏对内部成员的分析描写，尤其缺乏对不同义类成员的语义关系和语义差异的深度刻画。③有些词典虽然增设了词汇语义关系的分析说明，但尚未对所收录词语的语义进行多维度刻画，尤其是缺乏句法语义信息的深度描写。④大都着眼于传统的词汇语义视角，尚未对批量词汇进行词汇语义和句法语义的一体化描写，也未揭示其内在关联性[3]。这四个关键问题都是莫斯科语义学派整合性语言描写理论一直致力解决的问题。一系列积极词典产品都给出了这四个方面的词条多层次描写的范例和释义所依据的理论基础。

孙道功吸收莫斯科语义学派动词释义研究的相关成果，提出了依据

---

[1] Апресян Ю. Д. 2003. Новый объяснительный словарь синонимов русского языка. М.：Школа《Языки славянской культуры》.

[2] Падучева Е. В. 2004b. О семантическом инварианте видового значения глагола в русском языке. Русский язык в научном освещении，（2）：417-426.

[3] 孙道功、亢世勇：《〈现代汉语动词语义知识词典〉的开发与应用》，《中文信息学报》2018年第10期。

整合性释义描写原则开发《现代汉语动词语义知识词典》，并依据典型原则、广布原则和单义原则（以词汇语义单位为研究对象）筛选了 6000 个词元作为词典描写对象，给出了词典研制思路。《现代汉语动词语义知识词典》是对莫斯科语义学派积极词典编撰理论应用于汉语词条释义的有效尝试，词典中对 6000 个词条从释义、义类、语义层级、语义关系到语义差异进行多层次、穷尽性的深度刻画描写（孙道功，2018：21）。

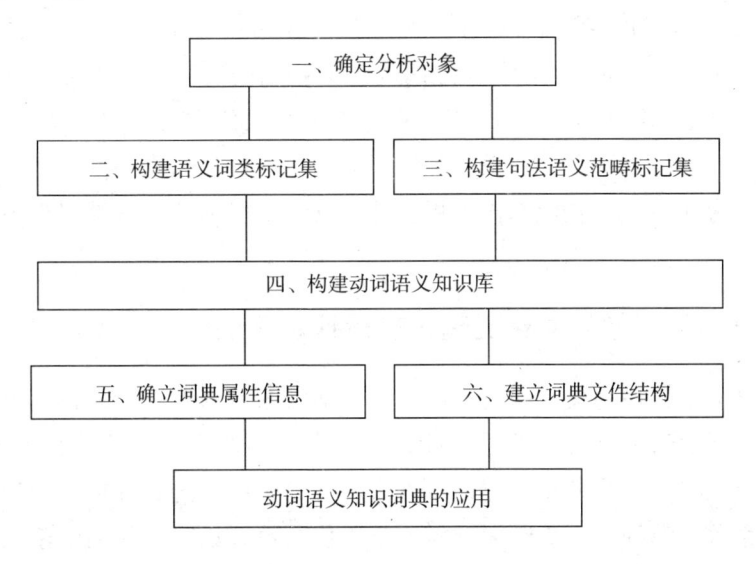

```
                    ┌─────────────────┐
                    │ 一、确定分析对象 │
                    └────────┬────────┘
              ┌──────────────┴──────────────┐
    ┌─────────┴────────┐          ┌─────────┴──────────┐
    │二、构建语义词类标记集│          │三、构建句法语义范畴标记集│
    └─────────┬────────┘          └─────────┬──────────┘
              └──────────────┬──────────────┘
                    ┌────────┴────────┐
                    │四、构建动词语义知识库│
                    └────────┬────────┘
              ┌──────────────┴──────────────┐
    ┌─────────┴────────┐          ┌─────────┴────────┐
    │五、确立词典属性信息│          │六、建立词典文件结构│
    └─────────┬────────┘          └──────────────────┘
              │
    ┌─────────┴────────┐
    │动词语义知识词典的应用│
    └──────────────────┘
```

孙道功指出，目前知网（HowNet）、《现代汉语语义词典》（SKCC）、汉语框架语义知识库（CFN）是国内比较成熟的语义词典，但都不是真正意义上的详解组合词典，组合词典是为机器翻译服务的，无论是解码词典还是编码词典，释义上的穷尽性是要达到的一个目标。解码词典编写的目的在于帮助机器理解语言，词典释义要被最大化详细地描写，解码词典中的谓词释义要充分反映语义配价内容。编码词典的词条释义以形式化描写词汇单位在语义、语法、语用等多层面上的语义要素，同时注明与其他词位之间的组合关系、聚合关系等。范晓曾指出，理想的动词配价词典是"某种语言生成句子的词典"，应描写述谓结构的性质（动作、性状、变化、关系等）和所联系的语义角色以及某些经常联系的说明语，在此基础上对该动词的形式特征以及它组配成的述谓结构所生成的句模和各种可能有的句型进行详尽的描写。如果可能，还可标注该动词使用的条件和所组成的句型、句模组合体在语用上的选择性。① 在详解组合词典编撰领域，莫斯科语义学派走在了世界前列，服务于机器翻译系统的元语言系统为国内编撰汉语组配词典提供了范本。

在尝试将莫斯科语义学派动词释义理论结合汉语词典方面，北京师范大学刘伟也提出了汉语形容词释义的多层次描写理念。他参照 Ю. Д. Апресян 对英语中的行动（action）、情况（situation）、事件（event）、过程（process）、状态（state）和性质（property）等同义、近义义位（涵盖动词、名词和形容词）之间的语义差别的研究成果，依托《现代汉语词典》（第6版）第1—217页的585个义位进行了定量统计研究。提出了对形容词在语义、语法和语用层面上的释义因子描写，总结释义因子的分布特点，在此基础上提出建构汉语形容词的整合性释义模式的建议。

三 汉语学界对释义理论普适性的看法

汉语学界最为关注的是莫斯科语义学派的元语言释义理论，但是同时又对元语言释义理论的适配性提出了自己的疑问。几位学者都认为，莫斯科语义学派是基于俄语语料进行语义单子的筛选、分析和验证的元语言系统。莫斯科语义学派针对语言单位的系统描写不仅局限于词典释义类别的共性特征，而且试图充分揭示它们的个别特征②。莫斯科语义学派提供的语义单子类别和数量要有选择性的接受和验证，但学派的鉴别标准可以参考到汉语释义元语言的筛选。Ю. Д. Апресян 用以鉴别语义单子的标准是：(1) 重复出现在大量词汇语义单位的释义中；(2) 只能被循环论证；(3) 不能被已有的解读方案恰当、完全地解读③。

具体操作方法为：1）排除同义词、反义词、构词派生词等，得到初步加工的词汇单位；2）对其进行分解释义。分解原则为：被释义词要被更简单的词释义，以避免循环释义。在此基础上，释义使用的词汇

---

① 范晓：《动词的配价与句子的生成》，《汉语学习》1996年第1期。
② 彭玉海：《语言语义的集成描写研究》，中国社会科学出版社2013年版，第8页。
③ 张家骅：《Ю. Апресян/A. Wierzbicka 的语义元语言（一）》，《中国俄语教学》2002年第4期。

对于被释义词是必需的，并且是详尽的①。

国内汉语学者大多基于莫斯科语义学派的英文文献进行理论解读，受译文影响可能存在理解误差。例如：在解析莫斯科语义学派的释义理论时，孙道功对莫斯科语义学派的谓词划分标准引用了莫斯科语义学派对谓词界定的一段描述："莫斯科语义学派提出，谓词与名词的重要区别就在于谓词的语义分析应当基于题元框架，而名词的语义分析不必基于题元框架。名词属性特征或区别特征，表现在事物的形状、颜色、大小、用法、作用和构造等方面。进行语义分析时，只要把这些区别特征提取出来，无须植入题元框架中加以分析。"② 孙道功认为，名词可以做配价框架或题元框架分析已是学界共识，且德国学者已编撰出名词配价词典，因此，孙道功推论，莫斯科语义学派把名词排除在题元框架理论之外的做法，是俄语语料的个性所致。"莫斯科语义学派学术思想是基于民族语言基础之上的，很多研究成果或许只适用于俄语语料研究。"（孙道功，2011）

孙道功的质疑也是博氏对支配模式下的题元理论做修正的初衷，支配模式针对动词等具有支配能力的词语，但配价分析是针对广义谓词，不应将莫斯科语义学派的配价和题元分析锁定在动词领域，名词、形容词、副词、前置词、语气词等均可在该理论框架内进行配价分析。博氏于上世纪80年代旗帜鲜明地提出，莫斯科语义学派已将题元理论发展到所有谓词（积极谓词+消极谓词）的框架内进行研究，并且基于大量语料有效论证了分析方法的可行性。

第三节　博氏辖域理论对汉语焦点副词研究的参考

从60年代开始，朱德熙先生等率先引进西方结构主义语言学研究方法，对汉语语法特点做出了相当精密细致的描写，使汉语语法研究逐渐进入了世界语言学研究的主流。

汉语属汉藏语系，西方语言学理论与汉语语言材料之间的适配性，

---

① Апресян Ю. Д. 1995. Лексическая семантика. М.：Языки славянской культуры.
② 孙道功：《词汇—句法语义的衔接研究》，世界图书出版公司2011年版。

是学界一直为之努力解决的问题,语言学发展到今天,实现了从描写向阐释的转向,焦点结构从信息结构角度来解释语言,新旧信息的划分和焦点标记本质上不受语言类型的约束。国内学者遵循了西方学者 Partee (1991, 1999)、König (1991)、Rooth (1985)、Hajicová, Partee & Sgall (1988)、Beaver, David & Clark, Brady (2003) 等的理念,将西方学者的理论与汉语语料相结合,为理论语言学的焦点问题研究提出适用于汉语方面的理论和方法。

汉俄语分属不同的语系,在语义关系和句法关系发生映射时,作为格语言的俄语发生语义格向结构格映射,而汉语作为非格语言是语义格向句法结构位置的映射。Sapir[1]在论述结构格和词序的关系时指出,"大部分(结构)格的丧失决定了位置成为无所不能的语法手段",Jaspersen[2]也认为,"格的丧失与位置的固定是同时完成的,这不是偶然的,两者之间有必然的因果关系"。与印欧语系语言相比,汉语在焦点线上更多地使用句法手段,而更少地依赖语音手段,语音手段在汉语中的焦点表达上不是必要手段,焦点成分未必重读。汉语中存在焦点化成分句法实现时的倾向性位置,焦点成分尽可能处于这些倾向性位置。当该焦点成分已经占据了焦点的位置,就无须再通过重音[3]手段来强调其焦点性质。因此,李讷和唐珊迪[4]将汉语描述为话题优先(topic-prominent)的语言。

俄语是形态丰富的语言,语法关系的主要表达手段不是词序,而是词的形态,俄语词序摆脱了语法功能的束缚,较之汉语拥有广阔得多的表达交际结构的自由空间。句子的几乎所有成分都可以移到句尾充当述位[5]。俄语中结构格确定了各成分的句法地位,所以即便任意调整词语顺序仍然能够保证句子合法。汉语则不然,汉语是依靠语序的分析性语

---

[1] Spair E., *Language: An introduction to the study of speech*, New York: Harcourt, Brace & World, 1921, p. 168.

[2] Jespersen O., 1922. *Language: Its nature, development and origin*, London: G. Allen & Unwin, 1922, p. 361.

[3] 这里的重音指的是句重音(sentence stress),是指句子的语调中心。在讨论焦点与重音的关系时,语言学家考虑的主要是句重音。

[4] Li, Y., Thompson. S., "A new typology of language", In: *Subject and Topic*. New York: Academic Press, 1976, p. 457–489.

[5] 张家骅等:《俄罗斯当代语义学》,商务印书馆 2005 年版。

言，词序对句子语义发挥极其重要的作用，重音标记不是必要特征，句法位置和重音都可以是焦点标记手段，句法位置的作用大于重音手段。当焦点成分处于句法上的所属专位时，重音手段则冗余，句法重音在汉语中是一种补充性质的方式，当句法位置失灵时，重音手段才发挥作用。

博氏的辖域理论给复杂的语气词语义结构提供了形式化的描写方案，厘清句法的与语义、语境层面的特征及其相应的规则，挖掘了更多纷繁复杂的语言现象背后的规律。对于逻辑语气词语义配价在句法题元上体现的对应、分裂、隐藏、限制、合并等关系，为汉语的词义和句法的对应关系研究提供语言分析方法论上的借鉴。

俄语的逻辑语气词不应该随意对应为汉语语气词，不能把汉语依附句尾的语气词（呢、呀、吧、啦、吗、啊、嗎）和俄语语气词（частица）混为一谈，尽管它们和俄语语气词一样既是虚词，也不充当句子成分。汉语语气词虽然表达情态语义和主观判断，但也不对应俄语情态语气词，更无法对应逻辑语气词。俄语逻辑语气词在汉语中对应为焦点副词，焦点副词是指可以充当焦点敏感算子的汉语副词，焦点副词在语义上管辖焦点，语法上凸显焦点。

焦点副词在当下汉语研究中并没有明确作为一个副词子类而纳入语法体系，但学界已公认其特殊性。汉语学界的研究侧重点不是把焦点副词作为副词的一个子类进行共性特征的研究，而是把焦点副词放在焦点敏感算子的一个子集来研究。截至目前，没有相关文献给出确切的焦点副词的数量、范围和内容等。但在焦点敏感功能和语义的分析方面，学界关注点主要集中在以下焦点副词："都""也""只""甚至""还""就""才"等。

从词类的属性来看，无论汉语还是俄语，焦点敏感算子都属于虚词，算子语义体现在语言系统中的结构或语法功能，用法语义大于词汇语义，一般在现实世界没有具体所指。如："也"表示类同追加，"只"表示析出关系等，他们自身具有焦点敏感属性影响句子命题的真值运算，在形式语义层面，要加工出基本命题和复核命题之间的变换规则，就是焦点敏感算子作用于语义的形式化规则，这个规则对于形式语义学有着重要的意义。焦点敏感算子在不同语料的句法结构表现有所不同，但理论基础和方法论是具有普适性的,不会因语言个性而发生质的变化。无论是英语、俄语,还是汉语,焦点敏感算子都通过关联句子的语义焦点影响语句真值。同时,俄语形态变化丰富,语言的逻辑结构较为缜密,在句子的逻辑语义分析方面俄语对其他语言一直都具有较强的指导意义。

第四节　新描写主义与莫斯科语义学派辖域观

新描写主义是由中国社会科学院语言研究所《当代语言学》主编胡建华教授2009年发起的语言研究的一项革新主张。"新描写主义精神体现在从微观语言事实出发,从一粒沙看世界,揭示微观事实所蕴藏的关于宏观世界的道理。"胡建华提出:"新描写主义是一种实证主义的研究路向,主张使用某一语言学工具去深度挖掘一些微观语言事实,以描写语言的微观句法/语义以及其他方面的特性为工作重点,侧重寻找能够鉴别几个语言项目特性的区别性环境并利用这一区别性句法环境进而对它们在微观句法/语义层面上的异同进行刻画和描写,以其在区别性句法环境中的不同表现来反映其本质特征。"[①]

新描写主义精神体现在四个方面:一是重视语言学理论工具的建设,二是强调跨语言比较,三是注重微观语言事实以及显性或隐性结构的细颗粒度描写,四是力求通过微观描写、刻画和分析来揭示语言的共性与个性。因此,博氏辖域论是新描写主义范式的典型体现,是以理论为工具而进行的描写,是在跨语言比较视角下进行的描写,是注重微观细节刻画并力图以微观通宏观的描写(胡建华2018:5)。

胡建华把新描写主义定位为一种学术思潮,一种学术价值观,一种学术取向。胡建华提出,"新描写主义以演化的眼光来看待理论,认为不断演化、更新的理论是将描写进行到底的基础。"莫斯科语义学派的辖域理论,是以演化的眼光来审视配价理论、题元理论、支配模式的成果,对支配模式下的题元理论进行了理论层面的补充和更新,使之在对词汇单位进行语义描写时焕发更多的生命力。

[①] 胡建华:《什么是新描写主义》,《当代语言学》2018年第4期。

新描写主义强调"以理论的眼光,通过不断发展、更新的科学分析工具,对显性或隐性的微观语言事实、现象和结构进行细颗粒度的刻画和描写"(胡建华,2018:475)。"颗粒化描写""不断更新科学分析工具""微观语言分析""深层语言描写"就是莫斯科语义学派语言整合性描写理论及博氏辖域理论的核心。

莫斯科语义学派对词汇单位进行"颗粒化描写"

在对谓词进行"颗粒化描写"方面,莫斯科语义学派一直走在世界的前列,莫斯科语义学派坚信,语言单位研究的颗粒度直接决定了语义分析结果的精确程度。语言分析的层面和颗粒度不同的,所需的语义角色细化程度不同,分析结论就会存在偏差。但语言分析的颗粒化程度越高,分析难度就随之加大。博氏辖域分析是莫斯科语义学派"颗粒化"描写的典型体现,博氏辖域分析对词汇单位做"微观语言分析",将辖域分析下放到配价层面,而非表层句法的词语层面进行界定。博氏辖域研究将每个词汇单位都看作一个语言系统,从单个词汇单位的语义作用到词汇单位之间的语义互动关系等都做细致详尽的描写,揭示单个词语建构整个句子的内在机制。博氏不仅需要描写构建这个组织体系中的每个成员,也要描写成员之间的错综复杂的关系,传统词典学还无法突破在词典中体现句法语义这个瓶颈,博氏致力于将句法语义也条目化、形式化来清晰展现出词汇在句中的作用方式。

新描写主义的基本精神是:"从一粒沙看世界",从个别的微观语言事实着手,把每一个微观事实置于宏观语言系统中,透过每一个微观语言事实都能探究背后蕴含的宏观规律,这是博氏辖域理论分析秉承的一个信念。博氏认为,不夸张地讲,要把每一个语气词当作一个大的系统来进行研究,如果对其语义做详尽的研究和描写,很多语气词都能够写数本学术专著。消极谓词的语义在目前来看,还是一个充满未知的研究空间,博氏提供研究工具和研究方法,使得不断有研究者来深度挖掘每一个消极谓词背后的规律描写,挖掘每一个词背后的语言规则,用一整套语言规则来充分描写语言现象和语言事实。博氏认为,这个领域需要有更多的研究者参与进来,产出更多成果来针对消极谓词句法语义进行全面、细致的描写和深入的阐释。

莫斯科语义学派对词汇单位进行"穷尽性描写"

莫斯科语义学派的整合性描写原则要求：（1）在描写某一词位[①]时，词典学家应该利用全部规则，给这个词位注明在规则中提到的所有性能，许多情况下还需要把有关于这些规则的信息纳入词典的释文中。（2）语法学家在描述语言的某种规则时也应该利用该词的全部词位（Апресян，2005：4[②]；译文参考自彭玉海，2013：6[③]）。所谓整合性描写，指的是一方面对词进行全方位立体描写，包括语义、句法、语用、指称、聚合关系、组合关系、情态框架等；另一方面，是将词汇单位的语义特征和句法结构中的组合关系进行一体化研究。

莫斯科语义学派"不断更新科学分析工具"

"新描写主义以演化的眼光来看待理论，认为不断演化、更新的理论是将描写进行到底的基础。"（胡建华，2018：475）博氏在消极谓词领域发现了题元理论分析的局限性，提出用辖域分析更新题元理论，并在语气词分析中不断修正，基于语料库不断提出变体模式。博氏提出，语言研究者不盲从任何语言描写的工具，要在广泛的语言事实中不断验证和完善已有的理论方法，增强其适用性和解释力。

莫斯科语义学派重视"反例"的描写

新描写主义重视"非常规语言现象"的描写，这也跟博氏辖域思想主旨有高度的契合。博氏对每一个词汇语义进行分析，都很重视规则之外的"非常规的语言事实"，在对逻辑语气词描写中都加工了多个形式化描写模式。博氏不断尝试，将反例放在标准公式的范畴内不断进行调整和验证，重新建构非常态语言事实的描写规则，并且将标准规则和反例规则统一在一种规则系统之下，呈现出系统性、简单性和完整性。博

[①] 这里彭玉海翻译的词位（лексема/lexeme）是代表词（слово/word）的某个具体义项、表示词的某一意义的词。是张家骅教授在《俄罗斯语义学》中指出的词汇语义单位（лексико-семантический вариант），是用于特定某一个义项时的词。张家骅教授同时指出，"词汇单位的形式层面叫作词位（лексема/lexeme），内容层面叫作义位（семема，sememe）。"

词位、而不是词，是语言词汇的基本单位，词是由具有相同或相似的能指和所指的词位形成的词典学构成要件（лексикографическое конструкты），这些构件有自己独特的共性意义成分。

[②] Апресян Ю. Д. 2005. О Московской семантической школе. Вопросы языкознания，(1)：3-30.

[③] 彭玉海：《语言语义的集成描写研究》，中国社会科学出版社2013年版，第6页。

氏在方法论上秉承"语言研究的系统性原则"研究语言事实,提出语言研究的系统性原则和语言本身的系统性是两回事,语言事实中存在大量不系统、不规律的现象。这些也是系统性研究方法的研究对象,只有从系统性原则出发,才能发现不系统的语言事实。博氏不仅解释语言规则现象之"所以然",而且拿"所以然"之规则解释非规则现象的"所以不然"。博氏基于对现实语言材料多样性和人类语言事实的深度复杂性,尝试呈现复杂的、非规律的语言现象背后的规律性、简单性和常态性。

莫斯科语义学派秉承"描写与阐释相结合"的理论原则

新描写主义认为:"解释也是一种描写,两者没有本质上的区别。'太阳东升西落'是对现象的描写,'地球绕着太阳转'是对现象的解释,但也可以看作是对太阳和地球相对关系的一种描写。现象背后隐藏的万有引力定律也是对物体之间的引力和质量、距离之间的关系的一种描写。每一层级的描写都是对前一层级现象的解释。"[①] 莫斯科语义学派从创立之时就坚定提出,描写与阐释是相辅相成的关系,很难将两者剥离开来,对深层次的微观或隐性事实的挖掘、对事物之间微观或隐性关系的刻画,是描写,也是解释。博氏对每一个词汇单位进行的语义描写,是对语言单位之间微观关系的描写,这个描写就是最有说服力的解释,在描写中揭开了词汇单位深层语义互动机制。

莫斯科语义学派遵循"语义决定句法、通过句法描写语义"

Ю. Д. Апресян 认为,语义性能决定句法表现,句法表现反映语义特征,把两者关系比喻为心理状态和生理状态之间的联系,心理状态方方面面都会在生理状态上有所反映。因此,Ю. Д. Апресян 提出了莫斯科语义学派"语义决定句法,通过句法描写语义"的整合性描写原则。莫斯科语义学派整合性描写理论的核心是描写和阐释相结合,阐释寓于描写之中,而深度的刻画和描写就是解释。莫斯科语义学派运用描写来解释语言,运用描写来揭示语言规则和论证语言规则。莫斯科语义学派认为,描写和解释是互相融合、互为一体、互相推动的关系。"没有描

[①] 陶寰、盛益民:《新描写主义与吴语的调查研究——"吴语重点方言研究丛书"序》,《常熟理工学院学报》2018 年第 1 期。

写的精度就没有解释的深度，没有解释的深度就看不清描写的精度。"[①]

莫斯科语义学派的研究不停留在对单一的句法与语义之间的对应关系进行描写，把语法和语义紧密结合起来，为语义内容找到强有力的句法支撑。这一思想贯穿莫斯科语义学派的整合性语言描写原则，也作为博氏辖域理论的基本指导思想。

莫斯科语义学派重视"区别性语言环境"的描写

针对新描写主义理念中区别性语言环境描写与研究，胡建华提出，"新描写主义侧重寻找能够鉴别所研究预研项目特性的区别性句法环境（distinctive syntactic environment），并利用这一区别性句法环境对它们在微观句法/语义层面上的异同进行刻画和描写。"（胡建华）莫斯科语义学派编写的《新编同义词详解词典》中对354组（1298个词语）同义词在语义、句法、语用、聚合关系、组合关系等方面的区别性特征做了详尽描述。莫斯科语义学派不仅重视微观句法/语义层面上的异同的刻画和描写，也重视利用观察者框架、说话者语用评价、超音质特征等充分展现语用意义层面共性与差异的描写。

由此可见，莫斯科语义学派语言整合性描写理论与中国语言学界倡导的新描写主义高度一致，莫斯科语义学派的一系列理论和实践成果都是新描写主义指导下的产物，经过长期的检验，学派理论已经非常成熟，新描写主义不仅是一种学术价值观，也是一种方法论。它不仅适用于语言理论的构建、不同语种语言内部的描写和阐释，而且同样也适用于人类学、社会学、心理学、行为科学等领域。

本章小结

世界语义学的发展已经历了一百多年，现已形成的主要学派至少有5个：语言学语义学、哲学语义学、逻辑（形式）语义学、认知语义学、普通语义学。英美等国学者研究的重点主要集中在逻辑（形式）语义学和认知语义学，而俄罗斯则走着一条独特的道路，在吸收欧美最

[①] 施春宏：《语言学描写和解释的内涵、原则与路径》，《语言研究集刊》2017年第2期。

新研究成果基础之上，莫斯科语义学派沿着传统的轨道，坚守语言学语义学方向的研究，制定了一整套既具有理论价值，又有实际意义的研究方法。

在国内，莫斯科语义学派研究历史并不长，从研究成果的数量和质量上来进行总结对比发现：第一，俄语作为研究对象的成果多，使用俄罗斯语言学理论和方法研究汉语的成果少；第二，综述性成果多，研究型成果少。这跟理论解析的难度有较大关系，莫斯科语义学派成员都在数理学和语言学方面的造诣深厚，并且能够结合机器翻译实践来编撰理论模型，数理知识背景研究人员的缺失使得研究型成果远远少于综述性成果。第三，动词研究的成果多，非动词研究的成果少。长期以来，中国俄语学界的研究多处于较为孤立的状态，尽管不少学者努力向中国学界传达和引进俄罗斯语言学优秀成果，也有俄汉对比研究的相关理论成果问世，但仍然无法改变俄语界和汉语界之间长期存在的难以打通的壁垒，致使秉承新描写主义莫斯科语义学派的理论思想一直未能被汉语学界重视[①]。相比欧美语言学派的理论引进，国内针对俄语学派的理论成果的研究不够多，不够深，也不够与时俱进。在俄语学界的努力下，莫斯科语义学派的价值已经逐步得到了汉语界的重视。

在下一个阶段，学者们将进一步挖掘其学术思想的精髓，运用俄罗斯语义学研究方法分析汉语，以服务汉语语言建设。希望通过汉俄语语义学者的精诚合作，以《现代俄语详解组合词典》理念为蓝本的《现代汉语详解组合词典》能早日问世。

[①] 宁琦：《中俄语言学研究的借鉴与互补的可行性分析》，《中国俄语教学》2017 年第 4 期。

结 束 语

　　本书充分挖掘俄罗斯语言学遗产，全面系统地阐释博氏辖域理论，向国内学界展示俄罗斯在句法语义学和配价领域取得的优秀成果，引进俄罗斯语义学家针对逻辑语气词句法语义的研究方法和分析路径。并尝试莫斯科语言学句法语义研究方法对汉语语料的适配性。

　　博氏是在继承和发展莫斯科语义学派相关理论成就的基础上，充分吸收西方生成语义学、依存语法、配价语法及结构主语的理论精髓，从语言本体层面提出具有鲜明莫斯科语义学派特色的原创性理论，用以解决俄语消极谓词的歧义问题。博氏辖域理论是语言研究同语言应用研究（特别是计算机信息处理）结合日益密切的产物，是语义研究与新描写主义思想结合的理论成果，反映词典学发展趋向。本书通过系统全面的理论解析、消极谓词例证分析为我国语言研究、词典学、词汇学研究提供更多的分析视角和资源。

一　博氏辖域研究的基本观点

　　博氏研究的终极目的是消解语言信息在计算机处理过程中虚词遇到的各种歧义现象，发掘可能存在的潜在歧义，提供给用户更多、更贴近现实语用环境、更准确意义的解读方案。自然语言中有很多可以意会但难以精确描写的语义知识，破解这些语义知识的释义规则，使得机器能够精确识别歧义结构的多种语义解读，实现计算机进行自然语言处理时可以消除歧义的目标。目前，研究者针对自然语言歧义现象的处理方式，是研究其各种可能出现的潜在歧义。向计算机输入一个语段，目的是让计算机根据我们设定的规则系统对其进行自动分析，从而推导出该语段的正确结构和意义。基于博氏对组合原则和莫斯科语义学派思想的进一步升华，结合逻辑语气词的语义辖域分析，博氏得出：

1. 逻辑语气词语义可以被形式化描写

逻辑语气词在句子中发挥的逻辑语义作用，改变句子的逻辑结构。Н. Д. Арутюнова 认为，语义学实质上是逻辑语义学的变体形式之一，因而可以采用逻辑分析的研究方法，从不同的逻辑推演视觉来解释和分析语言问题。博氏赞同 Н. Д. Арутюнова 的观点，博氏力求还原自然语言中客观存在的语义和形式的对应关系。博氏提出，当今语义学和词典学的发展，使得语义单位的释义描写不再停留在静态的词汇语义，词汇单位之间的作用关系描写也应当纳入词典释义的描写范畴。词典学理论所要解决的问题，不仅是词汇语义范畴的问题，也包括句法语义。词典释义对词位完整的语义描写应包括对词位的分析性注释、词位特有的意义相互作用规则、特殊的语义特征、附加信息和语用信息。

2. 逻辑语气词等消极谓词的句法语义组合机制具有规律性和能产性

博氏辖域分析是从纷繁复杂的语义现象中揭示语义单位相互作用的规律性，这种规律在很大程度上有复现性和能产性，能够辐射到同语义类别的其他词语。句法语义关系实际上不仅包含词汇语义、语义句法层面的内容，而且很大程度上还同认知语义思维密切相关，认知思维的规律性会显性表现在句法语义关系的规律性上，不能因为语言事实本身的含糊性、多义性和歧义性而放弃对规律性的挖掘和探索。

博氏提出辖域理论研究消极谓词，并依托逻辑语气词给出研究方法和研究路径，想通过辖域的确定、辖域类型的区分、语义辖域和句法辖域的关系等深度描写谓词语言事实背后的逻辑规则，是将纷繁复杂的语言现象纳入到规则系统中进行描写，是对某一个词的实际运用中的所有语言现象找规律，试图形成每一个词语的规则集，规则集中的参数是描写所有谓词的参数，这个参数系统和注释性语言系统是一个强大的数理逻辑系统。这个数理逻辑系统的建构和深入、细致、全面的词库信息的结合，形成了莫斯科语义学派的语言描写系统。

3. 承认自然语言现象的复杂多样性，坚持自然语言的语法系统的规律性

自然语言具备灵活、多变、无序等特性，但自然语法具备简单、经济、有效、可靠和稳定的特点。辖域研究贯彻蒙塔鸠语法所提出的意义的组合原则，力求呈现词位、法位、句法结构、线性语调—重音结构等各种语义单位之间相互作用的组合机制。博氏认为，自然语言的深度复杂性和语法系统的简单一致性都是语言本质的反映。

4. 辖域分析面向广义谓词

在现代逻辑中谓词的概念与词类之间没有紧密的相互制约关系，一个二元谓词对应一个实体和另一个实体之间的关系，并不是考虑这种关系是通过一个动词（предшествовать），还是通过一个连接词 до 来表示的。很多情境下，同样的意思既可以用动词表达，也可以用其他词类表达。例如：Mary likes John（玛丽喜欢约翰），Mary is fond of John. 连接词、介词、副词、语气词等用于表示事物、情景或句法单位之间的各种关系，以及说话人对语句内容、客观现实或受话人的各种主观评价态度，它们被看作广义谓词。同时，博氏分析的是语境中的谓词，是在句子中会产生变化的谓词题元，不是其词典释义中的固定性语义要素。

5. 辖域分析面向表层句法结构

博氏辖域描写表层句法结构中的句法题元和深层语义结构中的语义配价之间的对应关系。辖域理论分析的是表层句法题元，在表层句子中，谓词释文里的必需情景参与者变项、支配模式中深层句法和表层句法题元位都需用特定类型的语义单位或词汇单位填充，这些具体语义单位或词汇单位就是相应的表层句法题元。必需情景参与者的表层体现手段，在俄语中主要是格的综合形式和前置词短语（前置词+格形式）的分析形式，在汉语里则主要借助语序、虚词、语调等分析手段体现。

6. 辖域分析采用的莫斯科语义学派分析性释义模式

博氏辖域分析采用分析性释义模式，其中义素是被置于一定的句法框架内进行分析，不是义素的简单罗列，义素之间具有特定的句法结构关系，义素都不是孤立存在的，是在特定题元框架结构中的词汇单位的义素分析。莫斯科语义学派认为，谓词传递的是事物的关系或特征，对应客观世界的情景，语义组合关系尤为重要，词汇语义的分析既包括自

身概念语义又包括反映情景参与者的配价语义。这也是莫斯科语义学派元语言释义模式的区别性要素之一。

7. 博氏秉承词汇语义一体化的研究理念

语义是语言的本质，语法形式只是语义的部分投影和外部标记。语言研究应该把词汇—句法语义一体化，而不是截然分开。这一点与韩礼德的"语法本质上是一个语义系统"，"词汇作为最精密语法"的主张以及 Ю. Д. Апресян 提出的"词汇研究的语法化—句法研究的词汇化"的观点完全一致。

8. 辖域分析面向词汇单位的句法语义

在分析的对象物方面，参与辖域构成的可以是任何一个表义语言单位，词作为语义单位，一方面，大都由若干既相互关联，又彼此区别的义项组成，词用于某义项时被称作词汇语义单位；另一方面，就单个义项（词汇语义单位）而言，又是由若干属于不同类型的语义成分构成的多面体。词汇语义单位的结构包括概念意义、指物意义、聚合意义、组合意义、表情意义、联想意义、语法意义等侧面。每种意义侧面又可以进一步分割为若干义素。词汇语义单位的各种意义侧面及其义素统称为词汇语义因素。

在观察层面上，博氏认为不能将词作为最小语义单位在句子表层进行分析。句子中词语语义之间的作用方式，可能是仅作用于词语的一个题元，或者部分题元，而非全部语义要素，也有可能是作用于一个词语的全部语义加另一个词语的部分语义。这些复杂的情况下就必须解析词语的题元结构，从而分析语义作用方式。

9. 遵循"常体→变体→常体"的研究路径

针对每一个逻辑词，博氏都遵循从常体到变体，再到常体的研究方法，先加工规律性较强的逻辑语义结构，之后找出非规律句法表现深层规律性，将变体逻辑语义结构作为有效补充，加工出一系列的该词汇单位的释义模式供计算机进行分类处理和识别。

10. 遵循"共性研究与个性研究相结合"的研究方法

在基于共性的基础上突出个性，也是博氏对以逻辑语气词为代表的消极谓词词义进行描写所采用的方法。理论上讲，每一个词汇语义单位都有自己的题元结构，逻辑语气词之间在题元结构组成方面拥有很多共性，逻辑语义相同／相似的词汇单位的题元结构也相同／相似。只有深入到语言语义的微观层次、深入到语言语义的多维结构中，才能更好地把握语言整体，掌握语言结构的内部规则，看清语言构建的逻辑机制。

11. 形式语义逻辑分析法运用于自然语言逻辑分析

博氏主张把自然语言作为一种与逻辑人工语言本质上相通的一种符号形式系统进行研究，自然语言的意义可以看作是参照形式语义模型的解释，这种理念贯穿了博氏辖域理论分析。博氏认为，自然语言与人工语言之间并不存在一条不可跨越的鸿沟，用来分析人工语言的逻辑方法可以用来分析自然语言，运用形式的数学或逻辑方法去分析自然语言的句法、语义和语用等方面的特征是博氏辖域分析所具有的特征和追求的目标（Богуславский 1985 前言），只是自然语言要更为复杂，影响自然语言的要素众多，需要充分考虑和精确刻画，充分考虑影响语义的全部要素，将其精确刻画是语义学者一直在努力的方向。

二 博氏辖域思想的理论特色

1. 博氏辖域论秉承新描写主义精神

新描写主义是当代语义研究的新思潮，主要体现在四个方面：一是重视语言学理论工具的建设，二是强调跨语言比较，三是注重微观语言事实以及显性或隐性结构的细颗粒度描写，四是力求通过微观描写、刻画和分析来揭示语言的共性与个性。博氏辖域理论是新描写主义范式的典范，博氏理论强调语言共性，但也突出语言个性，强调共性的普适性以及个性事实规律探索方法论上的普适性。博氏注重语言学理论工具的更新，把题元理论移植到消极谓词，对消极谓词的显性句法层面和隐形语义层面进行深层描写，在微观句法语义层面探索词汇单位之间的区别性特征和区别性互动机制。

2. 博氏辖域论遵循"语言的整合性描写"原则

博氏辖域分析从语义特征入手，找寻形式上的验证，然后通过类化的语义分析推展得到进一步的检验，还原自然语言中客观存在的语义和形式的对应关系。博氏对词汇单位进行语义描写涉及语义、句法、语用等多个层面，解析词汇指称意义、语法意义、逻辑意义等语言内部的抽象意义，以及预设、蕴含、情态意义和附加意义等语用意义。

博氏的秉承"语义决定句法，通过句法研究语义"的基本原则，把词义研究同词典学紧密结合，对消极谓词的句法语义进行整合性描写。

3. 博氏辖域论秉承了动态语义的研究宗旨

莫斯科语义学派"意思⇔文本"转换模式理论模拟人的语言能力，人类的语言能力使之不仅能够理解规范的言语作品，也能理解偶然出现的言语现象，对人类语言进行模式化不能拘泥于静态阐释，必须使用动态的、反映词义在语境中和变化的具体研究方法，从语境中言语理解的视角对说话人的能力进行形式化。博氏辖域研究有两个深入，一是由静态描写向动态深入，二是由句法语义向结合语境下的句法语义进行深入。虚词词义形式化研究要结合语境，语境中包含虚词词义的必要参与者。博氏在对逻辑语气词的词义阐释中，将预设加入到语义结构中进行描写，其语义结构反映词义在具体语境中发生的种种变化，预设被博氏写入到逻辑式，作为逻辑语气词等消极谓词语义结构不可或缺的必要语义因素。

4. 博氏的辖域观反映了当代语义研究的崭新趋向

博氏倾注了大量的心血研究虚词的语义注释，以便揭示过去所不曾注意或研究不够细致彻底的词汇深层语义问题，他贯彻了莫斯科语义学派中对动词进行同义、反义、转换等语义关系、语义配价、语义题元的对应关系研究方法，多角度分析同形异义句、同义虚词、通过比较发现，研究词义之间的细微差别及词义之间的内部语义关系，希望能够通过语境中虚词词义的深度解剖，达到能够将虚词规律化、系统化、形式化分析的程度。

博氏辖域研究针对语气词等虚词的语义结构做出合理解释，在纷繁复杂的句法语义现象中揭示语义相互作用的基本规律，这种规律在很大程度上具有复现性和能产性。博氏的辖域理论贡献均不能看作是其个人首创，而是在莫斯科语义学派理论的基础上，又有所发展和创新。当代语义学研究倾向是语言描写的颗粒化和穷尽性"颗粒化"，博氏秉承新描写主义的研究范式，主张使用特定的理论分析工具去深度挖掘一些微观语言事实，描写语言的微观句法、语义特性；把描写和阐释相结合，挖掘深层次的微观语言世界，博氏从个别的微观事实描写入手，旨在通过局部描写勾勒整体，解决学界普遍无法解释的虚词语义解构问题。

三　博氏辖域思想的理论贡献

1. 博氏辖域研究进一步证实了组合原则的可行性，增强了组合原则的解释力

博氏坚信组合原则理念和方法论上的普适性，认为自然语言与人工语言在深层结构方面是相通的，可以通过构造自然语言形式用来解决语义问题，特别是歧义问题。从句法和语义的关系来看，不是句法决定语义，而是语义理论预设了一个句法理论，句法生成规则和语义解释规则是同构的，即句法规则每组合一次，相应的语义规则也组合一次，句法代数到语义代数间同态映射。博氏辖域研究揭示单个词语建构句子的内在机制，不仅对单个词汇单位进行词汇语义层面的描写，也描写词汇单位之间错综复杂的关系。传统词典学还无法突破在词典中体现句法语义这个瓶颈，博氏致力于将句法语义也条目化、形式化来清晰展现出词汇在句中的作用方式。

同时，博氏研究印证蒙塔鸠逻辑语用学的想法，认为语言使用者的因素可以形式化表达在逻辑式之内，一个语句的真值条件不仅仅依赖于所在的模型，也依赖于所具有的语境因素。博氏在描写逻辑语气词的语义时将语用因素纳入到语义逻辑式解释范畴之内。此外，在逻辑语气词的解析中，预设的形式化处理也被纳入了博氏辖域的描写范畴。

2. 博氏遵循了泰尼耶尔配价理论的精髓，同时又发展了配价理论

以"动词中心论"为指导原则的配价理论已经相当成熟，动词同时拥有词汇意义和语法意义，动词可以依靠本身的形态变化表达句子中的全部语法意义，形容词、名词也可以依据自身的形态变化以及与动词的搭配来表达句子中的语法意义，但缺乏形态变化的词类的语法意义研究是否可以纳入配价理论的框架之内，如何有效纳入配价理论内进行研究，是博氏等句法语义研究学者致力解决的问题。博氏基于语气词、前置词、副词的语义结构分析证明配价理论可以拓展到消极谓词，但分析方法和路径不能单纯复制，消极谓词的语义分析需要考虑更多的语用、语义、句法等层面的表义因素。在配价理论框架内，为增强配价理论的适配范围和解释力，博氏提出了消极题元、断裂题元、词汇单位的辖域等概念，充实了配价研究的理论工具，实质性推动了共性语言规律的研

究向语气词等消极谓词领域拓展。

3. 博氏辖域理论在真正意义上实现了词义表征的系统化和形式化

其根本出发点是词位的表层语法特征能够从深层语义特征中得到解释，该核心思想与缺乏形态变化、注重义合的汉语语言特征暗合。博氏辖域理论在汉语语料中得到了有效的验证，能够解释汉语焦点副词组合关系的同义现象、多义现象、歧义现象，建立深层与表层的互动规则体系；博氏理论扩大了汉语句法与语义关系的研究视野，为汉语研究提供了不同的研究思路和新的方法论。

语料来源

汉语语料主要来源：北京大学汉语语言学研究中心现代汉语语料库（CCL 语料库检索系统（网络版））、《现代汉语词典（第 5 版）》（2005 年）、《现代汉语八百词》、岑玉琴《汉语副词词典（2013）》、侯学超《现代汉语虚词词典》。俄语语料来源主要为：俄罗斯国家语料库（Национальный корпус русского языка）以及博氏相关论著，涉及为引用博氏本人分析的例证都在文中相应提及。相关著作和论文包括：

1. Богуславский 1996-Богуславский И. М. Сфера действия лексических единиц. М. , Школа《языки русской культуры》, 1996.

2. Богуславский И. М. Исследования по синтаксической семантике：сферы действия логических слов, М. , Наука, 1985.

3. Богуславский И М. 2008. Только ли у глаголов есть диатезы? // Вопросы языкознания №6：С. 6-28.

4. Богуславский И. М. О некоторых типах семантического взаимодействия между словами со значением 'достаточно' и частицами. // Логический анализ языка. Проблемы интенсиональных контекстов. / Арутюнова Н. Д. （Ред. ）М. , Наука, 1989.

5. Богуславский И. М. Семантика частицы только // Семиотика и информатика. М. , 1980. Вып. 14. С. 134-158.

6. Богуславский И. М. , О понятии сферы действия предикатных слов // Известия АН СССР. Серия литературы и языка. 1980. Т. 39. № 4. С. 359-368.

文中例句凡是合格的不做任何标记，不合格的例句前面标注"*"，接受度介于合格与不合格之间的标注单问号"?"，双问号"??"表示普遍不能接受。

附注：本文中出现的外国语言学家姓名一律不使用汉语译名。俄语言学家姓名标注全称（名字，父称的首字母+姓），其他国家姓名首次出现时使用全称，再次出现时仅标注姓氏。

数学符号列表

"∀"指全称量化："∀x[φ(x)]"意思是"对于所有x来说，φ(x)都成立"。

"∃"指存在量化："∃x[φ(x)]"意思是"存在一个x，对于这个X来说，

φ(x)成立"。

"¬"指否定："¬φ(x)"意思是："并非φ(x)"。

"→"指隐含："p→q"意思是"如果p，那么q"。

"∧"指合取："p∧q"意思是"p且q"。

"∨"指析取："p∨q"意思是"p或q"。

"N"指自然数集：N={1, 2, 3, ...}。

"∈"指"是……的一个成员"："x∈A"意思是"x是集合A的一个成员"。

"∉"指"不是……的一个成员"："x∉A"意思是"x不是集A的一个成员"。

参考文献

一 中文文献

著作

安华林:《现代汉语释义基元词研究》,中国社会科学出版社2005年版。

蔡晖:《词汇语义的动态模式——词义的参数化研究》,黑龙江人民出版社2010年版。

岑玉珍:《汉语副词词典》,北京大学出版社2013年版。

高明乐:《题元角色的句法实现》,中国社会科学出版社2004年版。

高芸:《形式语义学研究》,中国社会科学出版社2013年版。

侯建波:《英语指称语的焦点化心理空间模型分析》,中国社会科学出版社2015年版。

胡明杨:《西方语言学名著选读》,中国人民大学出版1999年版。

胡明杨、方德义:《西方语言学名著选读》,中国人民大学出版社1988年版。

蒋严、潘海华:《形式语义学引论》,中国社会科学出版社1998年版。

李福印:《语义学概论》,北京大学出版社2006年版。

李勤等:《俄汉英句法语义对比研究》,外语教学与研究出版社2016年版。

吕叔湘:《汉语语法分析问题》,商务印书馆1979年版。

吕叔湘:《现代汉语八百词》商务印书馆1999年增订本。

倪波、顾柏林:《俄语语义学》,上海外语教育出版社1986年版。

彭玉海：《语言语义的集成描写研究》，中国社会科学出版社2013年版。

沈阳：《现代汉语空语类研究》，山东教育出版社1994年版。

隋然：《现代俄语语义及语用若干问题研究》，首都师范大学出版社2002年版。

孙道功：《词汇—句法语义的衔接研究》，世界图书出版公司2011年版。

文卫平、方立：《动态意义理论》，中国社会科学出版社2008年版。

薛恩奎：《〈意思⇔文本〉语言学研究》，黑龙江人民出版社2006年版。

薛恩奎：《词汇语义量化研究》，黑龙江人民出版社2006年版。

易绵竹：《工程语言学》，上海外语教育出版社2006年版。

殷何辉：《焦点敏感算子"只"的语义研究》，中国出版集团公司2017年版。

袁毓林：《汉语句子的焦点结构和语义解释》，商务印书馆2012年版。

张红：《俄汉心理动词语义—句法对比描写》，科学出版社2016年版。

张家骅：《俄罗斯当代语义学》，商务印书馆2005年版。

张家骅：《俄罗斯语义学：理论与研究》，中国社会科学出版社2011年版。

张谊生：《现代汉语副词研究》，《学林出版社》2000年版。

张谊生：《现代汉语副词研究》，商务印书馆2014年修订版。

邹崇理：《逻辑语言和信息》，人民出版社2002年版。

期刊

安华林：《元语言理论的形成和语言学的元语言观》，《内蒙古社会科学（汉文版）》2005年第1期。

白梅丽：《现代汉语中"就"和"才"的语义分析》，《中国语文》1987年第5期。

陈小荷：《主观量问题初探——兼谈副词"就"、"才"、"都"》，《世界汉语教学》1994年第4期。

陈秀利、李葆嘉：《莫斯科语义学派语义元语言在同义词词典中的应用》，《扬州大学学报》（人文社会科学版）2011年第3期。

杜桂枝：《再论动词语义配价、支配模式与句子题元结构》，《中国俄语教学》2018 年第 3 期。

范晓：《动词的配价与句子的生成》，《汉语学习》1996 年第 1 期。

胡建华：《什么是新描写主义》，《当代语言学》2018 年第 4 期。

胡明扬：《再论语法形式和语法意义》，《中国语文》1992 年第 5 期。

姜雅明：《俄语无人称句的民族性问题探析》，《中国俄语教学》2019 年第 3 期。

李宝伦等：《对焦点敏感的结构及焦点的语义解释（上）》，《当代语言学》2003 年第 1 期。

李葆嘉：《汉语元语言系统研究的理论建构及应用价值》，《南京师范大学学报》2002 年第 4 期。

李海斌：《俄国语言学研究中的词典化现象》，博士学位论文，黑龙江大学，2015 年。

李洁：《德语配价理论的发展及成就》，《外语教学与研究》1997 年第 1 期。

李强、袁毓林：《"都"和"只"的意义和用法同异之辨》，《中国语文》2018 年第 1 期。

李泉：《从分布上看副词的在分类》，《语言研究》2002 年第 2 期。

卢英顺：《副词"只"的语义指向及其对句法变换的制约》，《安徽师范大学学报》1996 年第 4 期。

陆方喆、曾君：《反预期标记的形式与功能》，《语言科学》2019 年第 1 期。

陆俭明：《关于语义指向分析》，《中国语言学论丛》1997 年总第一辑。

牛保义：《认知语法的具身性》，《外语教学》2016 年第 6 期。

彭玉海：《论语义辖域的转移——基于莫斯科语义学派的意义相互作用原则》，《西安外国语大学学报》2018 年第 1 期。

彭玉海、苏祖梅：《试论语义辖域——基于莫斯科语义学派的意义相互作用原则》，《外语研究》2010 年第 6 期。

尚英：《乌尔曼的结构语义学》，《语言学资料》1962 年第 12 期。

施春宏：《语言学描写和解释的内涵、原则与路径》，《语言研究集刊》2017 年第 2 辑。

苏新春：《元语言研究的三种理解及释义型元语言研究评述》，《江西师范大学学报》（哲学社会科学版）2003年第6期。

孙道功、亢世勇：《〈现代汉语动词语义知识词典〉的开发与应用》，《中文信息学报》2018年第10期。

陶寰、盛益民：《新描写主义与吴语的调查研究——"吴语重点方言研究丛书"序》、《常熟理工学院学报》2018年第1期。

吴福祥：《试说"X不比Y·Z"的语用功能》，《中国语文》2004年第3期。

吴为章：《动词的"向"札记》，《中国语文》1993年第3期。

徐烈炯、沈阳：《题元理论与汉语配价问题》，《当代语言学》1998年第3期。

徐烈炯：《焦点的不同概念及其在汉语中的表现形式》，《现代中国语研究》2001年第3期。

徐以中：《副词"只"的语义指向及语用歧义探讨》，《语文研究》2003年第2期。

徐以中、杨亦鸣：《"就"与"才"的歧义及相关语音问题研究》，《语言研究》2010年第1期。

杨家胜：《级次与标准理论的语言学研究》，博士学位论文，黑龙江大学，2007年。

杨小璐：《现代汉语"才"与"就"的母语习得》，《现代外语》2000年第4期。

于鑫：《Ю. Д. Апресян及其语义理论》，《解放军外国语学院学报》2006年第2期。

袁毓林：《句子的焦点结构及其对语义解释的影响》，《当代语言学》2003年第4期。

袁正校、何向东：《试论逻辑词的辖域》，《西南民族学院学报》1991年第6期。

张家骅：《Ю. Апресян/A. Wierzbicka的语义元语言（一）》，《中国俄语教学》2002年第4期。

张家骅：《"意思⇔文本"语言学的相关概念阐释》，《俄罗斯语言文学与文化研究》2013年第2期。

张家骅:《俄汉动词语义类别对比述要》,《外语学刊》2000年第2期。

张家骅:《建构详解组合词典的相关语言学概念再阐释》,《外语学刊》2014年第6期。

张家骅:《莫斯科语义学派的义素分析语言》,《当代语言学》2006年第2期。

张家骅:《西方语言哲学与俄罗斯当代语义学》,《外语学刊》2011年第5期。

张家骅:《语法和语义互动关系研究的俄罗斯语义学视角〈俄罗斯语义学——理论与研究〉论点举要》,《外语学刊》2012年第3期。

张旭:《"就"和"才"的语用过程》,《天津师大学报》(社会科学版)1999年第2期。

郑述谱:《消极词典与积极词典》,《辞书研究》1990年第1期。

周民权:《20世纪俄语语义学研究》,《浙江外国语学院学报》2012年第1期。

朱建平:《论意义组合原则中的若干问题》,《东南大学学报》(哲学社会科学版)2011年第1期。

邹崇理:《组合原则》,《逻辑学研究》2008年第1期。

邹崇理:《组合原则和自然语言虚化成分》,《四川师范大学学报》2017年第1期。

二 英文文献

Anna Wierzbicka, *Dociekania Semantyczne*, Zakld Narodowy Im. Ossoli Nskich, 1969.

Fillmore Ch. J., "Verbs of judging: an exercise in semantic decription", *Anguage and Social Interaction*, No.1, 1969.

Boguslavsky I., On the Passive and Discontinuous Valency Slots. Proceedings of the 1st International Conference on Meaning-Text Theory. Paris, Ecole Normale Supérieure, 2003.

Barbara H., 1976, Partee (ed.), *Montague Grammar*, New York & London: Academic Press, 1976.

Chomsky Noam., Lectures on Government and Binding. Dordrecht: Foris Publications, 1981.

Chomsky Noam., *Selected Reading*, Edited by J. P. B. Allen and Paul Van Buren, London: Oxford University Press, 1971.

Church A., *Introduction to Mathematical Logic*: *Volume* 1, Princeton: Princeton University Press, 1956.

De Groot. A. W., 1965, *Stucturele Syntaxis*, Den Haag: Servire, 1965.

Fillmore Ch J., "Verbs of judging: an exercise in semantic decription". anguage and social interaction, No. 1, 1969.

Fillmore Ch J., " Verbs of judging: an exercise in semantic decription" *Paper in Linguistics*, Vol. 1, No. 1, 1969.

Janssen T., *Compositionality. Handbook of logic and language.* Amsterdam: Elsevier Science, 1997.

Jacobs J., *Fokus und Skalen. Zur Syntax und Semantik der Gradpartikeln im Deutschen*, Tuöbingen: Niemeyer, 1983.

Jackendoff R., *Semantic Interpretation in Generative Grammar*, Cambridge: The MIT Press, 1972.

Jespersen O., *Language*: *Its Nature, Development and Origin*, London: G. Allen & Unwin, 1922.

Helbig G., *Valenz - Satzglieder - Semantische Kasus - Satzmodelle*, Leipzig, 1982.

Hilbert D., "Die Grundlagen der Mathematik", Abhandlungen aus dem mathematischen Seminar der Hamburgische Universistät, 6, 1967. (repinted in English translation in van Heijenoort: 464-479).

Horn L., "A presuppositional theory of Only and Even " In: *Papers from 5th Regional Meeting of the Chicago Linguistic Society*, Chicago, Ill.: University of Chicago, 1969.

Krifka, "Focus and presupposition in dynamic interpretation" *Journal of Semantics* (10), 1993.

Kartunnen L., and Peters. S, Conbentional Implicature", *Syntax and Semantics* 11: *Presuppositon*, New York: Academic Press, 1979.

König E., *The Meaning of Focus Particles*: *A Comparative Perspective*,

London and New York: Routledge, 1991.

Krivonosov L. N., "On circles of conformal space", *Geometry of Generalized Spaces*, *Uchenye Zapiski Kazanskogo Universiteta*, 123, No. 1, Kazan University, Kazan, 1963.

Li, Y, Thompson S., "A new typology of language", In: *Subject and Topic*. New York: Academic Press, 1976.

Mel'cuk ˇ et al., I. A., Dictionnaire explicatif et combinatoire du français contemporain. Montréal, Canada: Presses de l' Université de Montréal, Vol. I–IV, 1984, 1988, 1992, 1999.

Mel'ĉuk I. A., *Communicative Organization in Natural Language, The Semantic-Communicative Structure of Sentences*, Amsterdam; Philadelphia: John Benjamins, 2001.

Montague R., *Formal Philosophy*. New Haven: Yale University Press, 1974.

Janssen T., *Compositionality. Handbook of logic and language.* Amsterdam: Elsevier Science, 1997.

Partee, Barbara H., *Genitives – A case study. Appendix to Theo M. V. Janssen, Compositionality. In J. F. A. K. van Benthem & A. ter Meulen (eds.). Handbook of Logic and Linguistics.* Amsterdam: Elsevier Science Publishers, 1997.

Partee, Barbara H., *Focus, Quantification and Semantic – Pragmatics Issues, Focus: Linguistic, Cognitive, and Computational Perspectives*, Cambridge: Cambridge University Press, 1999.

Radford A., *Transformational Grammar*, Cambridge: Cambridge University Press, 1988.

Richard Montague, *Universal Grammar*. Formal Philosophy, 1974.

Rooth Mats, 1985. *Association with Focus*, Ph. D. Dissertation, Amherst: University of Massachusetts, 1985.

Spair E., *Language: An Introduction to the Study of Speech*, New York: Harcourt, Brace & World, 1921.

Sudhoff S., *Focus Particles in German: Syntax, Prosody, and Information Structure*, Amsterdam: John Benjamins Publishing, 2010.

Talmy L., "How language structures space", Pick H. & Acredolo L. *Spatial Orientation: Theory, Research and Application*, New York: Plenum Press, 1983.

Tesnière L., *Element de Syntaxe Structurale*. Paris, Klincksieck, 1959.

Traugott, Elizabeth Closs and Richard B. Dasher, *Regularity in Semantic Change*, Cambridge: Cambridge University Press, 2002.

Wierzbicka A., *Lingua Mentalis*, Sydney etc.: Acad.Press, 1980.

三 俄文文献

Апресян Ю. Д. 1961. Что такое структурная лингвистика. 应寿初译. Иностранные языки в школе, (3): 82-96.

Апресян Ю. Д. 1962. 乌尔曼的结构语义学. 尚英译. 语言学资料, (12): 32-35.

Апресян Ю. Д. 1974. Лексическая семантика: синонимические средства языка. М.: Наука, 368.

Апресян Ю. Д. 1980. Типы информации для поверхностно-семантического компонента модели 《Смысл Текст》. Wien: Wiener Slawistischer Almanach.

Апресян Ю. Д. 1986. Интегральное описание языка и толковый словарь. Вопросы языкознания, (2): 57-69.

Апресян Ю. Д. 1986b. Проспект активного словаря русского языка. М.: Языки славянских культур.

Апресян Ю. Д. 1989. Тавтологические и контрадикторные аномалии// Логический анализ языка. Проблемы интенсиональных и прагматических контекстов. М.: Наука.

Апресян Ю. Д. 1990. Формальная модель языка и представление лексикографических знаний. Вопросы языкознания, (6): 123-140.

Апресян Ю. Д. Богуславский И. М., Иомдин Л. Л., Лазурский А. В., Митюшин Л. Г., Санников В. З., Цинман Л. Л. 1992. Лингвистический процессор для сложных информационных систем. М.: Наука.

Апресян Ю. Д. 1995а. Избранные Труды. Том I. Лексическая семантика. М. : Языки русской культуры.

Апресян Ю. Д. 19956. Избранные Труды. Том II. Интегральное описание языка и системная лексикография. М. : Языки русской культуры.

Апресян Ю. Д. 1995. Лексическая семантика. М. : Языки славянской культуры.

Апресян Ю. Д. 2003. Новый объяснительный словарь синонимов русского языка. М. : Школа 《Языки славянской культуры》.

Апресян Ю. Д., Апресян В. Ю., Богуславская О. Ю., Крылова Т. В., Левонтина И. Б., Урысон Е. В. и др. 2004. Новый объяснительный словарь синонимов русского языка. Москва – Вена : Школа 《Языки славянской культуры》: Венский славистический альманах.

Апресян Ю. Д. 2005. О Московской семантической школе. Вопросы языкознания, (1): 3-30.

Апресян. Ю. Д. 2006. Типы соответствия семантических и синтаксических актантов. СПб. : Проблемы типологии и общей лингвистики, 15-27.

Апресян Ю. Д. 2009. Исследования по семантике и лексикографии. Том1 Паратигматика. Москва : Языки славянских культур.

Апресян Ю. Д., Богуславский И. М., Иомдин Л. Л., Санников В. З., 2010. Теоретические проблемы русского синтаксиса: Взаимодействие грамматики и словаря. Отв. ред. Ю. Д. Апресян. М. : Языки славянских культур.

Апресян Ю. Д., Богуславский И. М., Иомдин Л. Л., Санников В. З. 2010. Теоретические проблемы русского синтаксиса: Взаимодействие грамматикии словаря. М. : Языки славянских культур.

Арутюнова Н. Д. 1980. К проблеме функциональных типов лексического значения. Аспекты семантических исследований, 156-249.

Баранов А. Н., Плунгян В. А., Рахилина Е. В. 1993. Путеводитель по дискурсивным словам русского языка. М. : Помовский и партнёры.

Белошапкова В. А. 1981. Современный русский язык. М. ： Высш. школа.

Белошапкова В. А. 1967. Сложное предложение в современном русском языке. М. ： Просвещение.

Белошапкова В. А. 1977. Современный русский язык. Синтаксис. М. ： Высш. шк.

Беляевская Е. Г. 1987. Семантика слова. М. ： Высш. шк.

Богуславская О. Ю. 2000. Динамика и статика в семантике пространственных прилагательных//Логический анализ языка//Языки пространств. М. ： Языки русской культуры，С. 20-29.

Богуславский И. М，Крейдлин Г. Е. 1975. Лексема даже. Семиотика и информатика，（6）：102-115.

Богуславский И. М. 1979. О соотношении семантических и синтаксических свойств некоторых ограничительных частиц в русском языке// Диссертация на соискание ученой степени кандидата филологических наук. М. ： Изд-во МГУ.

Богуславский И. М. 1980. О понятии сферы действия предикатных слов. Известия АН СССР，（4）：359-368.

Богуславский И. М. 1985. Исследования по синтаксической семантике： сферы действия логических слов. М. ： Наука.

Богуславский И. М. 1985. К семантико-синтаксическому анализу логических слов естественного языка. Типология конструкций с предикатными актантами. Ленинград： Наука. С. 59-61.

Богуславский И. М. 1993. Сфера действия лексических единиц//Диссертация на соискание ученой степени доктора филологических наук （10. 02. 19 - Теория языкознания）. М. ： Языки славянской культуры.

Богуславский И. М. 1995. Machine translation and related fields： international cooperation. Информационные системы в науке. М. ： Фазис，22-23.

Богуславский И. М. 1996. Сфера действия лексических единиц. М. ： Школа 《Языки русской культуры》.

Богуславский И. М. 1998. Сфера действия начинательности и актуальное членение: втягивание ремы. Семиотика и информатика. М.: Языки рус. Культуры.

Богуславский И. М., Иомдин Л. Л. 1999. Семантика быстроты. Вопросы языкознания, (6): 13-30.

Богуславский И. М. 2003. On the Passive and Discontinuous Valency Slots. Proceedings of the 1st International Conference on Meaning-Text Theory. Paris, Ecole Normale Supérieure.

Богуславский И. М. 2007. Do adverbials have diatheses. Meaning - Text Theory 2007. Proceedings of the 3rd International Conference on Meaning - Text Theory. Klagenfurt, Austria. Wiener Slawistischer Almanach. Sonderband 69. Munchen - Wien.

Богуславский И. М., Иомдин Л. Л., Сизов В. Г., Чардин И. С. 2003. Использование размеченного корпуса текстов при автоматическом синтаксическом анализе//Труды Международной конференции 《Когнитивное моделирование в лингвистике》. Варна: Институт проблем передачи информации РАН, 39-48.

Булыгина Т. В., Шмелев А. Д. 1997. Языковая концептуализация мира (на материале русской грамматики). М.: Шк.《Яз. рус. Культуры》.

Виноградов В. В. 1975. Избранные труды. Исследования по русской грамматике. М.: Наука.

Галкина-Федорук Е. М. 1958. Безличные предложения в современном русском языке. М.:: Изд-во Моск. ун-та.

Гловинская М. Я. 1982. Семантические типы видовых противопоставлений русского глагола. М.: Наука.

Гойдина В. В. 1979. Частицы еще, уже, только (и только) в составе обстоятельства времени. Лингво - стилистические исследования научной речи, 110-122.

Григорьева С. А. 1999. Механизмы установления семантической сферы действия лексемы//Дисс. на соискание ученой степени кандидата филологических наук. Режим доступа:

https://www.dissercat.com/content/mekhanizmy-ustanovleniya-semanticheskoi-sfery-deistviya-leksemy.

Григорьева, С. А. Нетривиальная семантическая сфера действия лексемы: случайность или закономерность. Электронный ресурс: http://www.dialog-21.ru/archivearticle.asp?param=6258&y=2000&vol=6077.

Жолковский А. К. 1964. Предисловие. М.: Машинный перевод и прикладная лингвистика, (8).

Зализняк А. А. 1983. Семантика глагола 《бояться》 в русском языке. Изв. АН СССР, (1): 59-66.

Золотова Г. А. 2000. Коммуникативные аспекты русского синтаксиса. М.: КомКнига.

Иорданская Л. Н., Мельчук И. А. 2007. Смысл и сочетаемость в словаре. Москва: Языки славянской культуры.

Иорданская Л. О. 2001. О 《Новом объяснительном словаре синонимов русского языка》. Русский язык в научном освещении, (2): 240-249.

Караулов Ю. Н. 1997. Русский язык. Энциклопедия. М.: Издательский дом 《Дрофа》.

Кобозева И. М. 2000. Лингвистическая семантика. Учебник для вузов. М.: УРСС.

Кривоносов А. Т. 1975. Система 《взаимопроницаемости》 неизменяемых классов слов. Вопросы языкознания, (5): 97-100.

Кузнецов С. А. 2008. Большой толковый словарь русского языка. Санкт-Петербург: НОРИНТ, 851.

Кустова Г. И. 2004. Типы производных значений и механизмы языкового расширения. М: Языки славянской культуры.

Левонтина И. Б. 2003. Словарная статья напрасно[1]//Новый объяснительный словарь синонимов русского языка. М.: Школа 《Языки славянской культуры》.

Лингвистический энциклопедический словарь. 1990. М.: Советская Энциклопедия.

Машевская А. Н. 1976. Опыт описания значения наречий УЖЕ и ЕЩЁ. - Тезисы VI межвузовской студенческой научной конференции по структурной и прикладной лингвистике, 22-23.

Мельчук И. А. 1974. Опыт теории лингвистических моделей 《Смысл⇔Текст》. М.: Наука.

Мельчук И. А. 1974. О синтаксическом нуле//Типология пассивных конструкций: Диатезы и залоги. Л.: Наука, 350.

Мельчук И. А. и Жолковский А. К. 1984. Толково-комбинаторный словарь современного русского языка. Опыты семантико-синтаксического описания русской лексики. Вена: Wiener Slawistischer Almanach, Sonderband 14.

Мельчук И. А. 1995. Русский язык в модели 《Смысл⇔Текст》. М., Вена: 《Языки русской культуры》.

Мельчук И. А. 1999. Опыт теории лингвистический моделей 《Смысл⇔Текст》. М.: Языки русской культуры.

Мельчук И. А. 2004. Определение категории залога и исчисление возможных залогов: 30лет спустя//40 лет Санкт-Петербургской типологической школе. М.: Издательский дом "ЯСК".

Моисеев А. 1978. Частицы УЖЕ и ЕЩЁ в современном русском языке. Slavia Orientalis, (3): 357-360.

Мустайоки А. 1988. О семантике русского темпорального 《ЕЩЁ》//Доклады финской делегации на X Съезде славистов. Studia Slavica Finlandensia, (5): 99-141.

Мустайоки Арто. 2006. Теория функционального синтаксиса: от семантических структур к языковым средствам. М.: Языки славянской культуры.

Николаева Т. М. 1985. Функции частиц в высказывании (на материале славянских языков). М.: Наука.

Ожегов С. И., Шведова Н. Ю. 1992. Толковый словарь русского языка. М.: Издательство "АЗЪ".

Падучева Е. В. 1977. Понятие презумпции в лингвистической семантике. Семиотика и информатика, (8): 91-124.

Падучева Е. В. 2004. Динамические модели в семантике лексики. М.: ЯСК.

Падучева Е. В. 2004b. О семантическом инварианте видового значения глагола в русском языке. Русский язык в научном освещении, (2): 417-426.

ПадучеваЕ. В. 2011. 词汇语义的动态模式. 蔡晖译. 北京大学出版社.

Пешковский А. М. 1956. Русский синтаксис в научном освещении (7-ое изд.). М.: Государственное учебно-педагогическое издательство министерства просвещения РСФСР.

Плунгян В. А. 2003. Общая морфология: введение в проблематику. М.: Едиториал УРСС.

Рожанский Ф. И. 2000. Направление движения (Типологическое исследование). Логический анализ языка. Языки пространств. М.: Языки русской культуры. С. 56-66.

Рудницкая Е. Л. 1993. Сентенциальные наречия в русском языке//Диссертация на соискание ученой степени кандидата филологических наук. МГУ им. М. В. Ломоносова. Режим доступаhttp: //cheloveknauka. com/sententsialnye-narechiya-v-russkom-yazyke.

Степанова Н. Д., Хельбиг Г. 1978. Части речи и проблема валентности в современном немецком языке. М.: Высш. шк.

Торопова Н. А. 1978. К исследованию логических частиц. Вопросы языкознания, (5): 82-93.

Торопова Н. А. 1980. Семантика и функции логических частиц (на материале немецком языке). Саратов: Изд-во Сарат. ун-та.

Торопова Н. А. 1986. Логические частицы и смежные классы слов в немецкцм языке. Иваново: ИвГУ.

Торопова Н. А. 2000. Ракурсы исследования частиц (на материале немецкого языка). Вестник Ивановского государственного университета, (1): 86-96.

Филипенко М. В. 1994. Логико-семантическое представление наречий образа действия//Диссертация на соискание ученой степени кандидата филологических наук. Режим доступа: https: //rusneb. ru/catalog/000199_000009_000172101/.

Филипенко М. В. 1998. Об определителях градуируемых признаков: наречия с плавающей сферой действия и наречия степени. Russian Linguistics, (22): 275-286.

Филипенко М. В. 1998. Прилагательные с точки зрения наречий (к вопросу о противопоставлении качественных и относительных прилагательных) //Труды Международного семинара ДИАЛОГ′98 покомпьютерной лингвистике и ее приложениям, т. 1. Казань, 125-138.

Филипенко М. В. 2003. Семантика наречий и адвербиальных выражений. М. : Азбуковник. С.